張書豪 著

漢書五行志疏證

臺灣學生書局印行

漢書五行志疏證

目次

附表目次

前言

一

《漢書・五行志》，東漢班固所創，為正史中首部專門記錄災異學說與史事的篇章，其後《後漢書》、《晉書》、《宋書》、《南齊書》、《隋書》、《舊唐書》、《新唐書》、《舊五代史》、《宋史》、《元史》、《明史》，乃至於《清史稿》中，俱有〈五行志〉，[1]影響所及，可謂深遠。《漢書・五行志上》曰：

> 漢興，承秦滅學之後，景、武之世，董仲舒治《公羊春秋》，始推陰陽，為儒者宗。宣、元之後，劉向治《穀梁春秋》，數其旤福，傳以〈洪範〉，與仲舒錯。至向子歆治《左氏傳》，其《春秋》意亦已乖矣；言《五行傳》，又頗不同。是以擥仲舒，別

---

1 《清史稿》逕稱〈災異志〉。

向、歆，傳載眭孟、夏侯勝、京房、谷永、李尋之徒所陳行事，訖於王莽，舉十二世，以傳《春秋》，著於篇。

董仲舒推演陰陽變化，徵驗於《春秋》災異史例，首先建立「公羊災異說」。劉向另據《穀梁春秋》，先「數其既福」，匯整《春秋》災異；再「傳以〈洪範〉」，改取《洪範五行傳》為準，重新編排及詮釋歷代災異史例；無論《穀梁》、〈洪範〉，均「與仲舒錯」。待劉歆治《左氏傳》，其《春秋》經義既不同於《公》、《穀》二傳，言《五行傳》亦和劉向有別。班固作〈志〉，正是徵引董、向、歆三家之說為主，並附載眭孟等人所論災異而成。故李德銘《漢書札記》評曰：「蓋皆西漢經學大師所遺麟爪，深可寶也。」職此可見，《漢書・五行志》不僅是西漢災異思想的淵藪，亦為研究西漢經學的第一手資料，具有相當重要的文獻價值。

《漢書・五行志》共有「上、中之上、中之下、下之上、下之下」五卷，王鳴盛《十七史商榷・五行志所引》論其體例云：

〈五行志〉先引「《經》曰」一段，是《尚書・洪範》文；次引「《傳》曰」一段，是伏生《洪範五行傳》文；又次引「說曰」一段，是歐陽、大小夏侯等說，乃當時列於學官，博士所習者。以下則歷引《春秋》及漢事以證之，所采皆董仲舒、劉向歆父子說也。

〈五行志〉由「經」、「傳」、「說」、「例」四層，組成「以例證說」、「以說詮傳」、「以傳闡經」的解經結構。「《經》曰」是《尚書‧洪範》經文，於〈五行志上〉開篇即節錄《尚書‧洪範》：「初一曰五行……畏用六極」凡六十五字，班固檃栝劉歆之說，以為「皆《雒書》本文，所謂天乃錫禹大法九章常事所次者也。」（《漢書‧五行志上》）又摘錄〈洪範〉中「五行」、「敬用五事」、「念用庶徵」三段：「五行」置於〈五行志上〉的〈木傳〉之前，領銜「五行」各傳；後二段則揉合為一，編在〈五行志中之上〉卷首，以統攝「五事」；至於「皇極」，僅有傳無經。「《傳》曰」則是《洪範五行傳》，乃〈五行志〉全篇總綱，分成「五行」（木、火、土、金、水）、「五事」（貌、言、視、聽、思心）以及「皇極」，共十一章，並在「五事」、「皇極」中，陳述「咎」、「罰」、「極」、「妖」、「孽」、「旤」、「痾」、「眚祥」、「沴」等各類咎徵，為歷代災異史例張目。「說曰」隨傳而設，以闡發傳義，除《尚書》經師所說，亦兼採劉向、劉歆父子之言。史例取材，則遍及《春秋》、《公羊》、《穀梁》、《左傳》、《書序》、「史記」、秦漢之事，先依咎徵項目歸類，再按事件時間先後排序，同時收錄董仲舒、劉向、劉歆、眭孟、夏侯勝、京房、谷永、李尋等經師對於個別災異的推演與解說。對比史例、「《傳》曰」，可發現「《傳》曰」各項咎徵，未必皆有史例加以證明。此或因咎徵所述相對抽象籠統，或單純該咎徵無史例可證，故闕如也。值得注意的是，劉歆《五行傳》咎徵類目獨異於眾家，班固不僅在「說曰」摘鈔其所異之處，並在史例取材上，或從劉向，或從劉歆，或兩者兼採，雖說表現出班固「博貫載籍」、「所學無常師」（《後漢書・班固傳》）的學術特色，然西漢經師的章句師法，亦因此混淆難辨。（詳見「附表一」）

綜前所述，《漢書・五行志》中當有董仲舒、劉向、劉歆、京房等西漢經師的相關論著，惟班固「摡別傳載」後，各家經說已不復舊樣，有必要進行一番疏通證明的整理工作。經過筆者研究耙梳，班固作〈志〉所參考的書籍，主要有《災異之記》、《洪範五行傳論》、《洪範五行傳記》、《春秋左氏傳章句》、《京房易傳》等，以下分別加以介紹。

二

《災異之記》，《漢書・藝文志》並無著錄，《史記・儒林列傳》曰：

（董仲舒）以《春秋》災異之變推陰陽所以錯行，故求雨閉諸陽，縱諸陰，其止雨反是。行之一國，未嘗不得所欲。中廢為中大夫，居舍，著《災異之記》。是時遼東高廟災，主父偃疾之，取其書奏之天子。天子召諸生示其書，有刺譏。董仲舒弟子呂步舒不知其師書，以為下愚。於是下董仲舒吏，當死，詔赦之。於是董仲舒竟不敢復言災異。

知董仲舒言災異，主要推演陰陽錯行的原理，誠如《春秋繁露・精華》所言：「大水者，陰滅陽也，陰滅陽者，卑勝尊也，日食亦然，皆下犯上，以賤傷貴者，逆節也。」同書〈基義〉又曰：「君為陽，臣為陰；父為陽，子為陰；夫為陽，妻為陰。」今觀《漢書・五行志》內，董仲舒推演火災、大水、日食等災異，大多運用《春秋繁露》的「陰陽說」。至於〈儒林列傳〉提及董仲舒推演「遼東高廟災」，班固亦鈔錄於《漢書・五行志上》，不但是全〈志〉第一長篇，其「天災之者，若曰……」的句式，更是「天譴說」的典範，日後影響劉向甚鉅。無論「陰陽說」或「天譴說」，均是董仲舒《災異之記》的基本理則。

另外，《春秋繁露》中尚有〈五行對〉、〈五行之義〉、〈五行相生〉、〈五行相勝〉、〈五行順逆〉、〈治水五行〉、〈治亂五行〉、〈五行變救〉、〈五行五事〉等九篇，申論五行災異原理。只是《春秋繁露》五行諸篇的真偽，學界向來爭議不休，當代學者亦多謂董仲舒不說五行。然案諸《漢書・五行志中之下》：

> 僖公三十三年「十二月，李梅實」。……董仲舒以為李梅實，臣下彊也。《記》曰：「不當華而華，易大夫；不當實而實，易相室。」冬，水王，木相，故象大臣。

「冬，水王，木相」，即為五行之說。觀其上下行文，董仲舒所推「李梅實」、「臣下彊」，分別和「《記》曰」的「不當實而實」、「象大臣」前後呼應，其為同一段落極為顯著，足證「《記》曰」應當是董仲舒廢為中大夫，居舍時所著的《災異之記》。所謂「水王，木相」，可由《春秋繁露・五行之義》：「故五行者，忠臣孝子之行也」推衍而得，到《白虎通・五行》中，有更詳盡的闡述：

> 五行所以更王何？以其轉相生，故有終始也。木生火，火生土，土生金，金生水，水生木。是以木王、火相、土死、金囚、水休。王所勝者死，勝王者囚，王所生者相，故王者休。木王、火相何？以知為臣。土所以死者，子為父報仇者也。

《五行大義・第四論相生》云：「凡當王之時，皆以子為相者，以其子方壯，能助治事也」，故「木王、火相」合乎「忠臣之義」。水生木，則木為水之子；水因受土所剋，故木當王而土死，即木剋土，乃「子為父報仇者也」，體現「孝子之行」。據此以觀「李梅實」一例：「十二月」正當冬季，故曰「水王」；「李梅」屬木，時值水王而木相，故此災為「象大臣」，其咎則肇因於「臣下彊也」。

若說董仲舒曾說五行，那為何除去《春秋繁露》五行諸篇外，僅此一例？這應當和董仲舒的遭遇有關，誠如前舉《史記・儒林列傳》所言，董仲舒所著《災異之記》，原是其居家推說的草稿，由於主父偃嫉賢妒能，刻意利用高后所立擅議宗廟者棄市的禁令，[2]竊其書而奏焉，欲羅織董生入罪。於是董仲舒下吏當死，雖幸運奉詔赦免，董仲舒竟不敢復言，其災異理論的建構亦戛然而止。此或即《春秋繁露》五行諸篇體系尚未健全而時常產生矛盾，且董仲舒其他著作中亦罕言五行的主要原因。

董仲舒雖著《災異之記》，然班固所見，恐怕非董仲舒原書。日本學者伊藤計根據《漢書・五行志》內容，推測劉向曾附入自說，成為「（董仲舒劉向）《災異之記》」，後班固再據以編進〈五行志〉。[3]倘若這個假設成立，在〈五行志〉內理應殘留劉向「災異之記」的痕跡。案〈五行志下之下〉：

> （昭公）二十四年「五月乙未朔，日有食之」。……劉向以為自十五年至此歲，十年間天戒七見，人君猶不寤。

覆核《春秋》，從昭公十五年到二十四年，僅於十五年、十七年、二十一年、二十二年、二

2 《漢書・韋玄成傳》：「初，高后時患臣下妄非議先帝宗廟寢園官，故定著令，敢有擅議者棄市。至元帝改制，蠲除此令。」

3 （日）伊藤計：〈董仲舒の災異說——高廟園災対という上奏文を中心にして——〉，《集刊東洋學》第四十一號（一九七九年五月），頁一五—二八。

十四年，總共發生五次日食，若排除文字傳鈔的訛誤，「十年間天戒七見」中，其餘「兩見」為何，有待進一步深究。再次翻檢《春秋》，從昭公十五年「六月丁巳朔，日有食之」，到二十四年「五月乙未朔，日有食之」之間，尚有十六年「大雩」、十七年「星孛于大辰」、十八年「四國火災」，以及十九年、二十三年的「地震」等災異，其中惟有地震發生兩次，若和日食合計，總數剛好為七。案《漢書・五行志下之上》，共收《春秋》地震共五例，均只見事應未著推演原則，其說必須參照《春秋》地震之前的「史記」周幽王二年「周三川皆震」一例，當中記伯陽甫之言云：

> 陽伏而不能出，陰迫而不能升，於是有地震。今三川實震，是陽失其所而填陰也。陽失而在陰，原必塞；原塞，國必亡。……今周德如二代之季，其原又塞，塞必竭；川竭，山必崩。夫國必依山川，山崩川竭，亡之徵也。

由於陽伏在下，陰迫於上，是陽氣失其所而受陰氣鎮笮，於是乎陰陽相迫，氣動於下，最終導致地震。伯陽甫論地震成因十分明確，言山崩川竭卻匆匆以「陽失而在陰，原必塞」、「塞必竭，川竭，山必崩」等語帶過，稍嫌含混。劉向因而敷衍其義，以為「陽失在陰者，謂火氣來煎枯水，故川竭也。山川連體，下竭上崩，事勢然也」（《漢書・五行志下之上》），陽失其所而在陰之下，形成以火煎水之勢，故水枯川竭；又山川連體，川既乾竭於下，川上之山亦隨其崩壞。

據是以觀，似乎劉向推說地震，是沿襲「史記」伯陽甫的論點；但若考慮到前述「十年間天戒七見」的說法，又理應將昭公十九年、二十三年兩次地震，與五次日食並觀。事實上，照董仲舒的理論，日食是緣自陰滅陽，按伯陽甫的觀點，地震則起於陽受陰所鎮笮，兩者實有異曲同工之妙。參照劉向於〈使人上變事書〉云：「臣聞《春秋》地震，為在位執政太盛也」，又云：「由是言之，地動殆為恭等」（《漢書‧劉向傳》），正是以弘恭、石顯為臣為陰，元帝為君為陽，盛陰制陽，因而導致地震。劉向直言「臣聞《春秋》」，不說「臣聞史記」，知其亦本當承自董仲舒的陰陽說，而非伯陽甫，足覘劉向關於地震的推演原則，大致以董仲舒陰陽說為主，再輔以「史記」伯陽甫之說，故班固總結曰：「諸震，略皆從董仲舒說也。」（《漢書‧五行志下之上》）只是可能因為董仲舒逕推地震未明說原則，或發現伯陽甫條理更加清晰，故劉向徵引「史記」原文並作補充，充當推演地震的前提，再根據災異發生時間，排在《春秋》之前。

職是可知，昭公二十四年日食中，劉向以為的「十年間天戒七見」，當包括五次日食、二次地震，全都從董仲舒的陰陽說立論。問題在於：若照劉向總結句意，理應七次災異按時依序排列，最後下斷語於昭公二十四年的日食之中。然就《漢書‧五行志》體例來看，日食在卷下之下，屬〈皇極傳〉的「日月亂行」，地震則見於卷下之上，屬〈思心傳〉的「金、木、水、火沴土」，兩者依據所屬咎徵類目，繫於兩處，實難得到「十年間天戒七見」的結論。在此狀況下，伊藤計的假設，便值得重新考慮。蓋董仲舒研治《春秋》，本就災異發生時間依序推演，是故董著《災異之記》，其體例當採《春秋》的「編年繫事」。待劉向敷衍推說，逕循董書編年體例，倘從其義，則迻錄原文，若出己見，便附於董後，形成「（董仲舒劉向）《災異之記》」；此即劉向能統計相同原則的兩種災異，總結出「十年間天戒七見」斷語的緣由。

三

《洪範五行傳論》，《漢書．藝文志》著錄作「劉向《五行傳記》十一卷」，《漢書．劉向傳》云：

> 向見《尚書．洪範》，箕子為武王陳五行陰陽休咎之應。向乃集合上古以來歷春秋六國至秦漢符瑞災異之記，推迹行事，連傳禍福，著其占驗，比類相從，各有條目，凡十一篇，號曰《洪範五行傳論》，奏之。

《漢書．五行志上》又言：「劉向治《穀梁春秋》，數其旤福，傳以〈洪範〉，與仲舒錯。」可知劉向習得《洪範五行傳》後，捨棄原先董仲舒《災異之記》的「編年繫事」體例，重新編輯，分成「五行」（木、火、土、金、水）、「五事」（貌、言、視、聽、思心）、「皇極」凡十一項目，比類相從，並牽傳《春秋》史實，以著其占驗，著成十一篇的《洪範五行傳論》，日後班固作《漢書．五行志》，其篇卷類目，大抵即循劉向規模。（詳見「附表二」）

然而，併觀「五行」、「五事」兩段，前者是「木、火、土、金、水」的相生系統，後者以所涵的五行概念排列，則為「貌（木）、言（金）、視（火）、聽（水）、思心（土）」的相勝關係，實屬兩種不同的學說體系，難免令人懷疑這兩段傳文是否同出一手。這種不相連屬的狀況，同樣反映在《漢書．五行志》當中：

漢興，承秦滅學之後，景、武之世，董仲舒治《公羊春秋》，始推陰陽，為儒者宗。宣、元之後，劉向治《穀梁春秋》，數其旤福，傳以〈洪範〉，與仲舒錯。至向子歆治《左氏傳》，其《春秋》意亦已乖矣；言〈五行傳〉，又頗不同。是以擥仲舒，別向、歆，傳載眭孟、夏侯勝、京房、谷永、李尋之徒所陳行事，訖於王莽，舉十二世，以傳《春秋》，著於篇。

此段見於《漢書．五行志上》，文中歷數當時災異名家及其學派，像是董仲舒、眭孟為《公羊》家，劉向主《穀梁》，劉歆宗《左傳》，京房治《易》；專研《尚書》者，反而只有夏侯勝、李尋二人。不過，到了《漢書．五行志中之上》又出現另一段敘述：

孝武時，夏侯始昌通五經，善推《五行傳》，以傳族子夏侯勝，下及許商，皆以教所賢弟子。其《傳》與劉向同，唯劉歆《傳》獨異。

揆其內容，亦涉及西漢災異學說的流變，性質與前段所言實無二致，兩段應可合併，共置於〈五行志〉篇首。然仔細斟酌，前段泛敘各家，此則主述《洪範五行傳》，先記其師承授受，再與劉向、歆父子比較。換句話說，前者是總論西漢災異的序言，涵攝範圍遍及群經儒生；後者則專門介紹《尚書》災異，特別聚焦在《洪範五行傳》的流傳；兩段敘述正好將《漢書・五行志》一分為二。巧合的是，就《漢書・五行志》的分章來看，〈五行志上〉所引，正是「五行」部份；而〈五行志中之上〉以後，則記錄「五事」、「皇極」。班固將同樣帶有序言性質的段落分在二處，或許不是隨意的放置，而是有心的安排。

進一步考察西漢經師運用《洪範五行傳》的實況，特別是《尚書》學者，徵引「五事」、「皇極」部份者甚夥，例如《漢書・五行志下之上》記有夏侯勝諫昌邑王一事，勝上《洪範五行傳》曰：「皇之不極，厥罰常陰，時則有下人伐上。」《漢書・谷永傳》記成帝建始三年，谷永對問日蝕、地震事，引《傳》曰：「皇之不極，是謂不建，時則有日月亂行。」又《漢書・孔光傳》則載元壽元年，孔光對問日蝕事，同樣舉《傳》曰：「時則有日月亂行」、「六沴之作」。夏侯勝、谷永、孔光所引，咸集中於「五事」、「皇極」部份。值得注意的是，《漢書・五行志中之下》錄哀帝建平二年李尋對問鐘鳴事，其言曰：

〈洪範〉所謂鼓妖者也。師法以為人君不聽，為衆所惑，空名得進，則有聲無形，不知所從生。其《傳》曰：「歲月日之中，則正卿受之。」今以四月日加辰巳有異，是為中焉。正卿謂執政大臣也。宜退丞相、御史，以應天變。然雖不退，不出期年，其人自蒙其咎。

李尋所言「鼓妖」及「《傳》曰」云云，均見「五事」的〈聽傳〉之中。至於「五行」方面，僅於《漢書・溝渠志》檢得一例，亦為李尋、解光所論，其說云：

陰氣盛則水為之長，故一日之間，晝減夜增，江河滿溢，所謂「水不潤下」，雖常於卑下之地，猶日月變見於朔望，明天道有因而作也。

「水不潤下」出自「五行」的〈水傳〉。相異於前文論「鼓妖」時，特別標舉「師法」，以加強奏議的權威性和說服力，李尋在此只以「所謂『水不潤下』」簡單帶過，其遣辭的輕重緩急，實饒富興味。根據《漢書・李尋傳》和〈儒林傳〉的記載，李尋受《尚書》於張山拊，張氏則師事夏侯建，屬小夏侯《尚書》一系。職此而論，李尋徵引「五事」內容，且特言「師法」，說明了此節原是正統的《尚書》學說；提到「五行」部份，只稱「所謂」，則表示此篇雖早於李尋，卻未必是家學所傳。除此之外，前舉《漢書・五行志中之上》提到

「唯劉歆《傳》獨異」，其「獨異」之處，亦只針對「五事」、「皇極」部份，提出全新的對應系統。（詳見「附表一」）綜合考慮「五行」相對於「五事」、「皇極」的歧異之處，班固〈五行志〉的編排，劉歆新作《傳》僅有六篇，乃至於夏侯勝、谷永、孔光、李尋等《尚書》學者的援引狀況，可以推測：西漢經師普遍認同的《洪範五行傳》，應當僅有「五事」、「皇極」部份，至於「五行」一節，雖亦具備災異性質，卻非淵源於《尚書》師法。

事實上，相較於「五行」部份僅有「木不曲直」、「火不炎上」、「稼穡不成」、「金不從革」、「水不潤下」等語和〈洪範〉經文相應，於篇中臚列的各種錯失，反而更接近《春秋繁露》的五行諸篇，尤其是〈五行順逆〉，現舉〈木傳〉加以比對：

> 田獵不宿，飲食不享，出入不節，奪民農時，及有姦謀，則木不曲直。（〈木傳〉）

> 木者春，生之性，農之本也。勸農事，無奪民時，使民，歲不過三日，行什一之稅，進經術之士。挺群禁，出輕繫，去稽留，除桎梏，開門闔，通障塞。恩及草木，則樹木華美，而朱草生；恩及鱗蟲，則魚大為，鯨不見，如人君出入不時，走馬試狗，馳騁不反宮室，好淫樂，飲酒沈湎，縱恣，不顧政治，事多發役，以奪民時，作謀增稅，以奪民財。民病疥搔，溫體，足胻痛。咎及於木，則茂木枯槁，工匠之輪多傷敗。（〈五行順逆〉）

〈五行順逆〉的「出入不時」、「走馬試狗，馳騁不反宮室」、「好淫樂，飲酒沈湎，縱恣」、「事多發役，以奪民時」、「作謀增稅，以奪民財」等句，依序對應於《洪範五行傳》的「出入不節」、「田獵不宿」、「飲食不享」、「奪民農時」、「及有姦謀」，而「咎及於木，則茂木枯槁，工匠之輪多傷敗」，更可視作「木不曲直」的具體陳述，其餘四德亦是如此。就〈五行順逆〉而言，前有當行政令，後有失政之咎，本身已是完備的時令系統；且政令內容和〈治水五行〉相通，〈治水五行〉又是承襲《淮南子・天文》所錄的鄒衍遺說。加上篇中列舉國君諸項錯失，多根據《公羊》義理；故其思想乃揉合陰陽家及《公羊》學說而成。至於「咎及於木，則茂木枯槁，工匠之輪多傷敗」諸語，雖是針對「木不曲直」等句的疏解，但「木不曲直」不只見於「五行」文中，亦出現在〈五行五事〉之內。從《春秋繁露》五行諸篇的關係來看，與其謂〈五行順逆〉發揮「五行」一節，勿寧說是在闡釋〈五行五事〉的義理。反觀「五行」部份，只見失政方面的消極論述，排五行次序未合乎〈洪範〉經文，言災異又無涉於「五事」部份，除〈五行順逆〉外，幾乎找不到任何其他學說來源。凡此，俱可說明是「五行」一段截鈔《春秋繁露》的災異理論，而非相反。

分析至此，《洪範五行傳》的思想淵源已完全梳理清楚：「五事」、「皇極」主要詮釋〈洪範〉經文，是正統的《尚書》師法；「五行」源自以《春秋繁露》作代表的《公羊》學派，因同具災異性質，故和前者鈔合連篇，成為世傳的《洪範五行傳》。據論者指出，劉向推說災異可分成二期：前期依從董仲舒《春秋公羊》災異說，後期則以《洪範五行傳》為準，[4]其思想轉變完全符合前論《洪範五行傳》兩部份文獻的學術特徵。再就篇目來看，劉向所著《洪範五行傳論》，「比類相從，各有條目，凡十一篇」（《漢書・劉向傳》），正是「五行」加上「五事」、「皇極」之總和，則班固所參考，以及現傳《洪範五行傳》，當為劉向整併而成。

四

《洪範五行傳記》，《漢書・藝文志》並未著錄，《漢書・五行志上》曰：

劉向治《穀梁春秋》，數其旤福，傳以〈洪範〉，與仲舒錯。至向子歆治《左氏傳》，其《春秋》意亦已乖矣；言《五行傳》，又頗不同。

《漢書・五行志中之上》亦有：「孝武時，夏侯始昌通五經，善推《五行傳》，以傳族子夏侯勝，下及許商，皆以教所賢弟子。其《傳》與劉向同，唯劉歆《傳》獨異。」《隋書・經

4 參見黃啟書：〈試論劉向災異學說之轉變〉，《臺大中文學報》第二十六期（二〇〇七年六月），頁一一九—一五二。

籍志一》則言：「濟南伏生之《傳》，唯劉向父子所著《五行傳》，是其本法，而又多乖戾。」所稱「不同」、「獨異」、「乖戾」云云，都說明劉歆於劉向之外，另有《洪範五行傳》著述傳世。因此，姚振宗《漢書藝文志拾補》卷一增列此書，題名「劉歆《洪範五行傳記》」。由於歷代書目均未著錄，今姑從姚氏所定書名，以方便討論。

至於劉歆與其父「不同」、「獨異」、「乖戾」之處，首先見於「五事」、「皇極」，班固在〈五行志〉的「說曰」之下，皆補充「劉歆《傳》」：

劉歆〈貌傳〉曰：有鱗蟲之孽，羊旤，鼻痾。〈說〉以為於天文，東方辰為龍星，故為鱗蟲；於《易》，〈兌〉為羊，木為金所病，故致羊旤，與常雨同應。（〈五行志中之上〉）

劉歆〈言傳〉曰：時有毛蟲之孽。〈說〉以為於天文，西方參為虎星，故為毛蟲。（〈五行志中之上〉）

劉歆〈視傳〉曰：有羽蟲之孽，雞旤。〈說〉以為於天文，南方喙為鳥星，故為羽蟲；旤亦從羽，故為雞。（〈五行志中之下〉）

劉歆〈聽傳〉曰：有介蟲孽也。（〈五行志中之下〉）

劉歆〈思心傳〉曰：時則有蠃蟲之孽。（〈五行志下之上〉）

劉歆〈皇極傳〉曰：有下體生上之痾。〈說〉以為下人伐上，天誅已成，不得復為痾云。（〈五行志下之上〉）

此即劉歆《洪範五行傳記》原文，其著述體制同樣「經」、「傳」、「說」、「例」俱備，惟傳文內容「獨異」於眾家。5 若參考「附表一」，比較劉向、歆父子所傳《洪範五行傳》的相異之處，可以發現，有鑑於早先《洪範五行傳》略見疏漏，例如「五痾」，其中〈言〉、〈視〉、〈聽〉、〈思心〉四傳既皆專指某個身體器官，則〈貌傳〉的「下體生上之痾」便嫌突兀，〈皇極傳〉的「下人伐上之痾」更違背〈貌傳〉下所述：「及人，謂之痾。痾，病貌，言濅深也」（《漢書・五行志中之上》）的象徵原則，劉歆因此改〈貌傳〉作「鼻

5 《漢書・五行志中之下》又云：「劉歆以為屬思心不容。於《易》，剛而包柔為〈離〉，〈離〉為火為目。羊上角下蹏，剛而包柔，羊大目而不精明，視氣毀故有羊旤。」與前引劉歆〈貌傳〉文例相較，則「於《易》」以下，當亦是劉歆《洪範五行傳記》之〈說〉。

痾」，並挪「下體生上之痾」至〈皇極傳〉。再就「五孽」來看，〈貌傳〉下文言：「凡草物之類謂之妖，……蟲豸之類謂之孽」（《漢書・五行志中之上》），則屬於植物一類的「華孽」即有自亂體例之虞，故劉歆以為「庶徵皆以蟲為孽，〈思心〉蠃蟲孽也。」（《漢書・五行志中之下》）若由整體觀察，劉歆列舉的「五孽」、「五禍」，誠如學者指出，正與《呂氏春秋》十二紀紀首的「五蟲」、「五畜」相符；這種採擇先秦以來的月令思想，批判以往《洪範五行傳》學者的末師口說，顯露出劉歆本諸古往文獻資料的學術傾向。6

因應「劉歆《傳》」中咎徵的變動，連帶相關史例的歸類亦和劉向產生歧異。像是〈言傳〉的莊公十七年「冬，多麋」，劉歆以為「毛蟲之孽為災」，有別於劉向以為「麋色青，近青祥也。」（《漢書・五行志中之下》）〈視傳〉的昭公二十五年「夏，有鸜鵒來巢」，劉歆以為「羽蟲之孽，其色黑」，與劉向以為「鸜鵒白羽，旱之祥也」（《漢書・五行志中之下》）不同。屬於「介蟲之孽」的「螽」災，也從原本劉向的〈言傳〉移到〈聽傳〉（見《漢書・五行志中之下》）。芟除劉向〈思心傳〉的「華孽」後，劉歆以「螟螣之屬」的「蠃蟲之孽」填補（見《漢書・五行志下之上》）。經過調整，「麋」、「鸜鵒」、「螟」

---

6 參見（日）小林信明：《中國上代陰陽五行思想の研究》（東京：大日本雄弁会講談社，一九五一），頁五九—六六。（日）鎌田正：《左傳の成立と其の展開》（東京：大修館書店，一九九二），頁四一四—四一六。黃啟書：〈試論劉向、劉歆《洪範五行傳論》之異同〉，《臺大中文學報》第二十七期（二〇〇七年十二月），頁一二三—一六六。

等動物類災異，不再按照顏色外觀，而是根據物種性質進行分類，使〈洪範〉五行庶徵與《春秋》災異事例，能夠搭配得更加緊密、合理，大幅提昇災異理論的有效性及實證性。7

進一步觀察，劉歆於《春秋》「大水」七例中，僅釋二例，除了所引史事能夠符合〈水傳〉義理外，更重要的是擴大運用自《左傳》歸納出來的日食義例，作為推說災異的詮釋原則：

> 凡日所躔而有變，則分野之國失政者受之。人君能修政，共御厥罰，則災消而福至；不能，則災息而禍生。故經書災而不記其故，蓋吉凶亡常，隨行而成禍福也。（《漢書・五行志下之下》）

所謂「人君能修政，共御厥罰，則災消而福至；不能，則災息而禍生」，義同《洪範五行傳》：「六沴作見，若不共御，六罰既侵，六極其下」（《漢書・谷永傳》），以及「六沴作見，若是共御，五福乃降，用章于下」（《漢書・五行志中之下》）；原是災異顯隱的基本原理。《漢書・五行志下之下》中，劉歆說解《春秋》三十七例日食，除了桓公三年「日有

7 例如《書序》「有蜚雉登鼎耳而雊」一例，劉向以為「雉雊鳴者雄也，以赤色為主。於《易》，〈離〉為雉，雉，南方，近赤祥也」（《漢書・五行志中之下》），同樣以雉鳥顏色分類，未若劉歆將鸜鵒、雉鳥全歸屬「羽蟲之孽」來得直截簡便。且外貌往往紛然多樣，像是鸜鵒，劉歆視作「黑色」，劉向則看成「白羽」，兩者相去何啻千里。

食之」外，都只記錄日躔分野，而未申述災異事應，完全反映「經書災而不記其故，蓋吉凶亡常，隨行而成禍福也」的詮釋特色。其後，劉歆將此原則廣泛應用在所有災異，均擇一、二史例闡釋其與《洪範五行傳》咎徵的關係，無勞悉數解說。如此著述體例一旦建立，以往劉向推闡災異屢見不合《洪範五行傳》義的矛盾，或咎徵偶有闕史例的窘況，均得以迎刃而解。於是乎劉歆便可擺脫過去傳、例互證的束縛，於進行災異分類及填補咎徵時，不需再叨叨必為每個史例尋覓適合《洪範五行傳》的事應，進而能夠以更高效率性、更具概括力的方法，賡續其父未竟的災異理論建設，完備劉向訂立「五行」、「五事」、「皇極」的洪範五行體系。

五

《春秋左氏傳章句》，《漢書・藝文志》同樣未見著錄。然《漢書・劉歆傳》言：「及歆治《左氏》，引傳文以解經，轉相發明，由是章句義理備焉。」馬國翰《玉函山房輯佚書・經編春秋類》輯有「劉歆《春秋左氏傳章句》一卷」，[8] 姚振宗《漢書藝文志拾補》卷

8 馬國翰《玉函山房輯佚書》中，〈春秋類〉目錄題作「《春秋左氏劉氏注》一卷」，署名「漢劉歆」。然正文中則題作「《春秋左氏傳章句》」，因與姚振宗所題同名，故取之。另外，馬氏〈春秋類〉目錄尚有一部「《春秋左氏傳章句》一卷」，署名「魏董遇」。正文中則題作「《春秋左氏經傳章句》」，與劉歆所作不同。

一亦補錄此書，題與馬氏同名。由於歷代書目均未著錄，今姑從馬、姚二氏所定書名，以方便討論。在《漢書・五行志》中，有數條劉歆史例，並不合於洪範五行系統，先舉一例如下：

莊公七年「四月辛卯夜，恆星不見，夜中星隕如雨」。……《左氏傳》曰：「恆星不見，夜明也；星隕如雨，與雨偕也。」劉歆以為晝象中國，夜象夷狄。夜明，故常見之星皆不見，象中國微也。「星隕如雨」，如，而也，星隕而且雨，故曰「與雨偕也」，明雨與星隕，兩變相成也。〈洪範〉曰：「庶民惟星。」《易》曰：「雷雨作，〈解〉。」是歲歲在玄枵，齊分壄也。夜中而星隕，象庶民中離上也。雨以〈解〉過施，復從上下，象齊桓行伯，復興周室也。周四月，夏二月也，日在降婁，魯分壄也。先是，衛侯朔奔齊，衛公子黚牟立，齊帥諸侯伐之，天子使使救衛。魯公子溺專政，會齊以犯王命，嚴弗能止，卒從而伐衛，逐天王所立。不義至甚，而自以為功。民去其上，政繇下作，尤著，故星隕於魯，「天事常象」也。（《漢書・五行志下之下》）

此例屬〈皇極傳〉「星辰逆行」，原文本夾雜董仲舒、劉向推論，暫且省略，並重分段落，以清眉目。其中，「恆星不見，夜中星隕如雨」為《春秋經》文，《左氏傳》的「夜明也」、「與雨偕也」則是針對經文「恆星不見」、「星隕如雨」的解釋。而「劉歆以為」一段，先闡述「夜明」的象徵，再訓詁「如」的字義；尤其是後者釋作「而且」，表示星隕的同時亦在下雨，有效貫通「星隕如雨」、「與雨偕也」的經傳語義，與《公羊傳・莊公七年》：「如雨者何？非雨也」，解作「相似」之義，大異其趣。

個別字詞既已釐清，劉歆進一步引《尚書・洪範》、《周易・解卦・大象傳》，配合其天文曆法，整體疏釋經傳義理。天象主要有「夜明」、「星隕」、「雨」，其所受之國則據該年歲星、當月日躔所在分野，確定為齊、魯兩國。由於「夜明」，故齊桓公行霸，復興周室，原值得嘉許；但「雨」以〈解〉過施，復從上而下，則有僭越周王之勢。驗諸《左傳》史實，魯桓公十六年，衛侯朔出奔齊，衛國另立公子黔牟，形成齊桓公保衛惠公朔，周王擁公子黔牟的政治局勢。爾後周、齊多次衝突，至魯莊公五年，齊桓公帥諸侯伐衛，助衛惠公歸國，周王因而在魯莊公六年派兵救衛。終於齊勝王敗，正應「雨以〈解〉過施」之象。至於魯國，則取象「星隕」，徵於《春秋》，乃以〈莊公三年〉：「溺會齊師伐衛」為應，言「民去其上，政繇下作」，符合星隕「庶民中離上」的象徵。末云「天事常象」，則是《左傳・昭公十七年》申須之語，用以總結經傳天象、人事的關係。

且再舉一例：

僖公十六年「正月戊申朔，隕石于宋，五，是月六鶂退飛過宋都」。……

《左氏傳》曰：隕石，星也；鶂退飛，風也。宋襄公以問周內史叔興曰：「是何祥

> 也？吉凶何在？」對曰：「今茲魯多大喪，明年齊有亂，君將得諸侯而不終。」退而告人曰：「是陰陽之事，非吉凶之所生也。吉凶繇人，吾不敢逆君故也。」是歲，魯公子季友、鄫季姬、公孫茲皆卒。明年齊威死，適庶亂。宋襄公伐齊行伯，卒為楚所敗。劉歆以為是歲歲在壽星，其衡降婁。降婁，魯分壄也，故為魯多大喪。正月，日在星紀，厭在玄枵。玄枵，齊分壄也。石，山物；齊，大嶽後。五石象齊威卒而五公子作亂，故為明年齊有亂。「庶民惟星」，隕於宋，象宋襄將得諸侯之眾，而治五公子之亂。星隕而鶂退飛，故為得諸侯而不終。六鶂象後六年伯業始退，執於盂也。「民反德為亂，亂則妖災生」，言「吉凶繇人」，然后陰陽衡厭受其咎。齊、魯之災非君所致，故曰「吾不敢逆君故也」。（《漢書・五行志下之下》）

此例同樣見於〈皇極傳〉「星辰逆行」。其中，「隕石于宋，五，是月六鶂退飛過宋都」是《春秋經》文，自「隕石，星也」到「吾不敢逆君故也」出於《左傳》。「是歲」至「卒為楚所敗」，則先言魯、齊、宋三國事應結果。「劉歆以為」決定受災之國的方法，因異象現於宋國，理當計入；而齊、魯兩國，仍舊著眼於歲星、日躔分野，惟另導入「衡」、「厭」觀念而得。咎徵所指，《左傳・莊公二十二年》：「姜，大嶽之後也」，石屬山物，故齊可象《經》云：「隕石」；《尚書・洪範》：「庶民惟星」，星落宋地，則以宋當「隕星」。再引《左傳・宣公十五年》：「民反德為亂，亂則妖災生」，解釋「吉凶繇人」，則「人」

非泛稱，而是指相對於國君的「人民」。齊、魯之災既非肇因於國君，自非國君所能消除，是國君無預於「隕石」、「退飛」災異。然今宋公提問，周內史叔興亦不敢違逆不答，故曰「吾不敢逆君故也」。

並觀上舉兩例，都是用「離章辨句」（《後漢書・桓譚傳》李賢《注》語）的方式，節錄一段《春秋》經文為綱領，然後附上《左氏傳》、「劉歆以為」，組織成「經」、「傳」、「說」的詮釋層次，合乎「引傳文以解經」的說經結構。在論據方面，引《左傳・昭公十七年》申須之語解〈莊公七年〉事，取《左傳・莊公二十二年》、〈宣公十五年〉傳文詮〈僖公十六年〉事，表面上「經」、「傳」年代沒有對應，實際上卻是統整《左傳》義理，抽繹出通貫全書的觀念原則。另外，又吸收《尚書》、《周易》，乃至於天文曆術等學術成果，表現出「左右采獲」、「牽引以次章句」（《漢書・夏侯建傳》）的形式特徵。其訓「如」作「而」，目的在於建立家學經說，以質難他家別派的訓詁義理。雖「莊公七年」逕取歲星、日躔分野，「僖公十六年」另就「衝」、「厭」以得齊、魯，其判定「當國」、「衝」、「厭」的原理為何？劉歆並未進一步申論。惟考慮到「僖公十六年」中《左傳》周內史叔興的預言已明確點出受災之國，故劉歆必須「具文飾說」（《漢書・夏侯建傳》），甘冒「委曲枝派」（《後漢書・桓譚傳》李賢《注》語）時可能產生矛盾、破綻的風險，務使經傳「轉相發明」，以求「章句義理備焉」。再看其推說，僅引〈洪範〉：「庶民惟星」以資佐證，論「星隕」、「隕石」、「雨」、「鶂退飛」等，全然不涉〈皇極傳〉「星辰逆行」、〈貌傳〉「恆雨」，以及〈視傳〉「羽蟲之孽」等洪範五行系統的義理內容。種種跡象顯示，此兩例雖言災異，實際上並非劉歆《洪範五行傳記》，當是出自劉歆《春秋左氏傳章句》。蓋班固為廣錄史例、保存異說，採擇範圍不限洪範五行相關論著。至於《春秋左氏傳章句》原為發明《春秋》、《左氏》經傳，非專門闡釋災異之作，因此無須像《洪範五行傳記》般，「經」、「傳」、「說」、「例」兼備，其本身記載史實的性質，反倒是災異庶徵事應的材料淵藪。

循此以覆核其餘劉歆史例，同樣《春秋》、《左傳》、「劉歆以為」俱全者，有《漢書・五行志下之上》的〈思心傳〉僖公十六年「六鶂退蜚」，〈五行志下之下〉的〈皇極傳〉昭公七年「日有食之」、文公十四年「有星孛入于北斗」、昭公十七年「有星孛于大辰」。〈五行志中之下〉的〈聽傳〉哀公十三年「比三螽」、〈五行志下之上〉的〈思心傳〉成公五年「梁山崩」二例，則省略《左傳》文句，化入「劉歆以為」的解說當中。〈五行志下之上〉的〈思心傳〉僖公十四年「沙麓崩」，雖未見「劉歆以為」，然引《國語・周語上》伯陽甫之言，以推山崩事應，亦有「左右采獲」的章句特徵。〈五行志下之下〉的〈皇極傳〉哀公十三年「有星孛于東方」一例，因《左傳》無傳，故逕釋經文。〈五行志下之上〉的〈思心傳〉僖公十五年「晦，震夷伯之廟」、〈五行志下之下〉的〈皇極傳〉隱公三年「日有食之」，則分別闡述「《春秋》及朔言朔，及晦言晦」、「凡日所躔而有變，則分野之國失政者受之」的義例。若再擴而大之，《漢書・五行志》另可見六條《春秋經》、

《左氏傳》、「說曰」的詮釋層次，[9]其中的解經對象、詮釋形式、推說理據等，同樣以闡釋《春秋》、《左傳》經傳義理為主，而遠於洪範五行系統。差別只在用「說曰」取代「劉歆以為」，卻更直接體現「經」、「傳」、「說」的章句結構，總計《漢書・五行志》所見劉歆《春秋左氏傳章句》佚文，凡十八條。

六

《京房易傳》，《漢書・藝文志》著錄京房相關著作有「《孟氏京房》十一篇」、「《災異孟氏京房》六十六篇」、「《京氏段嘉》十二篇」。《漢書・五行志》則錄京房《易》說，凡八十四條，題名有「《京房易傳》」、「《京房易占》」、「《妖辭》」三種，不與《藝文志》同。觀其文例，往往以補充說明的方式，繫於相關災異之後，卻未必俱是針對該項災異史例的解說。學界常舉《漢書・谷永傳》所載疏對，以為《京房易傳》的災異筮法，具有「經」、「傳」、「訞辭」三層詮釋結構。然案谷永之言曰：

9 分別是《漢書・五行志上》的襄公九年「宋災」、《左氏傳》昭公六年「鄭災」、昭公九年「陳火」，〈五行志中之上〉的文公十三年「大室屋壞」，〈五行志中之下〉的僖公二十九年「大雨雹」，〈五行志下之下〉的昭公十七年「日有食之」等。

諸夏舉兵，萌在民饑饉而吏不卹，興於百姓困而賦斂重，發於下怨離而上不知。《易》曰：「屯其膏，小貞吉，大貞凶。」《傳》曰：「飢而不損茲謂泰，厥災水，厥咎亡。」《訞辭》曰：「關動牡飛，辟為無道，臣為非，厥咎亂臣謀篡。」王者遭衰難之世，有飢饉之災，不損用而大自潤，故凶；百姓困貧無以共求，愁悲怨恨，故水；城關守國之固，固將去焉，故牡飛。（《漢書・谷永傳》）

文中「《易》曰」云云，是〈屯卦〉九五爻辭。「《傳》曰」云云，顏師古注：「《洪範傳》之辭。」考《漢書・五行志上》引《京房易傳》曰：「飢而不損茲謂泰，厥災水，水殺人。」則亦屬京房災異雜占，顏氏或有未察。「《訞辭》曰」云云，顏師古注：「《易訞占》之辭。」谷永連引「經」、「傳」、「訞辭」以論災異，的確容易產生三層解說的誤解。但若詳細閱讀前後文句，「《易》曰」一語，孟康注曰：「膏者所以潤人肌膚，爵祿亦所以養人者也。小貞，臣也。大貞，君也。遭屯難飢荒，君當開倉廩，振百姓，而反吝，則凶；臣吝嗇，則吉。」對應「王者遭衰難之世，有飢饉之災，不損用而大自潤，故凶」。「《傳》曰」言水災，對應「百姓困貧無以共求，愁悲怨恨，故水」。《訞辭》提到「關動牡飛」，對應「城關守國之固，固將去焉，故牡飛」。則「經」、「傳」、「訞辭」各自對應不同災異事項，實互不聯繫，三者平行並列，而非上下從屬關係。

只是這樣的誤解，早在班固即已發生，《漢書・五行志中之上》：

成帝元延元年正月，長安章城門門牡自亡，函谷關次門牡亦自亡。京房《易傳》曰：「飢而不損茲謂泰，厥災水，厥咎牡亡。」《妖辭》曰：「關動牡飛，辟為亡道臣為非，厥咎亂臣謀篡。」故谷永對曰：「章城門通路寢之路，函谷關距山東之險，城門關守國之固，固將去焉，故牡飛也。」

比照上引谷永疏對，可知班固此處乃截鈔前文。然彼處作「厥災水，厥咎亡」，與《漢書・五行志上》引《京房易傳》的「厥災水，水殺人。」文雖有別而義卻可通。此處作「厥災水，厥咎牡亡。」非但語辭有異，且單言「牡亡」一語，直覺或可視作動物傷亡，未必和「門牡」有關。翻過來說，班固於「厥咎亡」增一「牡」字，必在此文脈絡中，方可與「門牡」產生聯繫，顯示其將災異（門牡自亡）、《京房易傳》、《妖辭》（關動牡飛）三者理解為從屬結構。惟其更動，已非谷永原意，亦不能就此證《京房易傳》的推說體例。

七

以上是班固作《漢書・五行志》時，主要參考的幾部西漢經師論著，此外尚有徵引數位經師的災異說，以下略加介紹。

眭孟：《漢書・眭弘傳》曰：「眭弘字孟，……從嬴公受《春秋》，以明經為議郎。」

案《漢書・儒林傳》嬴公受業於董仲舒，史稱「守學不失師法」，是眭孟災異本諸董仲舒。《漢書・五行志》載眭孟所推災異有〈五行志中之上〉的「大石自立」、〈五行志中之下〉的「蟲食葉成文」兩條。

夏侯始昌：《漢書・夏侯始昌傳》云：「始昌明於陰陽，先言柏梁臺災日，至期日果災。」所言「柏梁臺災」，見於《漢書・五行志上》。學者以為《漢書・五行志》所錄「貌、言、視、聽、思心、皇極」六傳文後，至劉歆《傳》文前，乃夏侯始昌自撰《洪範五行傳》佚文。[10]嚴格來說，當視作夏侯始昌推演伏生《洪範五行傳》之「說」為確。〈五行志上〉錄有夏侯始昌預言「未央宮柏梁臺災」事。

夏侯勝：《漢書・夏侯勝傳》：「勝少孤，好學，從始昌受《尚書》及《洪範五行傳》，說災異。」〈五行志下之上〉錄有夏侯勝據《洪範五行傳》推說昌邑王時的「天陰」之災。

李尋：《漢書・李尋傳》：「尋獨好〈洪範〉災異，又學天文月令陰陽。」〈五行志中之下〉載有李尋所推的「鼓妖」災異一條。

谷永：其師承不明，然屢言災異，《洪範五行傳》及《京房易傳》均曾採用。《漢書・

---

10 參見程元敏：〈兩漢《洪範五行傳》作者索隱〉，《孔孟學報》第八十五期（二〇〇七年九月），頁一五九—一九一。

五行志》載谷永所推災異有〈五行志中之上〉谷永諫成帝「微行出游」、成帝元延元年「門牡自亡」二條。〈五行志中之下〉建昭四年「雨雪」一條。〈五行志下之下〉惠帝七年「日食」、成帝建始三年「日食」、成帝永始元年「日食」、成帝永始二年「日食」、成帝永始二年「星隕如雨」、成帝建始元年「有星孛于營室」、成帝元延元年「有星孛于東井」七條。

八

本書《漢書五行志疏證》，以北京中華書局標點本作為底本，首先進行「分章立題」的工作，亦即按其義理內容，分所當分，合所當合，並根據《洪範五行傳》咎徵類項、班固所收史例，訂立標題，務使條目井然，方便檢閱。其次「廣蒐注解」，自東漢班固撰《漢書》後，歷代注疏不乏其人，唐代顏師古〈漢書敘例〉，即採漢魏以降二十三家；至清儒王先謙著《漢書補注》，更引用隋至清代《漢書》注家凡六十七人，蔚為大觀；民國以後，尚有楊樹達、陳直、施之勉等考證注解；這些珍貴的材料，對於《漢書・五行志》的疏證工作來說，實不可或缺。此外，《漢書・五行志》既承劉向《洪範五行傳論》體例，亦「集合上古以來歷春秋六國至秦漢符瑞災異之記」，大量鈔錄《春秋經》及三傳史例、義理，因此《春秋》歷代相關注疏，亦有極高的參考價值。故筆者希望以前述著作為主，鈔合歷代注釋中，

〈五行志〉的相關材料，作為疏證的主要內容，以發明〈五行志〉的撰作體例和諸經經說。最後「理據箋識」，既然《周易》、《尚書》、《春秋》諸經，均曾涉及災異立論，則各家推說災異的事例、原理，與其所主經典之間的聯繫，便是考察西漢經學的核心課題。《漢書・五行志》中，同一事件的不同詮釋，雖未必皆是「歆數以難向」（《漢書・劉歆傳》）般面對面的詰難，亦足以反映出當時各經學派彼此論辯的學術實況，因此可以在靜態的文字疏理上，進一步觀察儒者的學術活動，甚至可以鉤勒出漢儒義理章句的建構過程。藉由全面性的回溯釐析，逐一探求董仲舒、劉向、劉歆、京房等學說淵源，並加以箋注表識，以辨析諸家的經義源流，觀察經說的章句形式。

本書獲得一〇四、一〇五年科技部專題研究計畫補助，提供豐沛資源，使疏證工作無後顧之憂。在撰寫過程中，內人趙修霈亦提供文獻上、格式上許多建議。劉思帆、謝南盛、廖云榛等同學，協助檢閱資料，實為不可或缺的幫手。陳康寧同學封面題字，使本書增添兩漢氣象。臺灣學生書局的陳蕙文小姐，在版面編排、校對方面，不辭煩瑣，至為用心。本書的完成，仰賴諸君襄助，特此誌謝。然學力有限，見聞既寡，思慮欠周，雖勉強而為，終難免謬誤闕漏，敬祈博學君子賜教斧正。

徵引文獻

《漢書》類

《漢書》　漢・班固撰，唐・顏師古注　北京：中華書局，一九九七

《史通通釋》　唐・劉知幾撰，清・浦起龍釋　臺北：里仁書局，一九九三

《兩漢刊誤補遺》　宋・吳仁傑　《知不足齋叢書》本

《漢書評林》　明・凌稚隆　明萬曆十一年刻本

《兩漢訂誤》　清・陳景雲　《丙子叢編》本

《四史剿說》　清・史珥　清乾隆二十九年《四史剿說》本

《十七史商榷》　清・王鳴盛　上海：上海書店出版社，二〇〇五

《廿二史劄記》　清・趙翼　臺北：世界書局，一九九七

《廿二史考異》　清・錢大昕　上海：上海古籍出版社，二〇〇四

《三史拾遺》　清・錢大昕　上海：上海古籍出版社，二〇〇四

《讀書雜志》　清・王念孫　中央研究院傅斯年圖書館藏本

《漢書辨疑》　清・錢大昭　《銅熨斗齋叢書》本

《四史發伏》　清・洪亮吉　清光緒八年小石山房刻本

《漢書注校補》 清・周壽昌 清光緒十年周氏思益堂刻本

《漢書引經異文錄證》 清・繆祐孫 清光緒十一年刻本

《漢書管見》 清・朱一新 清光緒二十二年《拙盦叢稿》本

《學古堂日記・漢書》 清・雷浚 清光緒二十二年蘇州學古堂刊本

《前漢書考證》 清・齊召南 清光緒二十三年陝甘味經刊書處刊本

《前漢書校勘札記》 清・劉光蕡 清光緒二十三年陝甘味經刊書處刊本

《漢書補注》 清・王先謙 清光緒二十六年虛受堂刊本

《漢書疏證》 清・沈欽韓 清光緒二十八年浙江官局刻本

《漢書瑣言》 清・沈家本 《沈寄簃先生叢書》本

《漢書藝文志拾補》 清・姚振宗 《師石山房叢書》本

《越縵堂讀史札記全編》 清・李慈銘 民國十六年北平國立圖書館本

《漢書札記》 清・李德銘 《二十五史三編》本

《漢書校證》 清・史學海 《兩漢書訂補文獻彙編》本

《漢書正誤》 清・王峻 《兩漢書訂補文獻彙編》本

《漢書補注補正》 楊樹達 民國十四年商務印書館初印本

《漢書讀》 張恕 民國二十七年《四明叢書》本

《漢書補注辨證》 施之勉 香港：新亞研究所，一九六一

《漢書窺管》	楊樹達	臺北：世界書局，一九七四
《漢書新證》	陳直	天津：天津人民出版社，一九七九
《漢書注商》	吳恂	上海：上海古籍出版社，一九八三
《漢書五行志》	吉川忠夫	東京：平凡社，一九八九

經部

《周易正義》	魏・王弼、晉・韓康伯注，唐・孔穎達正義	清嘉慶二十年南昌府學本
《焦氏易林》	漢・焦延壽	《叢書集成初編》本
《周易述》	清・惠棟	清乾隆二十一年雅雨堂刊本
《易漢學》	清・惠棟	清光緒二十二年彙文軒刊本
《周易集解纂疏》	清・李道平	北京：中華書局，一九九八
《周易集解補釋》	曹元弼	民國十六年刊本
《尚書正義》	(舊題)漢・孔安國傳，唐・孔穎達正義	清嘉慶二十年南昌府學本
《尚書大傳》	清・陳壽祺輯校	《叢書集成初編》本
《尚書今古文注疏》	清・孫星衍	北京：中華書局，二〇〇四
《毛詩正義》	漢・毛亨傳，鄭玄箋，	清嘉慶二十年南昌府學本

唐・孔穎達正義

《毛詩草木鳥獸蟲魚疏》　吳・陸璣　《叢書集成初編》本

《韓詩外傳集釋》　許維遹　北京：中華書局，二〇〇五

《周禮注疏》　漢・鄭玄注，唐・賈公彥疏　清嘉慶二十年南昌府學本

《禮記正義》　漢・鄭玄注，唐・孔穎達正義　清嘉慶二十年南昌府學本

《大戴禮記彙校集注》　黃懷信　西安：三秦出版社，二〇〇五

《春秋公羊傳注疏》　漢・何休注，唐・徐彥疏　清嘉慶二十年南昌府學本

《春秋左傳正義》　晉・杜預注，唐・孔穎達正義　清嘉慶二十年南昌府學本

《春秋穀梁傳注疏》　晉・范甯注，唐・楊士勛疏　清嘉慶二十年南昌府學本

《春秋左氏傳舊注疏證》　清・劉文淇　臺北：明倫出版社，一九七〇

《公羊義疏》　清・陳立　《皇清經解續編》本

《春秋左氏古義》　清・臧壽恭　《皇清經解續編》本

《春秋穀梁經傳補注》　清・鍾文烝　北京：中華書局，一九九六

《穀梁古義疏》　清・廖平　北京：中華書局，二〇一二

《論語注疏》	魏・何晏注，宋・邢昺疏	清嘉慶二十年南昌府學本
《孟子注疏》	漢・趙岐注，宋・孫奭疏	清嘉慶二十年南昌府學本
《經典釋文》	唐・陸德明	臺北：學海出版社，一九八八
《九經古義》	清・惠棟	《皇清經解》本
《經義雜記》	清・臧琳	《皇清經解》本

史部

《國語》	吳・韋昭注	臺北：漢京文化事業有限公司，一九八三
《史記》	漢・司馬遷撰，南朝宋・裴駰集解，唐・司馬貞索隱，唐・張守節正義	北京：中華書局，一九九七
《列女傳》	漢・劉向	《四部備要》本
《漢紀》	漢・荀悅	北京：中華書局，二〇〇二
《後漢書》	南朝宋・范曄	北京：中華書局，一九九七
《魏書》	北齊・魏收	北京：中華書局，一九九七
《南齊書》	南朝梁・蕭子顯	北京：中華書局，一九九七

《隋書》　唐・魏徵等　北京：中華書局，一九九七
《舊唐書》　後晉・劉昫等　北京：中華書局，一九九七
《新唐書》　宋・歐陽脩等　北京：中華書局，一九九七
《四庫全書總目》　清・紀昀等　《文淵閣四庫全書》本

子部

《荀子集解》　清・王先謙　北京：中華書局，一九九七
《新語校注》　王利器　北京：中華書局，一九九七
《春秋繁露義證》　清・蘇輿　北京：中華書局，二〇〇二
《說苑校證》　向魯宗　北京：中華書局，二〇〇〇
《老子道德經注校釋》　樓宇烈　北京：中華書局，二〇〇八
《抱朴子內篇校釋》　王明　北京：中華書局，二〇〇二
《墨子閒詁》　清・孫詒讓　北京：中華書局，二〇〇一
《韓非子新校注》　陳奇猷　上海：上海古籍出版社，二〇一〇
《管子校注》　黎翔鳳　北京：中華書局，二〇〇四
《呂氏春秋校釋》　陳奇猷　臺北：華正書局，一九八八
《淮南鴻烈集解》　劉文典　北京：中華書局，一九九七
《論衡校釋》　黃暉　北京：中華書局，一九九六

《白虎通疏證》	清・陳立	北京：中華書局，一九九七
《五行大義》	隋・蕭吉	《叢書集成初編》本
《容齋隨筆》	宋・洪邁	上海：上海古籍出版社，一九九八
《日知錄校釋》	清・顧炎武撰，張京華校釋	長沙：岳麓書局，二〇一一
《新輯搜神記》	李劍國	北京：中華書局，二〇〇七
《開元占經》	唐・瞿曇悉達	《文淵閣四庫全書》本
《初學記》	唐・徐堅	北京：中華書局，二〇〇四
《太平御覽》	宋・李昉等	北京：中華書局，二〇〇〇
《冊府元龜》	宋・王欽若等	明崇禎十五年李嗣京刊本

集部

《青溪集》	清・程廷祚	《叢書集成續編》本

近人論著

伊藤計：〈董仲舒の災異説——高廟園災対という上奏文を中心にして——〉，《集刊東洋學》第四十一號（一九七九年五月），頁一五—二八。

栗原朋信：《秦漢史の研究》，東京：吉川弘文館，一九六〇。

徐復觀：《兩漢思想史・卷二》，臺北：臺灣學生書局，一九七九。
郜積意：〈《世經》三統術與劉歆《春秋》學〉，《漢學研究》第二十七期第三卷（二〇〇九年九月），頁一—三四。
張書豪：〈秦漢時期的終始論及其意義〉，《漢學研究集刊》第四期（二〇〇七年六月），頁六五—八六。
張書豪：〈西漢災異思想的基礎研究——關於《洪範五行傳》性質、文獻、作者的綜合討論〉，《臺大中文學報》第四十三期（二〇一三年十二月），頁二一—六八。
張書豪：〈試探劉向災異論著的轉變〉，《國文學報》第五十七期（二〇一五年六月），頁一—二八。
陳良運：〈京房《易》與《焦氏易林》〉，《周易研究》一九九九年第一期，頁三—一四。
程元敏：〈兩漢《洪範五行傳》作者索隱〉，《孔孟學報》第八十五期（二〇〇七年九月），頁一五九—一九一。
黃啟書：〈由《漢書・五行志》論京房易學的另一面貌〉，《臺大中文學報》第四十三期（二〇一三年十二月），頁六九—一二〇。
錢鍾書：《管錐編》，北京：中華書局，一九八六。
繆鳳林：〈洪範五行傳出伏生辨〉，《史學雜志》第二卷第一期（一九三〇年三月），頁一—一六。

附表一《漢書·五行志》五事、皇極咎徵表

對應咎徵＼五事、皇極		貌	言	視	聽	思心	皇極
咎		貌不恭（狂）	言不從（僭）	舒	急	霿	眊
罰		恆雨	恆陽	恆奧	恆寒	恆風	恆陰
極		惡	憂	疾	貧	凶、短、折	弱
妖		服	詩	草	鼓	脂夜	射
孽	向	龜	介蟲	嬴蟲	魚	華	龍蛇
	歆	鱗蟲	毛蟲	羽蟲	介蟲	嬴蟲	×
禍	向	雞	犬	羊	豕	牛	馬
	歆	羊	×	雞	×	×	×
痾	向	下體生上	口舌	目	耳	心腹	下人伐上
	歆	鼻	×	×	×	×	下體生上
眚祥		青	白	赤	黑	黃	日月亂行，星辰逆行
沴		金沴木	木沴金	水沴火	火沴水	金、木、水、火沴土	

＊加網底者，《漢書·五行志》附有相應史例。

附表二　《漢書・五行志》、《洪範五行傳論》篇卷對照表

《漢書・五行志》	《洪範五行傳論》
五行志上	木、火、土、金、水
五行志中之上	貌、言
五行志中之下	視、聽
五行志下之上	思心、皇極（「恆陰」、「射妖」、「龍蛇之孽」、「馬禍」、「下人伐上之痾」部份）
五行志下之下	皇極（「日月亂行」、「星辰逆行」部份）

凡例

一、本書旨在疏證《漢書・五行志》，以北京中華書局標點本《漢書》為底本。

二、原書本無標題，現根據《洪範五行傳》咎徵，並參考中央研究院「漢籍全文資料庫」、吉川忠夫《漢書五行志》，重新訂定標題。

三、各類咎徵所收史例，均加以編號，以方便閱讀、統計。

四、《漢書・五行志》所記人名，有因避諱而改字者，如「莊公」作「嚴公」；有通假字者，如「僖公」作「釐公」、「閔公」作「愍公」，連同後世注釋從班固者，均逕據《春秋》修訂。

五、註語所引，咸出自「徵引文獻」中。為免雜蕪，原見於顏師古《漢書注》者，直舉其名，如「師古曰」、「孟康曰」……等。後世《漢書》注釋，因俱出〈五行志〉，故逕標其人名、書名；《春秋》三傳及其後世注釋可對應史例者，亦同。其餘相關論著則記人名、書名、卷數或篇名。古籍則錄書名、篇名。

六、書末編有「人名、書名綜合索引」，方便讀者查閱。

漢書五行志疏證 2

五行志第七上

序

《易》曰：「天垂象，見吉凶，聖人象之；河出圖，雒出書，聖人則之。」〔一〕劉歆以為虙羲氏繼天而王，受《河圖》，則而畫之，八卦是也；禹治洪水，賜《雒書》，法而陳之，〈洪範〉是也。〔二〕聖人行其道而寶其真。降及于殷，箕子在父師位而典之。周既克殷，以箕子歸，武王親虛己而問焉。故《經》曰：「惟十有三祀，王訪于箕子，王乃言曰：『烏嘑，〔三〕箕子！惟天陰騭下民，相協厥居，我不知其彝倫逌敘。』〔四〕箕子乃言曰：『我聞在昔，鯀陻洪水，汨陳其五行，〔五〕帝乃震怒，弗畀洪範九疇，彝倫逌斁。鯀則殛死，禹乃嗣興，天乃錫禹〈洪範〉九疇，彝倫逌敘。』」〔六〕此武王問《雒書》於箕子，箕子對禹得《雒書》之意也。

〔一〕師古曰：「〈上繫〉之辭也。」

〔二〕齊召南《前漢書考證》：「按《易大傳》曰：『河出圖，雒出書，聖人則之。』是言圖、書二者皆出于伏羲之世，故則之以畫八卦。即《尚書》本文祇云：『天乃錫〈洪範〉九疇。』不云：『錫禹以《洛書》』，亦不云：『禹因《洛書》陳〈洪範〉也』。以《洛書》為〈洪範〉，始于孔安國《書傳》，而劉歆父子又言之，後儒遂依其說。」書豪案，「河圖」，先秦典籍多有，除《周易・繫辭上》外，《尚書・顧命》：「大玉、夷玉、天球、河圖，在東序。」《論語・子罕》：「子曰：『鳳鳥不至，河不出圖，吾已矣夫！』」《禮記・禮運》：「故天降膏露，地出醴泉，山出器車，河出馬圖。」《墨子・非攻下》：「河出綠圖，地出乘黃。」《呂氏春秋・觀表》：「聖人上知千歲，下知千歲，非意之也，蓋有自云也。綠圖幡薄，從此生矣。」《管子・小匡》：「昔人之受命者，龍龜假，河出圖，雒出書，地出乘黃。」知「河圖」原不必與「雒書」對舉。秦漢以降，則多見「河圖」、「雒書」同列，如《韓詩外傳》卷五：「河洛出圖書。」《新語・慎微》：「河出圖，洛出書。」《淮南子・俶真》：「洛出丹書，河出綠圖。」《大戴禮記・誥志》：「雒出服，河出圖。」以「河圖」為八卦，「洛書」即〈洪範〉，始於孔安國，如前引《論語・子罕》一語，孔安國云：「聖人受命則鳳鳥至，河出圖。……河圖，八卦是也。」《尚書・顧命》偽孔《傳》：「河圖，八卦。伏犧氏王天下，龍馬出河，遂則其文以畫八卦，謂之河圖。」《尚書・洪範》：

「天乃錫禹〈洪範〉九疇，彝倫攸敘。」偽孔《傳》：「天與禹洛出書，神龜負文而出，列於背，有數至于九。禹遂因而第之，以成九類，常道所以次敘。」然偽孔《傳》不足徵，僅何晏《論語集解》所引孔氏《古論》章句可據，故孔安國或只以「河圖」為八卦。按班固〈五行志〉所言，則以「洛書」為〈洪範〉，當是劉歆首倡。王充《論衡・正說》：「夫聖王起，河出圖，洛出書。伏羲王，河圖從河水中出，《易》卦是也。禹之時，得洛書，書從洛水中出，〈洪範〉九章是也。故伏羲以卦治天下，禹案〈洪範〉以治洪水。古者烈山氏之王得河圖，夏后因之曰《連山》；烈山氏之王得河圖，殷人因之曰《歸藏》；伏羲氏之王得河圖，周人因之曰《周易》。」亦由歆說敷衍而成。

〔三〕繆祐孫《漢書引經異文錄證》：「今《書》作『烏呼』。」

〔四〕繆祐孫《漢書引經異文錄證》：「今《書》『逌』作『攸』。」

〔五〕王先謙《漢書補注》引何焯曰：「天一生水，水失其性，則五行由此皆亂其序列也。」書豪案，箕子所陳，當堯舜洪水氾濫，鯀禹治水之時，故曰「水失其性」。「天一生水」，乃採《周易・繫辭上》：「天一、地二……」云云，結合《尚書・洪範》五行序列而成，詳本卷〈火傳〉〔例9〕註八、註九。前屬史事，後為理論，然由發生角度而言，「洪範五行」學說之所出，於歷史上方有著落；乃五行由「水」亂其序列，故天錫禹〈洪範〉九疇，亦即「洛書」以治之也。

〔六〕師古曰：「自此以上，〈洪範〉之文。」

「初一曰五行；次二曰羞用五事；〔一〕次三曰農用八政；〔二〕次四曰叶用五紀；〔三〕次五曰建用皇極；次六曰艾用三德；〔四〕次七曰明用稽疑；次八曰念用庶徵；次九曰嚮用五福，畏用六極。」〔五〕凡此六十五字，皆《雒書》本文，所謂天乃錫禹大法九章常事所次者也。以為《河圖》、《雒書》相為經緯，八卦、九章相為表裏。昔殷道弛，文王演《周易》；周道敝，孔子述《春秋》。則乾坤之陰陽，效〈洪範〉之咎徵，天人之道粲然著矣。

〔一〕錢大昕《廿二史考異》卷七：「古文『敬』作『茍』，與『羞』相似，『羞』疑『敬』之譌也。又考〈藝文志〉引『《書》云：「初一曰五行，次二曰羞用五事」，言進用五事，以順五行也』，〈五行〉、〈藝文〉二志皆取劉歆之說，則歆所傳《尚書》本是『羞』字。孔光對日蝕事，亦引《書》『羞用五事』。」楊樹達《漢書窺管》：「《說文・九篇上・茍部》：『茍，自急敕也。从羊省，从包省，从口。或作蒚，从羊不省。』錢說『敬』古文作『蒚』，誤。江聲云：『貌、言、視、聽、思為切身之事，人當自整敕者，「蒚」與「羞」相似，故誤「蒚」為「羞」。』按江說是也。」繆祐孫《漢書引經異文錄證》：「今《書》『羞』作『敬』。……段玉裁曰：『作「敬」者，古文；作「羞」者，今文。班氏「羞」訓「進」，今文家說也。古文「敬」與「羞」皆从羊。』」雷浚《學古堂日記‧漢書》：「此作『羞用』者，實『苟用』之誤耳。……疑《古文尚書》本作『苟用』，『敬』字从『苟』省，故今本衍『攴』為『敬』，而於『苟』字本誼，猶未甚遠。至班氏作《漢書》，往往多存古字，疑當時本書作『苟用』，後以轉相傳寫，而經典中『苟』字又絕少，學者蔽於罕見，故遂誤為『羞』耳。」書豪案，綜前所述，「羞用五事」，原作「苟用五事」，「苟」為「苟」（音「急」）之古文。爾後古文家添「攴」為「敬」，今文家形訛作「羞」訓「進」，遂成兩義。「苟」當訓「整敕」之義，作「敬」義猶近之；作「羞」訓「進」，則為「洪範五行」學說基礎。誠如《漢書‧藝文志‧術數略》云：「言進用五事，以順五行也。貌、言、視、聽、思心失，而五行之序亂，五星之變作。」又《漢書‧孔光傳》曰：「如貌、言、視、聽、思失，大中之道不立，則咎徵薦臻，六極屢降。」強調行為（五事）與自然（五行）的交互影響。

〔二〕張晏曰：「農，食之本，食為八政首，故以農為名也。」師古曰：「此說非也。農，厚也。『羞用』義例皆同，非田農之義也。」朱一新《漢書管見》：「師古凡引《尚書注》，皆依孔義。『農』訓『厚』，蓋孔義也。《書正義》曰：『鄭玄云：「農讀為醲。」』則『農』是『醲』意，故為厚也。張晏、王肅皆言：『農，食之本也。』《釋文》引馬融云：『食為八政之首，故以農名之。』」楊樹達《漢書窺管》：「顏說是矣，而未盡也。《左傳・文公七年》曰：『正德、利用、厚生，謂之三事。』八政首食貨，次之以祀司空、司徒、司寇、賓、師，皆厚生之事，故云厚以八政也。」

〔三〕師古曰：「『叶』讀曰『叶』，和也。」繆祐孫《漢書引經異文錄證》：「今《書》『叶』作『協』。祐孫案，《說文》：『協，眾之同和也。』古文作『叶』，或體作『叶』。」楊樹達《漢書窺管》：「『叶用五紀』者，謂以歲月日星辰麻數合天時，即〈堯典〉所謂『協時月正日也。』」

〔四〕師古曰：「艾讀曰乂。」繆祐孫《漢書引經異文錄證》：「今《書》『艾』皆作『乂』。祐孫案，漢石經亦作『艾』。《說文》：『嬖，治也。』即『艾』本字也。〈堯典〉：『有能俾乂』，《史記》作：『有能使治』。」

〔五〕楊樹達《漢書窺管》：「『畏』，〈洪範〉作『威』，『畏』與『威』同。經傳『威』字古文皆作『畏』。〈毛公鼎〉云：『敃天疾畏』，即《詩》之『旻天疾威』。〈全盂鼎〉云：『畏天畏』，即畏天威也。」

漢興，承秦滅學之後，景、武之世，董仲舒治《公羊春秋》，始推陰陽，為儒者宗。〔一〕宣、元之後，劉向治《穀梁春秋》，數其旤福，傳以〈洪範〉，〔二〕與仲舒錯。至向子歆治《左氏傳》，其《春秋》意亦已乖矣；言《五行傳》，又頗不同。〔三〕是以擥仲舒，別向、歆，〔四〕傳載眭孟、夏侯勝、京房、谷永、李尋之徒所陳行事，〔五〕訖於王莽，舉十二世，以傳《春秋》，著於篇。

〔一〕王先謙《漢書補注》引葉德輝曰：「《春秋繁露》有〈陰陽位〉、〈陰陽終始〉、〈陰陽義〉、〈陰陽出入〉諸篇名，蓋即〈志〉文所本。」書豪案，除葉氏所舉四篇外，尚有〈陽尊陰卑〉、〈天地陰陽〉兩篇。趙翼《廿二史劄記》卷二〈漢儒言災異〉：「然仲舒之陰陽本之《春秋》，不出〈洪範〉，今仲舒所著《繁露》俱在，初無推演五行之處。」其後學者多謂董仲舒僅推陰陽，不言五行，甚至視《春秋繁露》中〈五行對〉、〈五行之義〉、〈五行相生〉、〈五行相勝〉、〈五行順逆〉、〈治水五行〉、〈治亂五行〉、〈五行變救〉、〈五行五事〉等九篇，乃後人偽託。其實，董仲舒確曾以五行推演災異，詳見〈五行志中之下〉的〈視傳〉「草妖」〔例3〕註二。

〔二〕師古曰：「以〈洪範〉義傳而說之。『傳』字或作『傅』，讀曰『附』，謂附著。」錢大昕《廿二史考異》卷七：「予謂或說是也。」後文「傳載眭孟……」云云，錢氏復言：「『傳』亦當為『傅』，讀曰『附』，言以仲舒、向、歆為主，而附載眭孟諸人說也。」

〔三〕王先謙《漢書補注》：「《說文》：『乖，戾也』。〈晉志〉作：『其書《春秋》及五行又甚乖異。』」張恕《漢書讀》：「董仲舒治《公羊春秋》，劉向治《穀梁春秋》，向子歆治《左氏春秋》，三傳文義不盡同，故三子說《春秋》，彼此舛迕，言《五行傳》，又頗不同。」楊樹達《漢書窺管》：「〈藝文志・書〉家有劉向《五行傳記》十一篇。」書豪案，關於董仲舒、劉向、劉歆的災異論著，詳見本書〈前言〉。

〔四〕沈欽韓《漢書疏證》：「〈晉志・五行序〉云：『文帝時，宓生創紀《大傳》，其言五行庶徵備矣。班固據《大傳》采仲舒等。』」書豪案，班固所據，為劉向《洪範五行傳論》，詳見本書〈前言〉。

〔五〕李德銘《漢書札記》：「此〈志〉頗有乖錯複雜處，然伏生《洪範五行傳》、《京房易傳》、劉向《五行傳記》、劉歆《左氏傳說》，皆幸于此〈志〉存其梗略。歐陽、大小夏侯之《尚書》說亦可考見一二，蓋皆西漢經學大師所遺鱗爪，深可寶也。」

五行

《經》曰：〔一〕「初一日五行。五行：一曰水，二曰火，三曰木，四曰金，五曰土。水曰潤下，火曰炎上，木曰曲直，金曰從革，土爰稼穡。」〔二〕

〔一〕王鳴盛《十七史商榷》卷十三〈〈五行志〉所引〉：「〈五行志〉先引『《經》曰』一段，是《尚書・洪範》文；次引『《傳》曰』一段，是伏生《洪範五行傳》文；又次引『說曰』一段，是歐陽、大小夏侯等說，當時列於學官，博士所習者。以下則歷引《春秋》及漢事證之，所采皆董仲舒、劉向歆父子說也。而歆說與《傳》說或不同，〈志〉亦或舍《傳》而從歆。又采《京房易傳》亦甚多，今所傳《京氏易傳》中皆無之，則今所傳《京氏易傳》已非足本。間亦采眭孟、谷永、李尋之說，眭、谷語略皆見其《傳》中，尋說則《傳》無之也。」王先謙《漢書補注》：「尋說見〈聽傳下〉。」趙翼《廿二史箚記》卷二〈漢儒言災異〉：「《漢書・藝文志》有有劉向《五行傳》十一卷，是以言《五行傳》者，皆以為劉向所作。然《漢書・五行志》先引『《經》曰』，則〈洪範〉本文也。次引『《傳》曰』，顏師古初未註明何人所作。今觀夏侯勝引《洪範五行傳》以對張安世，則武帝末已有是書，不自劉向始也。漢代言陰陽災異者，惟眭孟與勝同時，其餘京房、翼奉、劉向、谷永、李尋、解光等，皆在勝後，則勝所引必非諸人所作也。在勝前者，有董仲舒、夏侯始昌。然仲舒之陰陽本之《春秋》，不出〈洪範〉，今仲舒所著《繁露》俱在，初無推演五行之處。至《尚書》雖自景帝時伏生所傳，而伏生亦未言〈洪範〉災異，其弟子作《尚書大傳》，亦無五行之說。惟夏侯始昌以《尚書》教授，明於陰陽，先言柏梁臺災日，至期果驗。自董仲舒、韓嬰死後，武帝甚重始昌。然勝所引《洪範五行傳》，蓋即始昌所作也，其後劉向又推演之成十一篇耳。」書豪案，王、趙所析體例大柢相同，知〈五行志〉分作「經」、「傳」、「說」、「例」四層，組成「以例證說」、「以說詮傳」、「以傳闡經」的解經表述。惟王氏以為《洪範五行傳》出自伏生，趙氏則謂夏侯始昌所著，義有兩歧。另外，程廷祚《青溪集》卷五〈《洪範五行傳》考〉：「蓋周人之遺書，而肄業者以備〈洪範〉之義疏者也。始昌得之，而其後誤入於伏氏之書。」雖非夏侯始昌所作，但仍為始昌所得的先秦遺書，與伏生無關。據筆者所考，《尚書》中的五行關係有二：一為〈堯典〉的「相生」，二是〈洪範〉的「相對」。由於兩者均見於經文，伏生所傳《尚書大傳》理當解決其間齟齬，因此趙翼所論，恐待商榷。伏生之後，西漢《洪範五行傳》更衍成二系：一是《尚書》系統，僅「貌、言、視、聽、思心、皇極」六篇，本〈洪範〉「木、金、火、水、土」的「相對」系統，保留伏生師法。二是劉向《洪範五行傳論》，於〈洪範〉六篇外，另增「木、火、土、金、水」的「相生」系統，凡十一篇，而所增五行災異，乃截鈔自《春秋繁露．五行順逆》，知劉向《洪範五行傳論》匯集了《尚書》師法以及董仲

〔二一〕

舒《公羊》義理。此十一篇體例，亦為劉歆《洪範五行傳》、班固〈五行志〉所承。書豪案，先秦兩漢五行學說系統有三：一為「木、火、土、金、水」的「五行相生」，見於《管子・幼官》、〈幼官圖〉、〈四時〉、〈五行〉、〈輕重己〉、《呂氏春秋》十二紀紀首、《淮南子・天文》、〈時則〉、《禮記・月令》等「時令說」。二是「土、木、金、火、水」的「五行相勝」，見於《呂氏春秋・應同》，乃鄒衍「五德終始論」之遺說。三則是〈洪範〉的「水、火、木、金、土」，既非「相生」，亦無「相勝」。倘按對應方位加以排列，則可見其中「北、南、東、西、中」的「相對」觀。然〈洪範〉雖「相對」為序，但下文之「《傳》」卻作「木、火、土、金、水」的「相生」次序，經、傳並不相合。據筆者所考，「《傳》曰」乃劉向截鈔《春秋繁露・五行順逆》所成，故依「五行相生」為序；而《春秋繁露》中的五行諸篇，為董仲舒統整〈洪範〉災異及陰陽家「時令說」，並徵引《公羊》義例，所建構的理論框架。（詳見張書豪〈秦漢時期的終始論及其意義〉、〈西漢災異思想的基礎研究——關於《洪範五行傳》性質、文獻、作者的綜合討論〉）

木傳　史例共1條

《傳》曰：「田獵不宿，〔一〕飲食不享，出入不節，奪民農時，及有姦謀，則木不曲直。」〔二〕

〔一〕服虔曰：「不得其時也。或曰，不豫戒曰不宿，不戒以其時也。」書豪案，《後漢書・五行一》：「田獵不宿」下《注》引鄭玄注《大傳》曰：「不宿，不宿禽也。角主天兵，周禮四時習兵，因以田獵。《禮志》曰：『天子不合圍，諸侯不掩羣，過此則暴天物，為不宿禽。』」

〔二〕凌稚隆《漢書評林》：「此敘五行，每一災先引《傳》語為柱，以下一一應之，後五段倣此。」書豪案，《春秋繁露・五行順逆》：「木者春，生之性，農之本也。勸農事，無奪民時，使民歲不過三日，行什一之稅，進經術之士，挺羣禁，出輕繫，去稽留，除桎梏，開門闔，通障塞。恩及草木，則樹木華美，而朱草生；恩及鱗蟲，則魚大為，鱣鯨不見，羣龍下。如人君出入不時，走狗試馬，馳騁不反宮室，好淫樂，飲酒沈湎，縱恣不顧政治，事多發役，以奪民時，作謀增稅，以奪民財，民病疥搔，溫體，足胻痛。咎及於木，則茂木枯槁，工匠之輪多傷敗。毒水渰羣，漉陂如漁，咎及鱗蟲，則魚不為，羣龍深藏，鯨出見。」〈五行順逆〉反映了《史記・太史公自序》中，陰陽家四時

「各有教令，順之者昌，逆之者不死則亡」的觀念，沿襲先秦「時令說」的理論內涵。至劉向《洪範五行傳論》，僅摘錄其中咎徵，尤其是「如人君出入不節」到「以奪民財」一段，正是〈木傳〉義理之所出。

《說》曰：木，東方也。於《易》，地上之木為〈觀〉。其於王事，威儀容貌亦可觀者也。〔一〕故行步有佩玉之度，登車有和鸞之節，田狩有三驅之制，〔二〕飲食有享獻之禮，出入有名，使民以時，務在勸農桑，謀在安百姓：如此，則木得其性矣。若乃田獵馳騁不反宮室，飲食沈湎不顧法度，〔三〕妄興繇役以奪民時，作為姦詐以傷民財，則木失其性矣。蓋工匠之為輪矢者多傷敗，及木為變怪，是為木不曲直。

〔一〕師古曰：「〈坤〉下〈巽〉上，〈觀〉。〈巽〉為木，故云地上之木也。」蕭吉《五行大義》卷一〈辨體性〉引《洪範傳》曰：「木曰曲直者，東方。《易》云：『地上之木為〈觀〉。』言春時出地之木，無不曲直，花葉可觀，如人威儀容貌也。」書豪案，《周易．說卦傳》：「〈坤〉為地。」又云：「〈巽〉為木。」

〔二〕師古曰：「謂田獵三驅也。三驅之禮，一為乾豆，二為賓客，三為充君之庖也。」史學海《漢書校證》：「『三驅』本《易．比卦》五爻，顏《注》乃以〈王制〉、《穀梁傳》『乾豆』三句釋之，非是。王輔嗣《易注》：『三驅之禮，禽逆來趣己則舍之，背己而走則射之，愛於來而惡於去也。』孔穎達《疏》：『三驅之禮，先儒皆云三度驅禽而射之，三度則已。褚氏諸儒皆以為三面著人驅禽。』朱子《本義》云：『天子不合圍，開一面之網，來者不拒，去者不追。』此與王《注》相反，而與《呂覽》、《史記》合。《呂覽》：『湯見罔置四面，拔其三面，置其一面。祝曰：「欲高者高，欲下者下，吾取其犯命者。」』《史・殷本紀》畧同。」書豪案，顏氏所引「乾豆」三句，見《公羊傳・桓公四年》：「諸侯曷為必田狩？一曰乾豆，二曰賓客，三百充君之庖。」《穀梁傳・桓公四年》：「四時之田用三焉，唯其所先得，一為乾豆，二為賓客，三為充君之庖。」《禮記・王制》：「天子、諸侯無事則歲三田：一為乾豆，二為賓客，三為充君之庖。」當如〈王制〉所稱，名作「三田」，言田獵之用。「三驅」則出自《周易・比卦・九五》：「顯比，王用三驅，失前禽，邑人不誡，吉。」其義當如《呂氏春秋・異用》、《史記・殷本紀》、朱熹《周易本義》所言，史說是。

〔三〕《老子・十二章》：「五味令人口爽，馳畋獵令人心發狂。」

1　《春秋》成公十六年「正月，雨，木冰」。劉歆以為上陽施不下通，下陰施不上達，〔一〕故雨，而木為之冰，雰氣寒，木不曲直也。劉向以為冰者陰之盛而水滯者也，木者少陽，貴臣卿大夫之象也。〔二〕此人將有害，則陰氣脅木，木先寒，故得雨而冰也。〔三〕是時叔孫喬如出奔，公子偃誅死。〔四〕一曰，時晉執季孫行父，又執公，此執辱之異。〔五〕或曰，今之長老名木冰為「木介」。〔六〕介者，甲。甲，兵象也。是歲晉有鄢陵之戰，楚王傷目而敗。〔七〕屬常雨也。〔八〕

〔一〕王念孫《讀書雜志》卷四之五：「陽可言施，陰不可言施。『施』皆讀為『弛』。弛，解也。言陰陽俱解，故上下不交也。《開元占經・冰占篇》引此正作『弛』。」

〔二〕書豪案，劉向謂「木者少陽」，本於《春秋繁露・天辨在人》：「故少陽因木而起」、〈陰陽終始〉：「故至春少陽東出就木，與之俱生」，徐復觀以為乃董仲舒獨創的陰陽體系。（徐復觀《兩漢思想史・卷二》，頁三七三—三八四）至於「貴臣卿大夫之象」，參觀〈五行志中之下〉的〈視傳〉「草妖」〔例3〕，班固引董仲舒《災異之記》即曰：「不當華而華，易大夫；不當實而實，易相室。」故劉向以「木」象「貴臣卿大夫」，亦是沿用董仲舒之五行說。

〔三〕劉文淇《春秋左氏傳舊注疏證》：「《公羊》、《穀梁》並云：『雨而木冰也。』歆亦云：『故雨而木為之冰。』則三傳說並謂雨著而成冰。杜《注》：『記寒過節，冰封著樹。』不云冰之由雨，非。據歆說，則上陽下通，下陰上達，為天地之正。上施而不下通，下施而不上達，陰陽之氣鬱遏，乃雨而木冰也。〈信南山〉：『雨雪雰雰』，《傳》：『雰雰，雪貌。』《素問・六元正紀大論》：『寒雰結為霜雪』，《注》：

『寒雰曰氣也。』《廣雅・釋訓》：『雰雰，雪也。』則雰是凍雨結為霜雪，故歆以雰氣當木冰也。」書豪案，《公》、《穀》皆言「雨而木冰也」，《左傳》無說，劉歆據《公》、《穀》二傳義。再案，劉歆以為「先雨而木後冰」，劉向謂「木先寒後得雨而冰」，一者陰氣由雨而侵木，一則陰氣脅木以凝冰，陰氣所自，兩人略異。

〔四〕師古曰：「叔孫喬如，叔孫宣伯也，通於宣公夫人穆姜，謀欲作亂，不克而出奔齊。公子偃，宣公庶子，成公弟也，豫喬如之謀，故見誅。事並在十六年冬。」書豪案，事據《左傳》。顏氏謂公子偃「豫喬如之謀」者，本杜預《注》：「偃與鉏俱為姜所指而獨殺偃，偃與謀。」《列女傳・孽嬖傳》亦載喬如通於魯宣穆姜、譖於晉國使執季孫行父之事，是劉向確知叔孫喬如惡行。若然，則「雨木冰」作為喬如出奔之咎徵，豈非預為逆臣示警乎？劉向或僅視叔孫喬如為魯卿，具「貴臣卿大夫之象」，單純為「雨木冰」擇其事應，而無論其淫亂之事。

〔五〕師古曰：「行父，季文子也。十六年秋，公會晉侯于沙隨，晉受喬如之譖而止公。是年九月，又信喬如之譖而執行父也。」書豪案，「晉受喬如之譖」本《左傳》義，但無「止公」之事。《公羊傳・成公十六年》則以為起於成公「乞師不與」。沈家本《漢書瑣言》：「《春秋・成十六年》書『不見公』，三傳皆無止公之事，此子政之誤，而小顏既引沙隨之會，何亦增止公之文。」此段既言「一曰」，當與前文劉向之說有別，不應視作「子政之誤」。查《公羊傳・成公十六年》：「公會晉侯，將執公，季孫行父曰：『此臣之罪也。』於是執季孫行父。」何休《注》曰：「木者，少陽，幼君大臣之象。冰者，凝陰，兵之類也。冰脅木者，君臣將執於兵之徵也。」《公羊傳》言將執成公而未執，不得如「一曰」直謂「時晉執季孫行父，又執公」，視「止公」、「執公」為已然，何休所釋，正合《公羊傳》義，並無沈家本所謂「何亦增止公之文」。又沈欽韓《漢書疏證》：「何休本此說，以為幼君大臣之象，成公、季孫行父見執於晉之徵。」則沈欽韓以為「君臣」當即「成公、季孫行父」。與前註並觀，雖劉向僅視叔孫喬如為魯卿，充當「雨木冰」事應，但客觀而言，仍是預為逆臣示警，故「一曰」改以季孫行父當之；且視《公羊傳》「將執公」為「已執」，故言「時晉執季孫行父，又執公」；而劉向「木者，少陽」所指，亦因此從「貴臣」擴大成「君臣」，後為何休襲用。

〔六〕周壽昌《漢書注校補》：「俗亦呼『間樹』，見本書〈劉向傳〉注；亦謂之『樹介』，見〈唐書志〉。」沈欽韓《漢書疏證》：「《舊唐書・睿宗諸子傳》：『開元二十九年冬，京城凝霜封樹，寍王憲見而歎曰：「此俗所謂樹稼者也。諺曰：『樹稼，達官怕』，必有大臣當之，吾其死矣。」』按此則劉向之言有徵也。」書豪案，「樹介」見《舊唐書・睿宗諸子傳》、《新唐書・五行志一》。《穀梁傳・成公十六年》范甯《注》云：「《穀梁傳》曰：『雨木冰』者，木介甲冑兵之象。」廖平《穀梁古義疏》、鍾文烝《春秋穀梁經傳補注》咸謂此為《穀梁》說。

〔七〕師古曰：「晉楚戰于鄢陵，呂錡射恭王中目。鄢陵，鄭地。」書豪案，鄢陵之戰，見《春秋經・成公十六年》。顏氏云：「呂錡射恭王中目」，據《左傳》義。《穀梁傳・成公十六年》只言：「四體偏斷曰敗，此其敗，則目也。」未言何人所傷。《公羊傳・成公十六年》則謂：「敗者稱師，楚何以不稱師？王痍也。王痍者何？傷乎矢也。」並無提到受傷之處。再案，前句「一曰」云「執公」，「木」已具國君之象，故後句「或曰」得改以楚王傷敗當之。

〔八〕劉文淇《春秋左氏傳舊注疏證》：「〈五行志〉用歆說，列於『木不曲直』。劉向則以為『常雨之罰』，與歆異。」王先謙《漢書補注》：「木不曲直與〈視傳〉下草妖互見。又恆雨互見。」吉川忠夫《漢書五行志》以為將焦點放在「木」上則置於此，放在「冰」上則見於後文「常雨」之罰。書豪案，「常雨」即「恆雨」，屬〈貌傳〉，《漢書・五行志中之上》引其「說曰」：「上嫚下暴，則陰氣勝，故其罰常雨也。」劉向著眼《春秋經》：「雨，木冰」之「雨」，以為陰氣終侵雨而凝冰，故歸於〈貌傳〉「恆雨」下；劉歆見〈木傳〉無例以證，故重「木冰」而移至此。再案，「草妖」見〈五行志中之下〉的〈視傳〉，其「說曰」：「誅不行則霜不殺草，繇臣下則殺不以時，故有草妖。」是劉向以為大臣驕恣擅權之禍，甚於國君出入不節，故視樹木之異為「草妖」而非「木不曲直」。

火傳

史例共30條

《傳》曰：「棄法律，逐功臣，殺太子，以妾為妻，則火不炎上。」〔一〕

〔一〕書豪案，《春秋繁露・五行順逆》：「火者夏，成長，本朝也。舉賢良，進茂才，官得其能，任得其力，賞有功，封有德，出貨財，振困乏，正封疆，使四方。恩及於火，則火順人，而甘露降；恩及羽蟲，則飛鳥大為，黃鵠出見，鳳凰翔。如人君惑於讒邪，內離骨肉，外疏忠臣，至殺世子，誅殺不辜，逐忠臣，以妾為妻，棄法令，婦妾為政，賜予不當，則民病血壅腫，目不明。咎及於火，則大旱，必有火災；摘巢探㲉，咎及羽蟲，則飛鳥不為，冬應不來，梟鴟群鳴，鳳凰高翔。」「如人君惑於讒邪」到「賜予不當」一段，為〈火傳〉義理之所出。再案，《公羊傳・僖公三年》陽穀之會，桓公曰：「無障谷，無貯粟，無易樹子，無以妾為妻。」《穀梁傳・僖公九年》記葵丘之會，盟曰：「毋雍泉，毋訖糴，毋易樹子，毋以妾為妻，毋使婦人與國事。」兩傳均防「以妾為妻」之弊，是《公》、《穀》相通義理；惟董仲舒當據《公羊》立說。

《說》曰：火，南方，揚光煇為明者也。其於王者，南面鄉明而治。《書》云：「知人則悊，能官人。」〔一〕故堯舜舉羣賢而命之朝，遠四佞而放諸壄。

〔二〕孔子曰：「浸潤之譖、膚受之訴不行焉，可謂明矣。」〔三〕賢佞分別，官人有序，帥由舊章，〔四〕敬重功勳，殊別適庶，如此則火得其性矣。若乃信道不篤，或燿虛偽，讒夫昌，邪勝正，則火失其性矣。自上而降，及濫炎妄起，災宗廟，燒宮館，雖興師衆，弗能救也，是為火不炎上。

〔一〕師古曰：「〈虞書·咎繇謨〉之辭。悊，智也。」繆祐孫《漢書引經異文錄證》：「今《書》『悊』作『哲』。」

〔二〕吉川忠夫《漢書五行志》：「《尚書·舜典》：『流共工于幽州，放驩兜于崇山，竄三苗于三危，殛鯀于羽山。四罪而天下咸服。』四佞即共工、驩兜、三苗、鯀。」

〔三〕師古曰：「《論語》載孔子之言也。」書豪案，今《論語·顏淵》「訴」作「愬」。

〔四〕書豪案，《毛詩·大雅·假樂》作「率由舊章」，《孟子·離婁上》引《詩》亦同。

1　《春秋》桓公十四年「八月壬申，御廩災」。董仲舒以為先是四國共伐魯，大破之於龍門。〔一〕百姓傷者未瘳，怨咎未復，而君臣俱惰，內怠政事，外侮四鄰，非能保守宗廟終其天年者也，故天災御廩以戒之。劉向以為御廩，夫人八妾所舂米之臧以奉宗廟者也，〔二〕時夫人有淫行，〔三〕挾逆心，天戒若曰：〔四〕「夫人不可以奉宗廟。」桓不寤，與夫人俱會齊，〔五〕夫人譖桓公於齊侯，〔六〕

齊侯殺桓公。〔七〕劉歆以為御廩，公所親耕籍田以奉粢盛者也，〔八〕棄法度亡禮之應也。〔九〕

〔一〕沈家本《漢書瑣言》：「《春秋》三傳並無此事，桓十年郎之戰乃齊、衛、鄭三國，非四國。董仲舒學《公羊》，或別有據。」王先謙《漢書補注》引蘇輿曰：「四國謂齊、宋、衛、燕共伐魯，為魯所敗，事在桓十三年。《經》不書地，何休《公羊注》：『親戰龍門，兵攻城池』，即本於此。」書豪案，蘇、王說是。《公羊傳・桓公十四年》何休《注》云：「先是，龍門之戰，死傷者眾。桓無惻痛於民之心，不重宗廟之尊，逆天危先祖，鬼神不饗，故天應以災御廩。」

〔二〕師古曰：「一娶九女，正嫡一人，餘者妾也，故云八妾。」沈欽韓《漢書疏證》：「《穀梁傳》：『甸粟而內之三宮，三宮米而藏之御廩。』按三宮者，夫人與左右媵之宮。《公羊・僖二十年傳》：『諸侯有三宮』，何休《注》曰：『夫人居中宮，右媵居西宮，左媵居東宮者也。』范甯解三宮為三夫人，謬。」書豪案，顏氏曰：「一娶九女」云云，本《公羊傳・莊公十九年》：「媵者何？諸侯娶一國，則貳國往媵之，以姪娣從。姪者何？兄之子也。娣者何？弟也。諸侯壹聘九女，諸侯不再娶。」《春秋繁露・爵國》以為大國諸侯立「一夫人、一世婦、左右婦、三姬、二良人」，除夫人外，即是「八妾」。《春秋》「御廩災」一事，《左傳・桓公十四年》祇曰：「書，不害也。」《公羊傳・桓公十四年》：「御廩者何？粢盛委之所藏也。」《穀梁傳・桓公十四年》：「天子親耕，以共粢盛；王后親蠶，以共祭服。國非無良農工女也，以為人之所盡，事其祖禰，不若以己所自親者也。何用見其未易災之餘而嘗也？曰甸粟，而內之三宮；三宮米，而藏之御廩。夫嘗必有兼甸之事焉。」《公羊》略簡，《穀梁》較詳，然兩義不悖；且《穀梁》「三宮」，亦可與《公羊傳・僖公二十年》：「西宮者何？小寢也。小寢則曷為謂之西宮？有西宮則有東宮矣。魯子曰：『以有西宮，亦知諸侯之有三宮也。』」相通，蓋二傳均取魯子說。「春米」之禮，見《穀梁傳・文公十三年》：「禮，宗廟之事。君親割，夫人親春，敬之至也。」綜上所敘，劉向所論，實兼採《公羊》、《穀梁》義理。

〔三〕師古曰：「謂通於齊侯。」書豪案，《左傳・桓公十八年》：「公會齊侯于濼，遂及文姜如齊。齊侯通焉。」御廩災於桓公十四年，是時文姜尚未如齊，亦未通於齊侯，若據《左傳》立說，不得謂「時夫人有淫行」。案《穀梁傳・桓公六年》：「子同生。疑，故志之。」范甯《注》：「莊公母文姜淫于齊襄，疑非公之子。」楊士勛《疏》云：「文姜以桓三年入，至今四年矣，未有適齊之云。而云疑者，蓋文姜未嫁之時，已與襄公通，後桓公殆為妻淫見殺，則其間雖則適魯，襄公仍尚往來，故疑之也。」雖鍾文烝《春秋穀梁經傳補注》斥楊曰：「不謂志以破疑，反謂志以見疑，誤會《傳》意，其言鄙倍。」然范、楊所言，扣合劉向「時夫人有淫行」，不專指桓公十八年「濼之會」一事，或正西漢《穀梁》師說。

〔四〕凌稚隆《漢書評林》：「《傳》內比曰『天戒若曰』、曰『故天災若曰』、曰『天災若語』、曰『此天意』、曰『此承天意之道』、曰『天意故復見』、曰『故天見灾以視公』、曰『此天人之明表』、曰『天道精微之效』、曰『故天災某事以戒之』、曰『天之戒人蚤矣』，此類一意應一『天』字。凡曰『象某事』、曰『某事象』、曰『象某事之應』、曰『為某事之象』、曰『天知其事故象先見』，此類一意總歷『垂象』字。曰『此其效』、曰『某事之應』、曰『某事之罰』、曰『某事之形』、曰『此某事之所致』、曰『此某事為變使之然』、曰『故應是而罰云』、曰『此屬皆某事之咎云』，此類一意應『見吉凶』字。總之，推原所以致災異之故，不出『天垂象，見吉凶』二句。」書豪案，劉向所言「天戒若曰」，即當代學者所稱的「天譴說」，為董仲舒建立的災異推演形式，詳見本傳〔例18〕。

〔五〕師古曰：「十八年春，公會齊侯于濼，公與夫人姜氏遂如齊也。」書豪案，事據《春秋經》。

〔六〕師古曰：「言世子同非吾子，齊侯之子。」王峻《漢書正誤》：「按此語乃《公羊傳》之妄，不當引以為解。」周壽昌《漢書注校補》：「桓公三年娶齊姜氏為夫人，六年生世子同，十八年與姜氏如齊，遂被戕。當時姜氏淫佚，聖人恐子同生時，啟後人不韋牛金之疑，故特於〈桓六年〉書曰：『九月丁卯，子同生。』《左氏》於〈十八年〉『公與姜氏如齊』後止云：『齊侯通焉，公謫之，以告。』明姜氏以公見謫告齊侯，無他語也。惟《莊公元年・公羊傳》云：『夫人譖公於齊侯，公曰：「同非吾子，齊侯之子也。」』顏此《注》據《公羊》而不用《左氏》。案，此言是姜氏造言誣公，以激齊襄之怒，所謂譖也。又案，《穀梁》：『子同生』，《傳》云：『疑，故志之。時曰：同乎人也。』范寧《注》：『時曰：齊侯之子，同乎他人。』此說更繆，顏《注》用《公羊傳》，亦非用此《注》也。」書豪案，《公羊傳・莊公元年》：「夫人譖公於齊侯，公曰：『同非吾子，齊侯之子也。』」劉向本據《公羊》立說，故顏氏引以從之，無誤。《公羊傳・桓公六年》：「子同生。子同生者孰謂？謂莊公也。」何休《注》：「以夫人言『同非吾子』。」是《公羊》家以為子同乃桓公嫡親，非齊侯之子，故特別於《傳》中著明，亦可見「姜氏造言誣公」的實情，周氏釋「譖」字甚確。

〔七〕師古曰：「齊侯享公，公醉，使公子彭生乘公，拉其幹而殺之。公薨於車。」書豪案，《公羊傳・桓公十八年》：「齊侯怒，與之飲酒。於其出焉，使公子彭生送之。於其乘焉，搚幹而殺之。」《左傳・桓公十八年》僅曰：「使公子彭生乘公，公薨於車。」顏氏兼採二傳。

〔八〕書豪案，劉歆所謂「親耕」、「粢盛」云云，大抵取本例註二引《穀梁傳・桓公十四年》之義，與劉向同。然「籍田」一語，見於《國語・周語上》：「宣王即位，不籍千畝。」韋昭《注》：「籍，借也，借民力以為之。天子田籍千畝，諸侯百畝。」又「廩于籍東南，鍾而藏之。」韋昭《注》：「廩，御廩也，一名神倉。……謂為廩以藏王所籍田，以奉粢盛也。」是劉歆復採《國語》之說。

〔九〕書豪案，「棄法度」即「《傳》曰」：「棄法律」。劉歆於此未另舉史例，只在劉向基礎上，進一步點明史例與「《傳》曰」的關係。

2 莊公二十年「夏，齊大災」。劉向以為齊桓好色，聽女口，以妾為妻，適庶數更，〔一〕故致大災。桓公不寤，及死，適庶分爭，九月不得葬。〔二〕《公羊傳》曰：「大災，疫也。」〔三〕董仲舒以為魯夫人淫於齊，齊桓姊妹不嫁者七人。〔四〕國君，民之父母；夫婦，生化之本。本傷則末夭，故天災所予也。〔五〕

〔一〕師古曰：「桓公之夫人三，王姬、徐嬴、蔡姬，皆無子。而桓公好內多寵，內嬖如夫人者六人：長衛姬，生公子無虧，即武孟也；少衛姬，生惠公；鄭姬生孝公；葛嬴生昭公；密姬生懿公；宋華子生公子雍。公與管仲屬孝公於宋襄公，以為太子。易牙有寵於衛恭姬，因寺人貂以薦羞於公，請立武孟。公許之。管仲卒，五公子皆求立。」書豪案，事據《左傳・僖公十七年》。

〔二〕師古曰：「魯僖十七年，齊桓公卒，易牙入，因內寵以殺羣吏，立無虧。孝公奔宋。十八年，齊立孝公，不勝四公子之徒，遂與宋人戰，敗齊師于甗，立孝公而還。八月，葬桓公，是為過於九月乃得葬也。」書豪案，桓公久喪未葬，《穀梁》無說，《公羊傳・僖公十八年》僅曰：「桓公死，豎刁、易牙爭權不葬，為是故伐之也。」並未提到妻妾嫡庶之事。唯《左傳・僖公十七年》：「齊侯之夫人三，……內嬖如夫人者六人，……公與管仲屬孝公於宋襄公，以為太子。雍巫有寵於衛共姬，因寺人貂以薦羞於公，亦有寵，公許之立武孟。」言之最詳，符合劉向所謂「以妾為妻，適庶數更」之咎。

〔三〕沈欽韓《漢書疏證》：「《公羊傳》作『痢』，何休云：『痢者，民疾疫也。』」書豪案，《公羊傳・莊公二十年》：「夏，齊大災。大災者何？大瘠也。大瘠者何？痢也。」

〔四〕《公羊傳・莊公二十年》何休《注》：「痢者，邪亂之氣所生。是時魯任鄭瞻、夫人如莒淫泆。齊侯亦淫，諸姑姊妹不嫁者七人。」書豪案，「齊桓姊妹不嫁者七人」一語出自《荀子・仲尼》：「齊桓，五伯之盛者也，前事則殺兄而爭國；內行則姑、姊、妹之不嫁者七人，閨門之內，般樂奢汰。」沈欽韓《漢書疏證》：「此說自荀卿以來并傳之，或襄公之事而誤入桓公也。《管子・小匡篇》：『桓公曰：「寡人不幸而好色，而姑姊有不嫁者。」』《公羊疏》引《晏子春秋》齊景公問于晏子曰：『吾先君桓公淫，女公子不嫁者九人。』此皆不近情理之談也。桓公與管仲入齊，先後之間耳。縱使入國便多行無禮，何至便云有不嫁者乎？景公為其子孫而發露醜行，非大愚狂惑者，不肯出諸口也。」

〔五〕書豪案，董仲舒於此以「本傷則末夭」的因果關係，貫串人事與自然的必然性，進而強化倫理道德的規範效力，為由「天譴說」至「陰陽說」的轉折。

3 僖公二十年「五月乙巳，西宮災」。《穀梁》以為閔公宮也，以謚言之則若疏，故謂之西宮。〔一〕劉向以為僖立妾母為夫人以入宗廟，〔二〕故天災閔宮，若曰：「去其卑而親者，將害宗廟之正禮。」董仲舒以為僖娶於楚，而齊媵之，脅公使立以為夫人。〔三〕西宮者，小寢，夫人之居也。〔四〕若曰：「妾何為此宮！」誅去之意也。以天災之，故大之曰西宮也。《左氏》以為西宮者，公宮也。〔五〕言西，知有東。東宮，太子所居。言宮，舉區皆災也。〔六〕

〔一〕《穀梁傳・僖公二十年》：「謂之新宮，則近為禰宮；以謚言之，則如疏之然。以是為閔宮也。」廖平《穀梁古義疏》：「寢得言西宮，公薨于楚宮，是寢與廟同得稱宮。以為閔宮，謂閔在生所居之左路寢也。」又曰：「舊說以西宮為閔廟，不惟與《左》、《公》不合，以僖繼閔，《傳》有父子祖禰之說，則謂閔廟為禰廟，乃是正稱。且文公篇說『躋僖公』，未嘗不稱謚，則亦不得以稱謚為疏也。《左傳》有東宮、西宮、北宮說，亦同。」

〔二〕師古曰：「僖公之母，謂成風也。本非正嫡，僖既為君，而母遂同夫人禮。《文四年・

經》書：『夫人風氏薨』，〈五年〉：『王使榮叔歸含且賵』，是也。」

〔三〕師古曰：「僖公初聘楚女為嫡，齊女為媵。時齊先致其女，脅魯使立為夫人。事見《公羊》、《穀梁傳》。」沈欽韓《漢書疏證》：「此亦無稽之談。《左傳》宗人釁夏曰：『周公及武公娶于薛，孝、惠娶於商，自桓以下娶於齊。』」書豪案，《春秋經・僖公八年》：「禘于太廟，用致夫人。」《公羊傳・僖公八年》：「用者何？用者不宜用也。致者何？致者不宜致也。禘用致夫人，非禮也。夫人何以不稱姜氏？貶。曷為貶？譏以妾為妻也。其言以妾為妻奈何？蓋脅于齊媵女之先至者也。」是董仲舒本《公羊》義，沈氏引《左傳・哀公二十年》之語以駁，有失公允。《穀梁傳・僖公八年》：「用者，不宜用者也。致者，不宜致者也。言夫人必以其氏姓。言夫人而不以氏姓，非夫人也，立妾之辭也，非正也。」據此，則《經》曰「用致夫人」，未言其姓氏，即「立妾之辭」，義同《公羊》，此所以顏氏云：「事見《公羊》、《穀梁傳》」。然范甯《注》引劉向曰：「夫人，成風也。」成風乃莊公之妾、僖公之母。故《公》、《穀》雖俱譏僖公「以妾為妻」，但《公羊》以為是僖公夫人聲姜，劉向則指僖公之母成風，並非一人，顏氏未加辨析。《左傳・僖公八年》：「秋，禘而致哀姜焉，非禮也。凡夫人，不薨于寢，不殯于廟，不赴于同，不祔于姑，則弗致也。」更與《公》、《穀》二傳不同。楊士勛《春秋穀梁傳注疏》曰：「若《左氏》以夫人為哀姜，元年為齊所殺，何為今日乃致之？若《公羊》以為齊之媵女，則僖公是作頌賢君，縱為齊所脅，豈得以媵妾為夫人乎？明知二傳非也。」是就事理疏通之。倘從禮制而言，《公》、《穀》有「祫」、「禘」二祭，《公羊傳・文公二年》：「大事者何？大祫也。大祫者何？合祭也。其合祭奈何？毀廟之主，陳于太祖；未毀廟之主皆升，合食于太祖，五年而再殷祭。」《穀梁傳・文公二年》：「大事者何？大是事也，著祫嘗。祫祭者，毀廟之主，陳于太祖，未毀廟之主，皆升合祭于太祖。」此即《漢書・韋玄成傳》所謂：「毀廟之主臧乎太祖，五年而再殷祭，言壹禘壹祫也。祫，合也。祫祭者，毀廟與未毀廟之主皆合食於太祖，父為昭，子為穆，孫復為昭，古之正禮也。」至於「禘祭」，《穀梁傳・閔公二年》：「吉禘于莊公。」范甯《注》云：「三年喪畢，致新死者之主於廟，廟之遠主當遷入大祖之廟，因是大祭，以審昭穆，謂之禘。」則主要審定遷廟遠主遷入於太廟中的昭穆，由此可知「祫」大「禘」小，故《春秋經・文公二年》：「大事于大廟。」《公》、《穀》均以為乃「祫」而非「禘」。《左傳》方面，則有「禘」無「祫」，故《左傳・僖公八年》杜預《注》云：「禘，三年大祭之名。大廟，周公廟。致者，致新死之主於廟而列之昭穆。」《左傳・文公二年》：「大事于大廟。」杜預《注》亦曰：「大事，吉禘也。」《公羊》著眼於「禘」非「祫」，即非「合祭」，既非序亡者神主於太廟之禮，則〈僖公八年〉的「禘于太廟，用致夫人」，文中夫人便不得指新薨的成風或哀姜。因此何休《注》曰：「禮，夫人始見廟，當特祭，而因禘諸公廟見，欲以省煩勞，不謹敬，故譏之。」以夫人始見廟之禮釋之。反倒《穀梁》本

「祫」、「禘」有別，而劉向以禘于太廟，乃列新死者莊公夫人成風於昭穆，有自亂《穀梁》傳義之嫌。

〔四〕《公羊傳・僖公二十年》：「西宮者何？小寢也。小寢則曷為謂之西宮？有西宮則有東宮矣。魯子曰：『以有西宮，亦知諸侯之有三宮也。』」何休《注》：「西宮者，小寢內室，楚女所居也。禮，諸侯娶三國女，以楚女居西宮，知二國女於小寢內各有一宮也，故云爾。禮，夫人居中宮，少在前；右媵居西宮，左媵居東宮，少在後。」沈欽韓《漢書疏證》：「據何休說，則西宮是右媵所居。楚女廢在西宮而不見恤，悲愁怨曠之所生也。《後書》陳蕃疏曰：『楚女悲而西宮災』等，是俗說比諸董氏猶為近情。」楊樹達《漢書補注補正》：「《鹽鐵論・備胡》篇云：『魯妾不得意而魯寢災。』《後漢書・呂強傳》強上疏云：『昔楚女悲愁，則西宮致災。』皆用董義。」書豪案，陳蕃疏見《後漢書・陳蕃傳》、〈五行志二〉。

〔五〕錢大昭《漢書辨疑》：「《左傳》無此文，是《左氏》說。」劉文淇《春秋左氏傳舊注疏證》：「杜預《注》：『西宮，公別宮也。』蓋用《公羊》小寢之說，古《左氏》義以西為公宮，異於《公羊》公宮，蓋兼路寢、小寢言之。舉區皆災，謂公宮全災也。《穀梁傳》以西宮為閔廟，則公宮確為《左氏》說。」沈欽韓《漢書疏證》：「此據漢法知之。〈竇灌傳〉田蚡云：『程、李俱東西宮衛尉。』是時程不識為長樂衛尉。長樂，太后所居，曰東宮。李廣為未央衛尉，帝所居，曰西宮。又武帝令竇嬰東朝廷辯之，如湻曰：『東朝，太后朝也，皇太后、太子所居，并稱東宮。』則公宮為西宮明矣。」

〔六〕周壽昌《漢書注校補》：「案，《經》明書曰：『西宮災。』他無與也。此乃云：『言西，知有東；東宮，太子所居。』且云：『言宮，舉區皆災也。』竊所未喻。」臧琳《經義雜記》卷一〈西宮災〉：「班〈志〉所引，當是解《左氏》者之言。如劉歆輩說，知西宮災不特一西宮也。公宮為國君所居，既不可斥言。東宮，太子宮，國之本也，又不可言災，故舉西宮以概之。」書豪案，《左氏》說可分兩部份：首先，釋西宮為公宮，順帶解東宮為太子之宮，以此明東、西二宮禮制。其次，再解「西宮災」言「宮」之意，點明「舉區皆災」指整個西宮受災，實無涉於東宮。周、臧二說均非。

4　宣公十六年「夏，成周宣榭火」。〔一〕榭者，所以臧樂器，宣其名也。〔二〕董仲舒、劉向以為十五年王札子殺召伯、毛伯，天子不能誅。〔三〕天戒若曰：「不能行政令，何以禮樂為而臧之？」〔四〕《左氏經》曰：「成周宣榭火。」「人火也。人火曰火，天火曰災。」〔五〕榭者，講武之坐屋。〔六〕

〔一〕師古曰：「《公羊經》也。」沈欽韓《漢書疏證》：「此《左氏》經文，《公》、《穀》并作『災』。」書豪案，沈說是。

〔二〕書豪案，《公羊傳·宣公十六年》：「宣謝者何？宣宮之謝也。何言乎成周宣謝災？樂器藏焉爾。」《穀梁傳·宣公十六年》：「其曰宣榭，何也？以樂器之所藏目之也。」《左傳·宣公十六年》：「成周宣榭火，人火之也。凡火，人火曰火，天火曰災。」以宣榭為藏樂器之處，為《公》、《穀》通義。

〔三〕書豪案，《春秋經·宣公十五年》：「王札子殺召伯、毛伯。」《公羊傳·宣公十五年》：「王札子者何？長庶之號也。」何休《注》云：「主書者，惡天子不以禮尊之而任以權，至令殺尊卿二人。」《穀梁傳·宣公十五年》：「王札子者，當上之辭也。殺召伯、毛伯，不言其，何也？兩下相殺也。兩下相殺，不志乎《春秋》，此其志，何也？矯王命以殺之，非忿怒相殺也，故曰：以王命殺也。以王命殺，則何志焉？為天下主者，天也；繼天者，君也；君之所存者，命也。為人臣而侵其君之命而用之，是不臣也；為人君而失其命，是不君也。君不君，臣不臣，此天下所以傾也。」《左傳·宣公十五年》：「王孫蘇與召氏、毛氏爭政，使王子捷殺召戴公及毛伯衛，卒立召襄。」是《公》、《穀》咸以為王札子矯王命以殺，王權旁落，故謂：「天子不能誅」，與《左傳》大夫互殺不同。

〔四〕沈欽韓《漢書疏證》：「此說較可。何休以《春秋》當新王，因天災樂器，示周不復興，乃亡賴賊之語。」書豪案，《公羊傳·宣公十六年》何休《注》：「新周故分別有災，不與宋同也。孔子以《春秋》當新王，上黜杞，下新周而故宋，因天災中興之樂器，示周不復興，故繫宣謝於成周，使若國文，黜而新之，從為王者後記災也。」由此可見「災異」和「祥瑞」，乃一體之兩面：若出現某種異象，就當朝而言，是為「災異」；以新朝來說，則視作「祥瑞」。

〔五〕周壽昌《漢書注校補》：「『人火也』上脫去『傳曰』二字，下文『陳災』引《左氏》可證。不則『經』字當作『傳』，前有『《公羊傳》曰』，後引『《左氏傳》曰』可證。」

〔六〕周壽昌《漢書注校補》：「上文云：『榭者，所以臧樂器，宣其名也。』又云：『何以禮樂為而臧之？』亦指宣榭言也，此忽云：『講武之坐屋。』說兩歧。」王先謙《漢書補注》引葉德輝曰：「《左傳》：『成周宣榭災。』《疏》引服虔注：『宣揚武威之處。』與此合，則此文所引為《左氏》家說也。」書豪案，葉、王說是。杜預《注》亦云：「宣榭，講武屋別在洛陽者。」

5 成公三年「二月甲子，新宮災」。〔一〕《穀梁》以為宣宮，不言謚，恭也。〔二〕劉向以為時魯三桓子孫始執國政，宣公欲誅之，恐不能，使大夫公孫歸父如晉謀。未反，宣公死。三家譖歸父於成公。成公父喪未葬，聽讒而逐其父之臣，使奔齊，故天災宣宮，明不用父命之象也。〔三〕一曰，三家親而亡禮，猶宣公殺子赤而立。〔四〕亡禮而親，天災宣廟，欲示去三家也。董仲舒以為成居喪亡哀戚心，數興兵戰伐，〔五〕故天災其父廟，示失子道，不能奉宗廟也。一曰，宣殺君而立，不當列於羣祖也。

〔一〕《公羊傳・成公三年》何休《注》：「此象宣公簒立，當誅絕，不宜列昭穆。成公幼少，臣威大重，結怨彊齊，將不得久承宗廟之應。」

〔二〕《公羊傳・成公三年》：「新宮者何？宣公之宮也。宣宮則曷為謂之新宮？不忍言也。其言三日哭何？廟災三日哭，禮也。」《穀梁傳・成公三年》：「新宮者，禰宮也。三日哭，哀也。其哀，禮也。迫近不敢稱謚，恭也。其辭恭且哀，以成公為無譏矣。」廖平《穀梁古義疏》：「按，喪至此二十八月，喪方畢，主新入廟，故以『新』言之。不言『西』者，初入廟，故以『新』言之。災尤重，言『新』以起之。」

〔三〕書豪案，《左傳・宣公十八年》：「公孫歸父以襄仲之立公也，有寵，欲去三桓，以張公室。與公謀而聘于晉，欲以晉人去之。冬，公薨。季文子言於朝曰：『使我殺適立庶以失大援者，仲也夫！』臧宣叔怒曰：『當其時不能治也，後之人何罪？子欲去之，許請去之。』遂逐東門氏。子家還，及笙，壇帷，復命於介。既復命，袒、括髮，即位哭，三踊而出。遂奔齊。書曰『歸父還自晉』，善之也。」是劉向用《左傳》，若據前註《公》、《穀》之義，則成公合禮而無譏。

〔四〕師古曰：「赤，文公太子，即子惡也。宣公，文公之庶子，襄仲殺赤而立宣公。」沈欽韓《漢書疏證》：「劉向以為宣公廟災，云『殺子赤之故』，亦可通。然總覽魯存亡得失之故，為履霜堅冰之戒，則劉向義卓然矣。董生說《春秋》最腐而傎。」書豪案，既言「一曰」，不當視為劉向所說。《春秋經・文公十八年》：「冬，十月，子卒。」《公羊傳・文公十八年》：「子卒者孰謂？謂子赤也。何以不日？隱之也。何隱爾？弒也。」《左傳・文公十八年》：「冬，十月，仲殺惡及視，而立宣公。」顏氏兼綜《公》、《左》二傳以釋，若據〈志〉文稱「子赤」，此當是《公羊》家說。

〔五〕師古曰：「謂元年作丘甲，二年季孫行父帥師會晉，郤克及齊侯戰于鞌，三年叔孫僑如帥師圍棘。」書豪案，事據《春秋經》。《春秋經・成公二年》：「三年，春，王正月，公會晉侯、宋公、衛侯、曹伯伐鄭。」又「二月，公至自伐鄭。」又「秋，叔孫僑如帥師圍棘。」董仲舒著眼於一年三戰。再案，董說「成居喪亡哀戚心」，乃由「數興兵戰伐」以見；然不合《公羊傳・成公三年》：「廟災三日哭，禮也。」何休《注》：「善得禮，痛傷鬼神無所依歸，故君臣素縞哭之。」

6 襄公九年「春，宋災」。〔一〕劉向以為先是宋公聽讒，逐其大夫華弱，出奔魯。〔二〕《左氏傳》曰：宋災，樂喜為司城，先使火所未至徹小屋，塗大屋，陳畚輂，〔三〕具綆缶，備水器，畜水潦，積土塗，繕守備，表火道，儲正徒。〔四〕郊保之民，使奔火所。又飭眾官，各慎其職。晉侯聞之，問士弱曰：「宋災，於是乎知有天道，何故？」對曰：「古之火正，或食於心，或食於咮，以出入火。〔五〕是故咮為鶉火，心為大火。陶唐氏之火正閼伯，居商丘，祀大火，而火紀時焉。相土因之，故商主大火。商人閱其旤敗之釁必始於火，是以知有天道。」公曰：「可必乎？」對曰：「在道。國亂亡象，不可知也。」說曰：古之火正，謂火官也，掌祭火星，行火政。季春昏，心星出東方，而咮、七星、鳥首正在南方，則用火；季秋，星入，則止火，以順天時，救民疾。帝嚳則有祝融，堯時有閼伯，民賴其德，死則以為火祖，配祭火星，故曰：「或食於心，或食於咮也」。相土，商祖契之曾孫，代閼伯後主火星。宋，其後也。世司其占，故先知火災。賢君見變，能修道以除凶；亂君亡象，天不譴告，故不可必也。〔六〕

〔一〕書豪案，《公羊經‧襄公九年》作「宋火」，《傳》釋云：「大者曰災，小者曰火。」何休《注》：「是時周樂已毀，先聖法度浸疏遠不用之應。」

〔二〕師古曰：「華弱，華耦之孫也，與樂轡少相狎，長相優，又相謗。轡以弓梏弱于朝，宋平公怒，逐之，遂來奔。事在襄六年。」書豪案，此事《公羊》、《穀梁》無說，劉向用《左傳》。

〔三〕錢大昭《漢書辨疑》：「『輂』，《左氏》作『挶』。」

〔四〕繆祐孫《漢書引經異文錄證》：「今《春秋‧襄公九年》《左氏傳》『儲』作『具』，

義同。」

〔五〕繆祐孫《漢書引經異文錄證》：「今《春秋・襄公九年》《左氏傳》『入』作『內』。」書豪案，《周禮・夏官・司爟》：「掌行火之政令，四時變國火以救時疾。季春出火，民咸從之；季秋內火，民亦如之。時則施火令。」

〔六〕書豪案，《漢書・劉歆傳》：「初《左氏傳》多古字古言，學者傳訓故而已，及歆治《左氏》，引傳文以解經，轉相發明，由是章句義理備焉。」姚振宗《漢書藝文志拾補》卷一補：「劉歆《春秋左氏傳章句》」。〈五行志〉常見整段鈔錄《左傳》文字，後附「說曰」以發明經傳義理，而未必扣合《洪範五行傳》，當即劉歆《春秋左氏傳章句》逸文。

7 三十年「五月甲午，宋災」。董仲舒以為伯姬如宋五年，宋恭公卒，〔一〕伯姬幽居守節三十餘年，又憂傷國家之患禍，積陰生陽，故火生災也。〔二〕劉向以為先是宋公聽讒而殺太子痤，〔三〕應火不炎上之罰也。

〔一〕師古曰：「伯姬，魯宣公女恭姬也。成九年歸于宋，十五年而宋公卒。今云『如宋五年』，則是轉寫誤。」

〔二〕楊樹達《漢書補注補正》：「《鹽鐵論・備胡》篇云：『宋伯姬愁思而宋國火』，用董義。」沈欽韓《漢書疏證》：「何休本其說云：『伯姬守禮，含悲極思之所生。』按，宋於數年內并無患禍，董生不見古文而妄說。伯姬既能守禮，一老婦人何所悲思？何休更難通。惟劉向合《鴻範傳》『殺太子』之應。」史珥《四史勦說》：「董江都『積陰生陽』一語極精，然以伯姬守節三十餘年，又憂傷國家之祅患所致，則是欲率天下守節以為戒也，不悖義傷教乎！」書豪案，《公羊傳・襄公三十年》：「宋災，伯姬卒焉。其稱謚何？賢也。何賢爾？宋災，伯姬存焉，有司復曰：『火至矣，請出。』伯姬曰：『不可。吾聞之也：婦人夜出，不見傅母不下堂。傅至矣，母未至也。』逮乎火而死。」《春秋繁露・楚莊王》：「宋伯姬疑禮而死於火，齊桓公疑信而虧其地，《春秋》賢而舉之，以為天下法。」又〈王道〉：「觀乎宋伯姬，知貞婦之信。」據《公羊傳》及《春秋繁露》，俱盛贊宋伯姬守禮貞信。然為詮釋「宋災」所起，於此卻諉過於伯姬幽居守節、憂傷國事，罰所當賞、貶所應褒，紊亂道德價值，由此見董仲舒以陰陽推說災異之侷限。再案，《穀梁傳・襄公三十年》：「伯姬之舍失火，左右曰：『夫人少辟火乎？』伯姬曰：『婦人之義，傅母不在，宵不下堂。』左右又曰：『夫人少辟火乎？』伯姬曰：『婦人之義，保母不在，宵不下堂。』遂逮乎火而死。婦人以貞為行者也，伯姬之婦道盡矣！詳其事，賢伯姬也。」與《公羊傳》義通。《左傳・襄公三十年》：「宋伯姬卒，待姆也。君子謂宋共姬女而不婦。女待人，婦義事也。」略譏宋伯姬，有別於二傳。

〔三〕師古曰：「痤，宋平公太子也。寺人惠牆伊戾譖太子，云與楚客盟，平公殺之。事在襄二十六年。」書豪案，《公羊》、《穀梁》無說，劉向用《左傳》。

8《左氏傳》昭公六年「六月丙戌，鄭災」。是春三月，鄭人鑄刑書。士文伯曰：「火見，鄭其火乎？火未出而作火以鑄刑器，臧爭辟焉。火而象之，不火何為？」說曰：火星出於周五月，而鄭以三月作火鑄鼎，刻刑辟書，以為民約，是為刑器爭辟。故火星出，與五行之火爭明為災，其象然也，又棄法律之占也。不書於經，時不告魯也。〔一〕

〔一〕臧琳《經義雜記》卷一〈昭六年鄭災〉：「案所引『說曰』，乃西漢說《左氏》者之言。」書豪案，「說曰」主釋《左傳》文，並引《洪範五行傳》「棄法律」一語解說。其體例正同《漢書・兩夏侯傳》所載小夏侯建「左右采獲，又從五經諸儒問與《尚書》相出入者，牽引以次章句，具文飾說。」為西漢章句特色。末云：「不書於經，時不告魯也」，亦合《漢書・劉歆傳》：「引傳文以解經，轉相發明，由是章句義理備焉。」轉相發明經傳義理，此段當鈔自劉歆《春秋左氏傳章句》。

9九年「夏四月，陳火」。〔一〕董仲舒以為陳夏徵舒殺君，楚莊王託欲為陳討賊，陳國闢門而待之，至因滅陳。〔二〕陳臣子尤毒恨甚，極陰生陽，故致火災。劉向以為先是陳侯弟招殺陳太子偃師。〔三〕皆外事，不因其宮館者，〔四〕略之也。八年十月壬午，楚師滅陳，〔五〕《春秋》不與蠻夷滅中國，故復書陳火也。〔六〕《左氏經》曰「陳災」。《傳》曰：鄭禆竈曰：「五年，陳將復封，封五十二年而遂亡。」子產問其故，對曰：「陳，水屬也。火，水妃也，而楚所相也。今火出而火陳，逐楚而建陳也。妃以五成，故曰五年。歲五及鶉火，而後陳卒亡，楚克有之，天之道也。」說曰：顓頊以水王，陳其族也。今茲歲在星紀，後五年在大梁。大梁，昴也。金為水宗，得其宗而昌，故曰「五年陳將復封」。楚之先為火正，故曰「楚所相也」。〔七〕天以一生水，地以二生火，天以三生木，地以四生金，天以五生土。五位皆以五而合，而陰陽易位，故曰「妃以五成」。然則水之大數六，火七，木八，金九，土十。故水以天一為火二牡，木以天三為土十牡，土以天五為水六牡，火以天七為金四牡，金以天九為木八牡。陽奇為牡，陰耦為妃。故曰「水，火之牡也；火，水妃也」。〔八〕於《易》，〈坎〉為水、為中男，〈離〉為火、為中女，蓋取諸此也。〔九〕自大梁四歲而及鶉火，四周四十八歲，凡五及鶉火，五十二年而陳卒亡。火盛水衰，故曰「天之道也」。哀公十七年七月己卯，楚滅陳。〔一〇〕

〔一〕師古曰：「《公羊經》。」書豪案，《公羊》、《穀梁》俱作「火」，《左傳》作「災」。何休《注》：「陳已滅，復火者，死灰復燃之象也。此天意欲存之，故從有國記災。」與董說異。

〔二〕師古曰：「夏徵舒，陳卿夏南，即少西氏也。徵舒之母通于靈公，靈公飲酒于夏氏，徵舒射而殺之。楚子為夏氏亂故伐陳，謂陳人無動，將討於少西氏，遂入陳，殺夏徵舒，轘諸栗門，因縣陳。事在宣公十一年。」劉知幾《史通．五行志雜駁》：「案陳前後為楚所滅者三，始宣十一年為楚莊王所滅，次昭八年為楚靈王所滅，後哀十七年為楚惠王所滅。今董生誤以陳次亡之役是楚始滅之時，遂妄有占候，虛辨物色。尋昭之上去於宣，魯易四公；嚴之下至於靈，楚經五代。雖懸隔頓別，而混雜無分。嗟乎！下帷三年，誠則勤矣。差之千里，何其闊哉！」王先謙《漢書補注》引劉敞曰：「予案昭九年夏徵舒事，且六十歲矣，仲舒之言一何謬乎？」沈欽韓《漢書疏證》：「此昭九年事，而董生倒徵宣十一年莊王滅陳以實之，其意以為孔瑗與夏徵舒相類也，不知陳火何所比附乎？如此說經，則扣槃捫籥，引人迷妄。劉向言《春秋》不與蠻夷滅中國，故復書陳火，頗近正論，要亦非《春秋》之意也。」錢大昕《三史拾遺》卷三：「當云：『陳公子招殺太子，楚靈王託欲為陳討賊』。傳寫舛訛，校書者妄以意改竄耳。劉知幾、劉貢父譏其謬，固當然。董生明於《春秋》，不應乖舛若此，恐非董、班元文也。」書豪案，若按錢說，則同於後文劉向所推，當以「董仲舒、劉向以為」文例呈現，不應分舉

〔三〕董、劉二說，錢說恐誤。

師古曰：「招謂陳哀公之弟。偃師即哀公子也。哀公有廢疾，招殺太子而立公子留。事在昭八年。」書豪案，事據《春秋經》。

〔四〕周壽昌《漢書注校補》：「言不詳其火之所因，並火何宮館也。」

〔五〕師古曰：「莊王初雖縣陳，納申叔時之諫，乃復封陳，至此時陳又為楚靈王所滅。」書豪案，事據《春秋經》。

〔六〕師古曰：「九年火時，陳已為楚縣，猶追書陳國者，以楚蠻夷，不許其滅中夏之國。」劉知幾《史通・五行志雜駁》：「案楚縣中國以為邑者多矣，如邑有宜見於《經》者，豈可不以楚為名者哉？蓋當斯時，陳雖暫亡，尋復舊國，故仍取陳號，不假楚名。獨不見鄭裨竈之說乎？裨竈之說斯災也，曰：『五年，陳將復封。封五十二年而遂亡。』此其效也。自斯而後，若顓頊之墟，宛丘之地，如有應書於國史者，豈可復謂之陳乎？」書豪案，《公羊傳・昭公九年》：「陳已滅矣，其言陳火何？存陳也。」《公羊傳・昭公九年》：「火不志，此何以志？閔陳而存之也。」二傳義通。

〔七〕書豪案，《漢書・律曆志下》記劉歆《三統曆・世經》謂：「顓頊帝……金生水，故為水德。」又「虞帝：《帝系》曰，顓頊生窮蟬，五世而生瞽叟，瞽叟生帝舜。」據《史記・陳杞世家》，陳國為「虞帝舜之後也」；陳既為舜後，舜又是顓頊苗裔，溯源繫祖，故曰：「陳其族也」、「陳，水屬也」。「楚之先為火正」，載於《國語・鄭

〔八〕

語》：「重、黎之後也，夫黎為高辛氏火正。」故云：「楚所相也」而屬火。「今茲歲在星紀，後五年在大梁」，則按《三統曆・歲術》推算所得；「大梁，昴也」，亦本於《漢書・律曆志下・歲術》：「大梁……中昴八度」。且昴宿於《史記・天官書》、《漢書・天文志》皆處於西宮之中，西方屬金，水從金生，故曰：「金為水宗，得其宗而昌」。是以裨竈推斷「五年，陳將復封」，乃由於陳國為顓頊後裔而屬水，今雖遭楚所滅，但五年後歲星行至大梁，因大梁為昴宿屬金，金可生水，終使陳國復封。惟陳國復興後，再經五次歲星到達鶉火的時間，凡五十二年，陳將復亡於楚，故曰：「歲五及鶉火，而後陳卒亡」。

書豪案，此段首先據《周易・繫辭上》：「天一，地二，天三，地四，天五，地六，天七，地八，天九，地十」，將「天一」到「天五」依序配上〈洪範〉：「水、火、木、金、土」，組成「五行生數」。《漢書・律曆志上》亦有：「天以一生水，地以二生火，天以三生木，地以四生金，天以五生土。五勝相乘，以生小周，以乘〈乾〉、〈坤〉之策，而成大周。」其次，提出「五位皆以五而合」的方法，亦即將各個「五行生數」加上「五」，得到「五行成數」，此即「妃以五成」。由於所加的「五」為奇數，造成「生數」、「成數」奇偶相反，故言：「陰陽易位」，五行亦因此分別同時奇偶兩數兼備。最後，再就裨竈「火，水妃也」一句，逆推「水，火之牡也」，總結出「陽奇為牡，陰耦為妃」的原則。

〔九〕書豪案，見《周易・說卦》。此乃以「陽奇為牡，陰耦為妃」原則，將五行奇偶兩兩相配，得到「水以天一為火二牡……」等結果；更可作《周易・說卦》〈坎〉為水、為中男，〈離〉為火、為中女的理論依據。惟五行奇偶相配，並非隨意擷取，而是在「水剋火，木剋土，土剋水，火剋金，金剋木」的「相勝」觀念下，加以分組。

〔一〇〕凌隆稚《漢書評林》引茅坤曰：「裨竈以陳火而十五年之後封，五十二年而遂亡，何術也？漢京房、翼奉以下並本此。」臧琳《經義雜記》卷一〈昭九年陳災〉：「案所引《左氏》說，乃秦、漢以來舊誼，當與伏生《書大傳》、毛公《詩傳》等觀，不第足以補正杜《注》而已。」書豪案，《春秋經》，《公》、《穀》二傳俱止於〈哀公十四年〉：「西狩獲麟」，《左傳》則止於〈哀公十六年〉：「孔丘卒。」「楚滅陳」一事，僅見於《左傳・哀公十七年》。綜上所論，〈志〉中所引「說曰」，牽引〈洪範〉、〈繫辭〉義理，曆法、帝系亦與《三統曆》相合，目的主要在詮釋《左傳》裨竈的數術理論，當亦劉歆《春秋左氏傳章句》逸文。

10 昭十八年「五月壬午，宋、衛、陳、鄭災」。〔一〕董仲舒以為象王室將亂，天下莫救，故災四國，言亡四方也。又宋、衛、陳、鄭之君皆荒淫於樂，不恤國政，與周室同行。陽失節則火災出，是以同日災也。劉向以為宋、陳，王者之後，〔二〕衛、鄭，周同姓也。〔三〕時周景王老，劉子、單子事王子猛，尹氏、召伯、毛伯事王子鼂。〔四〕子鼂，楚之出也。〔五〕及宋、衛、陳、鄭亦皆外附於楚，亡尊周室之心。後三年，景王崩，王室亂，〔六〕故天災四國。天戒若曰：「不救周，反從楚，廢世子，〔七〕立不正，以害王室，明同皐也。」〔八〕

〔一〕《公羊傳・昭公十八年》何休《注》：「四國，天下象也。是後王室亂，諸侯莫肯救，故天應以同日俱灾，若曰無天下云爾。」

〔二〕師古曰：「宋微子啟本出殷，陳胡公滿有虞苗裔，皆王者之後。」

〔三〕師古曰：「衛康叔，文王之子。鄭桓公，宣王之弟。」

〔四〕沈家本《漢書瑣言》：「景王太子名壽，先卒。王子猛，杜預以為次正，非太子。」書豪案，《春秋經・昭公二十二年》：「劉子、單子以王猛居于皇。」又曰：「秋，劉子、單子以王猛入于王城。」《春秋經・昭公二十六年》：「尹氏、召伯、毛伯以王子朝奔楚。」

〔五〕師古曰：「姊妹之子曰出。」書豪案，〈五行志下之下〉的〈皇極傳〉「星辰逆行」〔例4〕錄劉向曰：「周景王崩，王室亂，大夫劉子、單子立王猛，尹氏、召伯、毛伯立子鼂。子鼂，楚出也。時楚彊，宋、衛、陳、鄭皆南附楚。」三傳均未言及「子鼂楚出」之事，此當為劉向經說。

〔六〕王先謙《漢書補注》引蘇輿曰：「案《春秋》，景王崩於昭二十二年，合本年計之，則後五年。『三』當為『五』。」

〔七〕周壽昌《漢書注校補》：「案周制，王之太子亦曰世子。《周禮・天官》：『惟王及后世子不會』是也。此敘周景王、太子猛事，猶稱世子，用周制也。」書豪案，據杜預《注》，王子猛為「次正」，原屬「世子」。

〔八〕沈欽韓《漢書疏證》：「按四國惟陳舊屬楚，二十五年會於黃父，謀王室，鄭子太叔實發之。且四國之火在前，豈可謂不救周之應乎？」

11 定公二年「五月，雉門及兩觀災」。董仲舒、劉向以為此皆奢僭過度者也。先是，季氏逐昭公，昭公死于外。〔一〕定公即位，既不能誅季氏，又用其邪說，淫於女樂，而退孔子。〔二〕天戒若曰：「去高顯而奢僭者。」〔三〕一曰，門闕，號令所由出也，今舍大聖而縱有辠，亡以出號令矣。〔四〕《京房易傳》曰：「君不思道，厥妖火燒宮。」

〔一〕師古曰：「謂薨于乾侯。」書豪案，《春秋經・昭公二十五年》：「公孫于齊。」又〈昭公三十二年〉：「公薨于乾侯。」

〔二〕師古曰：「齊人歸女樂，季桓子勸定公受之，君臣相與觀之，廢朝禮三日，孔子乃行。」沈欽韓《漢書疏證》：「雉門、兩觀災在定二年，退孔子在十五年，安可傳會？」書豪案，事據《論語・微子》、《史記・孔子世家》。

〔三〕書豪案，《公羊傳・定公二年》何休《注》：「此本子家駒諫昭公所當先去以自正者，昭公不從其言，卒為季氏所逐，定公繼其後，宜去其所以失之者，故災亦云爾。立雉門、兩觀不書者，僭天子不可言，雖在《春秋》中猶不書。」本傳〔例18〕，董仲舒亦以為「兩觀，僭禮之物，天災之者，若曰：『僭禮之臣可以去。』」

〔四〕臧琳《經義雜記》卷一〈雉門及兩觀災〉：「案劉子政、何邵公皆以魯雉門為僭天子，與〈漢志〉所載董、劉說正合，是《公》、《穀》義同也。」書豪案，本傳〔例24〕，劉向亦云：「闕，法令所從出也。」

12 哀公三年「五月辛卯，桓、僖宮災」。董仲舒、劉向以為此二宮不當立，違禮者也。〔一〕哀公又以季氏之故不用孔子。孔子在陳聞魯災，曰：「其桓、僖之宮乎！」以為桓，季氏之所出，僖，使季氏世卿者也。〔二〕

〔一〕書豪案，《公羊傳・哀公三年》：「此皆毀廟也，其言災何？復立也。曷為不言其復立？《春秋》見者不復見也。」董、劉據此，何休《注》亦云：「災不宜立。」

〔二〕史珥《四史勦說》：「茅鹿門謂：『孔子在陳，聞魯災而即策為桓、僖，所以劉向以下紛紛附會。』愚謂聖人雖能前知，未必如裨竈、梓慎之屑屑也。桓、僖之策，雖見《左傳》，安知非即附會者為之。」書豪案，孔子語見《左傳·哀公三年》。杜預《注》：「言桓、僖親盡而廟不毀，宜為天所災。」孔穎達《正義》引《公羊》「復立」之說曰：「其意言哀公更立之，不可通於《左氏》，故以為元不毀耳。」是《公》、《左》二傳迥然有別。竊疑「孔子在陳聞魯災」以下，當另起一說，不應與董、劉所論接續。孔穎達《正義》引服虔云：「季氏出桓公，又為僖公所立，故不毀其廟。」服氏所言，正合於〈志〉文，或亦《左氏》說。

13 四年「六月辛丑，亳社災」。〔一〕董仲舒、劉向以為亡國之社，所以為戒也。〔二〕天戒若曰：「國將危亡，不用戒矣。」春秋火災，屢於定、哀之間，不用聖人而縱驕臣，將以亡國，不明甚也。一曰，天生孔子，非為定、哀也，蓋失禮不明，火災應之，自然象也。〔三〕

〔一〕師古曰：「亳社，殷社也。」沈欽韓《漢書疏證》：「《公羊》作『蒲社』，『蒲』是『薄』之訛耳。范甯解引劉向曰：『戒人君縱恣，不能警戒之象』。」

〔二〕師古曰：「存其社者，欲使君常思敬慎，懼危亡也。」書豪案，《公羊傳·哀公四年》：「蒲社者何？亡國之社也。社者封也，其言災何？亡國之社蓋揜之，揜其上而柴其下。蒲社災，何以書？記災也。」何休《注》：「揜柴之者，絕不得使通天地四方，以為有國者戒。」又曰：「戒社者，先王所以威示教戒諸侯，使事上也。」《穀梁傳・哀公四年》：「亳社者，亳之社也。亳，亡國也。亡國之社以為廟，屏戒也。」二傳義同。

〔三〕沈家本《漢書瑣言》：「以上皆春秋時事而入漢，〈志〉失於限斷。」書豪案，以下逕接漢事。惟春秋去漢，間隔兩百餘年，全無火災，恐未盡然。然可知西漢儒生所推災異，咸據典籍所載，雖是限制，亦為徵實。

14 高后元年五月丙申，趙叢臺災。〔一〕劉向以為是時呂氏女為趙王后，嫉妒，將為讒口以害趙王。王不寤焉，卒見幽殺。

〔一〕書豪案，《漢書・高后紀》作：「夏五月丙申，趙王宮叢臺災。」

15 惠帝四年十月乙亥，〔一〕未央宮凌室災；〔二〕丙子，織室災。劉向以為元年呂太后殺趙王如意，殘戮其母戚夫人。〔三〕是歲十月壬寅，太后立帝姊魯元公主女為皇后。其乙亥，凌室災。明日，織室災。凌室所以供養飲食，織室所以奉宗廟衣服，與《春秋》御廩同義。〔四〕天戒若曰：「皇后亡奉宗廟之德，將絕祭祀。」其後，皇后亡子，後宮美人有男，太后使皇后名之，而殺其母。惠帝崩，嗣子立，有怨言，太后廢之，更立呂氏子弘為少帝。賴大臣共誅諸呂而立文帝，惠后幽廢。

〔一〕史學海《漢書校證》：「〈惠紀〉係此于秋七月，非十月事也。豈『十』字傳寫誤耶。然下文云：『十月壬寅，太后立帝姊魯元公主女為皇后。其乙亥，淩室災。明日，織室災』，是班氏竟以淩室、織室為十月災矣。不知十月中，壬寅在前，以後不得有乙亥、丙子。」書豪案，七月乙亥，歷八十八日，可至十月壬寅。若先壬寅後乙亥，則須三十四日，已超出一月日數，史說甚確。再案，《漢書・惠帝紀》：「三年秋七月，都廐災。」〈志〉闕。

〔二〕師古曰：「淩室，藏冰之室也。〈豳詩・七月〉之篇曰『納于淩陰』。」

〔三〕書豪案，此乃惠帝元年（194B.C.）事，而前例舉「趙叢臺災」、「幽殺趙幽王友」，分別在高后元年（187B.C.）、七年（181B.C.），皆晚於此，史事排序有誤。

〔四〕書豪案，參見本傳〔例1〕。

16 文帝七年六月癸酉，未央宮東闕罘思災。劉向以為東闕所以朝諸侯之門也，罘思在其外，諸侯之象也。漢興，大封諸侯王，連城數十。文帝即位，賈誼等以為違古制度，必將叛逆。〔一〕先是，濟北、淮南王皆謀反，其後吳楚七國舉兵而誅。

〔一〕《漢書・賈誼傳》：「是時，匈奴彊，侵邊。天下初定，制度疏闊。諸侯王僭擬，地過古制，淮南、濟北王皆為逆誅。誼數上疏陳政事，多所欲匡建。」

17 景帝中五年八月己酉，未央宮東闕災。〔一〕先是，栗太子廢為臨江王，以罪徵詣中尉，自殺。〔二〕丞相條侯周亞夫以不合旨稱疾免，後二年下獄死。

〔一〕書豪案，《漢書・景帝紀》：「三年春正月，淮陽王宮正殿災。」〈志〉闕。

〔二〕師古曰：「景帝太子，栗姬所生，謂之栗太子。」書豪案，《漢書・景十三王傳》：「臨江閔王榮以孝景前四年為皇太子，四歲廢為臨江王。三歲，坐侵廟壖地為宮，上徵榮。……中尉郅都簿責訊王，王恐，自殺。」臨江閔王榮即栗太子。

18 武帝建元六年六月丁酉，遼東高廟災。〔一〕四月壬子，高園便殿火。董仲舒對曰：「《春秋》之道舉往以明來，是故天下有物，視《春秋》所舉與同比者，精微眇以存其意，通倫類以貫其理，天地之變，國家之事，粲然皆見，亡所疑矣。按《春秋》，魯定公、哀公時，季氏之惡已孰，而孔子之聖方盛。夫以盛聖而易孰惡，季孫雖重，魯君雖輕，其勢可成也。故定公二年五月兩觀災。兩觀，僭禮之物，天災之者，若曰：『僭禮之臣可以去。』已見辠徵，而後告可去，此天意也。〔二〕定公不知省。至哀公三年五月，桓宮、僖宮災。二者同事，所為一也，若曰：『燔貴而去不義』云爾。〔三〕哀公未能見，故四年六月亳社災。〔四〕兩觀、桓、僖廟、亳社，四者皆不當立，〔五〕天皆燔其不當立者以示魯，欲其去亂臣而用聖人也。季氏亡道久矣，前是天不見災者，魯未有賢聖臣，雖欲去季孫，其力不能，昭公是也。至定、哀乃見之，其時可也。不時不見，天之道也。今高廟不當居遼東，高園殿不當居陵旁，於禮亦不當立，〔六〕與魯所災同。其不當立久矣，至於陛下時天乃災之者，殆亦其時可也。昔秦受亡周之敝，而亡以化之；漢受亡秦之敝，又亡以化之。夫繼二敝之後，承其下流，兼受其猥，難治甚矣。又多兄弟親戚骨肉之連，驕揚奢侈恣睢者衆，所謂重難之時者也。陛下正當大敝之後，又遭重難之時，甚可憂也。故天災若語陛下：『當今之世，雖敝而重難，非以太平至公，不能治也。視親戚貴屬在諸侯遠正最甚者，忍而誅之，如吾燔遼東高廟乃可；視近臣在國中處旁仄及貴而不正者，忍而誅之，如吾燔高園殿乃可』云爾。在外而不正者，雖貴如高廟，猶災燔之，況諸侯乎！在內不正者，雖貴如高園殿，猶燔災之，況大臣乎！此天意也。辠在外者天災外，辠在內者天災內，燔甚辠當重，燔簡辠當輕，承天意之道也。」

先是，淮南王安入朝，始與帝舅太尉武安侯田蚡有逆言。〔七〕其後膠西于王、趙敬肅王、常山憲王皆數犯法，或至夷滅人家，藥殺二千石，〔八〕而淮南、衡山王遂謀反。膠東、江都王皆知其謀，陰治兵弩，欲以應之。至元朔六年，乃發覺而伏辜。〔九〕時田蚡已死，不及誅。上思仲舒前言，使仲舒弟子呂步舒持斧鉞治淮南獄，〔一〇〕以《春秋》誼顓斷於外，不請。〔一一〕既還奏事，上皆是之。

〔一〕史學海《漢書校證》：「按〈武紀〉係此于春二月乙未，非六月丁酉也。下文云：『四月壬子，高園便殿火』，與〈武紀〉合。使遼東廟果係六月災，當在便殿火之下矣，不應先六月後四月也。」周壽昌《漢書注校補》：「仲舒本傳云：『仲舒居家，推說其意，艸稾未上。主父偃候仲舒，私見，疾之，竊其書而奏焉。』是所對雖出仲舒，而實偃所奏也。」書豪案，據《漢書・董仲舒傳》，此事最終造成「仲舒遂不敢復言災異」，其推說災異即止於是。

〔二〕書豪案，本傳〔例11〕亦云：「天戒若曰：『去高顯而奢僭者。』」與此義同，均指責季氏，知彼雖謂「董仲舒、劉向以為」，實主要為董說。

〔三〕書豪案，本傳〔例12〕董仲舒、劉向據《公羊傳》譏「復立」之義。二宮「復立」，異於兩觀「僭禮」，然俱屬「不當立」一類，此或董謂「二者同事，所為一也」著眼所在。

〔四〕書豪案，參照本傳〔例13〕。

〔五〕沈欽韓《漢書疏證》：「按，桓、僖廟親盡當毀，此孔子所言者。〈禮運正義〉、何休注《公羊》：『天子兩觀、外闕，諸侯臺門』，則諸侯不得有闕。魯有闕者，魯以天子之禮，故得有之。鄭注〈明堂位〉：「魯有庫、雉、路」，則諸侯三門。總諸國君降於天子者，五、三之異，皋、應與庫、雉，名異實同，何為僭乎？亳社者，《左氏》解云：「諸侯有之，所以戒亡國」，《傳》云：「閒於兩社，為公室輔」，二傳亦不譏魯有亳社也。仲舒復欲因是勸武帝用法立威，為酷吏先聲，尤經生之蠹也。」書豪案，據《公羊傳》義，兩觀是「僭禮」，二宮乃「復立」，皆「不當立」，沈氏以《左氏》義指責董說有誤，失於公允。然「亳社」為「亡國之社」，用以戒諸侯，不得謂「不當立」。故何休不採董義，《注》曰：「災者，象諸侯背天子，是後宋事彊吳，齊、晉前驅，滕、薛俠轂，魯、衛驂乘，故天去戒社，若曰：王教滅絕云爾。」

〔六〕王先謙《漢書補注》引何焯曰：「此貢禹、匡衡罷諸廟所本。」書豪案，貢禹、匡衡奏疏，見《漢書・韋玄成傳》。

〔七〕書豪案，《漢書・淮南衡山濟北王傳》記二人之語曰：「方今上無太子，王親高皇帝孫，行仁義，天下莫不聞。宮車一日晏駕，非王尚誰立者！」

〔八〕王先謙《漢書補注》：「據〈傳〉云，常山王數犯法，趙王迫劫告汙二千石。其禽滅人家及藥殺二千石，則膠西王事也。」

〔九〕史學海《漢書校證》：「按〈武紀〉，淮南王安、衡山王賜誅在元狩元年十一月，非元朔六年也。〈衡山王賜傳〉亦云：『元狩元年冬，有司求捕與淮南王謀反者，得陳喜於孝家，王聞即自殺。』惟〈淮南王安傳〉云：『建知太子欲謀殺漢中尉，使壽春嚴正上書，事下廷尉河南治，是歲元朔六年也。』〈諸侯王表〉又云：『淮南王安，元狩元年謀反，自殺。』蓋王安謀洩在元朔六年，其自殺及逮治衡山王，在元狩元年。」王先謙《漢書補注》：「伏辜在元狩元年，即元朔六年後一年，發覺在六年，〈淮南〉、〈衡山傳〉可證，或疑此〈志〉文誤，非也。」

〔一〇〕周壽昌《漢書注校補》：「案〈董仲舒傳〉云：『仲舒弟子呂步舒，不知其師書，以為大愚，於是下仲舒吏，當死，詔赦之』，此乃復用步舒治獄，且以《春秋》誼顓斷於外。據〈淮南王傳〉，是獄所連引與王謀反列侯、二千石、豪傑數千人，皆以罪輕重受誅。」

〔一一〕《公羊傳・莊公十九年》：「聘禮：大夫受命不受辭，出竟有可以安社稷、利國家者，則專之可也。」

19 太初元年十一月乙酉，未央宮柏梁臺災。〔一〕先是，大風發其屋，夏侯始昌先言其災日。〔二〕後有江充巫蠱衛太子事。

〔一〕書豪案，《漢書・武帝紀》作：「太初元年十一月乙酉，柏梁臺災。」再案，《漢書・

武帝紀》：「元鼎三年正月戊子，陽陵園火。」〈志〉闕。

〔二〕《漢書・夏侯始昌傳》：「始昌明於陰陽，先言柏梁臺災日，至期日果災。」

20 征和二年春，涿郡鐵官鑄鐵，鐵銷，皆飛上去，此火為變使之然也。〔一〕其三月，涿郡太守劉屈氂為丞相。〔二〕後月，巫蠱事興，帝女諸邑公主、陽石公主、丞相公孫賀、子太僕敬聲、平陽侯曹宗等皆下獄死。〔三〕七月，使者江充掘蠱太子宮，太子與母皇后議，恐不能自明，乃殺充，舉兵與丞相劉屈氂戰，死者數萬人，太子敗走，至湖自殺。明年，屈氂復坐祝䙌要斬，妻梟首也。成帝河平二年正月，沛郡鐵官鑄鐵，鐵不下，隆隆如雷聲，又如鼓音，工十三人驚走。〔四〕音止，還視地，地陷數尺，鑪分為十，一鑪中銷鐵散如流星，皆上去，與征和二年同象。其夏，帝舅五人封列侯，號五侯。〔五〕元舅王鳳為大司馬大將軍秉政。〔六〕後二年，丞相王商與鳳有隙，鳳譖之，免官，自殺。〔七〕明年，京兆尹王章訟商忠直，言鳳顓權，鳳誣章以大逆辠，下獄死，妻子徙合浦。後許皇后坐巫蠱廢，而趙飛燕為皇后，妹為昭儀，賊害皇子，成帝遂亡嗣。皇后、昭儀皆伏辜。一曰，鐵飛屬金不從革。〔八〕

〔一〕書豪案，《漢書・武帝紀》無。

〔二〕史學海《漢書校證》：「〈百官表〉係此于五月，誤。〈史將相補表〉亦作三月。」書豪案，《漢書・武帝紀》：「征和二年春正月，丞相賀下獄死。」《漢書・百官公卿表下》：「四月壬申，丞相賀下獄死。五月丁巳，涿郡太守劉屈氂為左丞相。」兩處記丞相公孫賀死時有所出入。夷考其實，自壬申至丁巳，共四十六日，超出一月日數，〈百官公卿表下〉誤。

〔三〕史學海《漢書校證》：「此條全誤。〈武紀〉書正月丞相賀下獄死是也。使賀以三月後下獄，安得屈氂三月已為相乎？故《綱目》亦係之春正月。至曹宗雖以財贖完為城旦，見〈功臣平陽侯表〉及〈曹參傳〉未嘗下獄死也。」王先謙《漢書補注》：「〈侯表〉宗征和二年，坐與中人姦闌入宮掖門，入財贖完為城旦，不言為巫蠱下獄死，疑有誤。」

〔四〕書豪案，《漢書・成帝紀》：「二年春正月，沛郡鐵官冶鐵飛。語在〈五行志〉。」〈五行志〉各類史例，當按時間先後為序，此例應列於本傳後文〔例25〕成帝建始元年「皇考廟災」下，不當因「與征和二年同象」而記於此。

〔五〕師古曰：「譚、商、立、根、逢時，凡五人。」

〔六〕史學海《漢書校證》：「〈百官表〉鳳為大司馬大將軍，在元帝竟寧元年六月己未，是成帝初即位時事，非河平二年也。」

〔七〕張恕《漢書讀》：「成帝朝有兩王商。一建始四年為丞相，河平四年為王鳳所陷。一成都侯王商，為五侯之一。」史學海《漢書校證》：「〈百官表〉商免相在河平四年四月壬寅，鳳為大司馬大將軍已九年，不止後二年也。」

〔八〕王先謙《漢書補注》曰：「金不從革互見。」書豪案，亦屬〈金傳〉。

21 昭帝元鳳元年，燕城南門災。〔一〕劉向以為時燕王使邪臣通於漢，為讒賊，謀逆亂。南門者，通漢道也。天戒若曰：「邪臣往來，為姦讒於漢，絕亡之道也。」燕王不寤，卒伏其辜。

〔一〕書豪案，《漢書．昭帝紀》無。

22 元鳳四年五月丁丑，孝文廟正殿災。〔一〕劉向以為孝文，太宗之君，與成周宣榭火同義。〔二〕先是，皇后父車騎將軍上官安、安父左將軍桀謀為逆，大將軍霍光誅之。皇后以光外孫，年少不知，居位如故。光欲后有子，因上侍疾醫言，禁內後宮皆不得進，唯皇后顓寢。皇后年六歲而立，十三年而昭帝崩，〔三〕遂絕繼嗣。光執朝政，猶周公之攝也。是歲正月，上加元服，通《詩》、《尚書》，有明悊之性。光亡周公之德，秉政九年，久於周公，上既已冠而不歸政，將為國害。故正月加元服，五月而災見。古之廟皆在城中，孝文廟始出居外，〔四〕天戒

若曰：「去貴而不正者。」宣帝既立，光猶攝政，驕溢過制，至妻顯殺許皇后，光聞而不討，後遂誅滅。〔五〕

〔一〕劉光蕡《前漢書校勘札記》：「案五月甲申朔，無丁丑。」史學海《漢書校證》：「『災』字〈昭紀〉作『火』。《宣十六年・左傳》：『人火曰火，天火曰災。』災與火之別也。〈百官表〉孝昭始元六年轑陽侯江德為太常，四年坐廟郎夜飲失火免。〈紀〉書『火』，得之，『災』字當作『火』。」

〔二〕書豪案，參照本傳〔例4〕。

〔三〕錢大昭《漢書辨疑》：「〈外戚傳〉：『皇后立十歲而昭帝崩，后年十四、五云』，此『十三年』疑當作『十年』，『三』字衍。」施之勉《漢書補注辨證》：「此言昭帝即位十三年而崩也。〈律歷志・世經〉昭帝始元、元鳳各六年，元平一年，著紀即位十三年。錢說非。」史學海《漢書校證》：「〈昭紀〉立皇后上官氏在始元四年春三月甲寅，昭帝崩在元平元年夏四月癸未，相去止十年，無十三年也。十三年者，昭帝在位之年耳。〈外戚上官皇后傳〉：『皇后立十歲而昭帝崩，后年十四、五』，云后立十歲，與〈昭紀〉合，足證此〈志〉之誤。」

〔四〕王先謙《漢書補注》引葉德輝曰：「《黃圖》太上皇廟在長安城中，高祖廟在長安城中西安門內東太常街，此廟在城中之證。又云：『文帝廟號顧成廟』，不云在何處。《西漢會要》十二引云：『文帝廟在長安城南』，此所云居外是也。」

〔五〕凌稚隆《漢書評林》：「元鳳四年一節，敘霍光妻顯殺許皇后，亦屬《傳》語『以妻為妾』。」

23 宣帝甘露元年四月丙申，中山太上皇廟災。甲辰，孝文廟災。〔一〕元帝初元三年四月乙未，孝武園白鶴館災。〔二〕劉向以為先是前將軍蕭望之、光祿大夫周堪輔政，為佞臣石顯、許章等所譖，望之自殺，堪廢黜。明年，白鶴館災。園中五里馳逐走馬之館，不當在山陵昭穆之地。天戒若曰：「去貴近逸遊不正之臣，將害忠良。」後章坐走馬上林下烽馳逐，免官。

〔一〕王念孫《讀書雜志》卷四之五：「念孫案，景祐本無『中山』二字是也。〈宣紀〉云：『甘露元年夏四月丙申，太上皇廟火。甲辰，孝文廟火。』《漢紀》『火』作『災』，皆無『中山』二字。」王先謙《漢書補注》引葉德輝曰：「《西漢會要》三十引亦無『中山』二字，是宋人所見本皆與景祐本同。」施之勉《漢書補注辨證》：「按，〈元帝紀〉及〈韋玄成傳〉，罷郡國廟在元帝永光四年。則在宣帝時，中山自有太上皇廟，此是，〈紀〉誤，王說非也。又《西漢會要》三十引有『中山』二字，葉說亦誤。」

〔二〕書豪案，《漢書・元帝紀》作：「初元三年夏四月乙未晦，茂陵白鶴館災。」再案，

《漢書・宣帝紀》：「甘露四年冬十月丁卯，未央宮宣室閣火。」〈志〉闕。

24 永光四年六月甲戌，孝宣杜陵園東闕南方災。〔一〕劉向以為先是上復徵用周堪為光祿勳，及堪弟子張猛為太中大夫，石顯等復譖毀之，皆出外遷。是歲，上復徵堪領尚書，猛給事中，石顯等終欲害之。園陵小於朝廷，闕在司馬門中，內臣石顯之象也。孝宣，親而貴；闕，法令所從出也。〔二〕天戒若曰：「去法令，內臣親而貴者必為國害。」後堪希得進見，因顯言事，事決顯口。堪病不能言。顯誣告張猛，自殺於公車。成帝即位，顯卒伏辜。

〔一〕書豪案，《漢書・元帝紀》作：「永光四年夏六月甲戌，孝宣園東闕災。」

〔二〕書豪案，參見本傳〔例11〕。

25 成帝建始元年正月乙丑，皇考廟災。〔一〕初，宣帝為昭帝後而立父廟，於禮不正。〔二〕是時大將軍王鳳顓權擅朝，甚於田蚡，將害國家，故天於元年正月而見象也。其後寖盛，五將世權，遂以亡道。〔三〕

〔一〕錢大昕《廿二史考異》卷七：「〈成帝紀〉：『皇曾祖悼考廟災』，此有脫文。」周壽昌《漢書注校補》：「案〈成帝紀〉云：『皇曾祖悼考廟災』，注：『宣帝父史皇孫廟』，若皇考廟，則孝元廟矣，此句明有脫文。」施之勉《漢書補注辨證》：「按〈宣紀〉：『元康元年夏五月，立皇考廟。』〈戾太子傳〉：『親史皇孫諡曰悼，尊號曰皇考，立廟。』〈韋玄成傳〉：『元帝永光四年，玄成等四十四人奏議曰：「太上皇、孝惠、孝文、孝景廟，皆親盡，宜毀。皇考廟親未盡，如故。」諫大夫尹更始等十八人以為皇考廟上序於昭穆，非正禮，宜毀。依違者一年。迺下詔曰：「皇考廟親盡，其正禮儀。」玄成等奏曰：「皇考廟親未盡。」至平帝元始中，大司馬王莽奏：「本始元年，丞相義等議，謚孝宣皇帝親曰悼園，至元康元年，丞相相等議，悼園宜稱尊號曰皇考，立廟。臣愚以為皇考廟本不當立，累世奉之，非是。臣請皇高祖考廟奉明園毀，勿修。」奏可。』據此，則宣帝父史皇孫廟號皇考，累世奉之，至平帝時始毀。此云皇考廟，並無脫誤也。」

〔二一〕《漢書・韋玄成傳》：「諫大夫尹更始等十八人以為皇考廟上序於昭穆，非正禮，宜毀。」

〔二二〕凌稚隆《漢書評林》：「成帝建始元年一節，亦屬《傳》語『棄法律』。」王先謙《漢書補注》：「〈元后傳〉云：『三世據權，五將秉政』，〈贊〉亦云：『羣弟世權，更持國柄，五將十侯，卒成新都』。案，鳳、商、根大將軍，音車騎將軍，莽未為將軍，而與鳳等四人同為五將者，以皆為大司馬故也。〈百官表〉大司馬初置，本以冠將軍之號，故得稱之。其實惟將軍稱將，〈匈奴傳〉：『漢遣田廣明等五將軍出塞，匈奴遠遁，是以五將少所得』，是其證也。〈思心傳〉亦云：『鳳為上將秉國政』。」

26 鴻嘉三年八月乙卯，孝景廟北闕災。〔一〕十一月甲寅，許皇后廢。

〔一〕書豪案，《漢書・成帝紀》作：「鴻嘉三年秋八月乙卯，孝景廟闕災。」

27 永始元年正月癸丑，大官凌室災。戊午，戾后園南闕災。〔一〕是時，趙飛燕大幸，許后既廢，上將立之，故天見象於凌室，與惠帝四年同應。〔二〕戾后，衛太子妾，〔三〕遭巫蠱之旤，宣帝既立，追加尊號，於禮不正。又戾后起於微賤，與趙氏同應。〔四〕天戒若曰：「微賤亡德之人不可以奉宗廟，將絕祭祀，有凶惡之旤至。」其六月丙寅，趙皇后遂立，姊妹驕妒，賊害皇子，卒皆受誅。

〔一〕書豪案，《漢書・成帝紀》作：「永始元年春正月癸丑，太官凌室火。戊午，戾后園闕火。」

〔二〕書豪案，參見本傳〔例15〕。

〔三〕陳景雲《兩漢訂誤》：「按『妾』當作『妄』。」書豪案，《漢書・外戚傳上》：「衛太子史良娣，宣帝祖母也。太子有妃，有良娣，有孺子，妻妾凡三等，子皆稱皇孫。」知史良娣非戾太子正妃，故〈志〉云：「戾后，衛太子妾」無誤。後宣帝即位，於本始元年下詔曰：「史良娣曰戾夫人」，後八歲「尊戾夫人曰戾后，置園奉邑。」事見《漢書・武五子傳》。陳說非。

〔四〕《漢書・外戚傳上》：「史良娣家本魯國，有母貞君，兄恭。以元鼎四年入為良娣，生男進，號史皇孫。」

28 永始四年四月癸未，長樂宮臨華殿及未央宮東司馬門災。六月甲午，孝文霸陵園東闕南方災。〔一〕長樂宮，成帝母王太后之所居也。〔二〕未央宮，帝所居也。霸陵，太宗盛德園也。是時，太后三弟相續秉政，〔三〕舉宗居位，充塞朝廷，兩宮親屬將害國家，〔四〕故天象仍見。明年，成都侯商薨，弟曲陽侯根代為大司馬秉政。後四年，根乞骸骨，薦兄子新都侯莽自代，遂覆國焉。

〔一〕書豪案，《漢書・成帝紀》作：「永始四年夏四月癸未，長樂臨華殿、未央宮東司馬門皆災。六月甲午，霸陵園門闕災。」

〔二〕沈欽韓《漢書疏證》：「〈班倢伃傳〉：『求供養太后長信宮』，〈趙昭儀傳〉云：『奈何令長信得聞之』，〈傅昭儀傳〉云：『成帝母太皇太后稱長信宮』，《水經注》：『長樂宮殿西有長信、長秋諸殿』，然長信宮又長樂之別殿，就其見居者名之也。」

〔三〕師古曰：「謂陽平侯鳳、安陽侯音、成都侯商相代為大司馬。」

〔四〕師古曰：「謂太后家王氏，皇后家趙氏，故云兩宮親屬。」

29 哀帝建平三年正月癸卯，桂宮鴻寧殿災，〔一〕帝祖母傅太后之所居也。時，傅太后欲與成帝母等號齊尊，大臣孔光、師丹等執政，以為不可，太后皆免官爵，遂稱尊號。後三年，帝崩，傅氏誅滅。

〔一〕沈欽韓《漢書疏證》：「《黃圖》：『桂宮，漢武帝造。』《水經注》：『未央宮北即桂宮也，周十餘里，舊乘複道，用相逕通。』按〈孔光傳〉大司空何武言：『傅太后可居北宮』，則桂宮也。〈傳〉言『紫房複道，通未央宮』者是也。因傅太后居此，名曰永信宮耳。《黃圖》復云：『永信宮者，在甘泉宮。』」絕遠，非也。」書豪案，《漢書・哀帝紀》作：「建平三年春正月癸卯，帝太太后所居桂宮正殿火。」

30 平帝元始五年七月己亥，高皇帝原廟殿門災盡。〔一〕高皇帝廟在長安城中，後以叔孫通譏復道，故復起原廟於渭北，非正也。是時平帝幼，成帝母王太后臨朝，委任王莽，將篡絕漢，墮高祖宗廟，故天象見也。其冬，平帝崩。明年，莽居攝，因以篡國，後卒夷滅。

〔一〕書豪案，《漢書・元帝紀》：「建昭五年秋七月庚子，復太上皇寢廟園、原廟、昭靈后、武哀王、昭哀后、衛思后園。」文穎曰：「高祖已自有廟，在長安城中，惠帝更於渭北作廟，謂之原廟。《爾雅》曰：『原者再』，再作廟也。」史學海《漢書校證》：「此條〈平紀〉失載。」再案，《漢書・哀帝紀》：「建平四年秋八月，恭皇園北門災。」〈志〉闕。

土傳

史例共1條

《傳》曰：「治宮室，飾臺榭，內淫亂，犯親戚，侮父兄，則稼穡不成。」

〔一〕

〔一〕《春秋繁露．五行順逆》：「土者夏中，成熟百種，君之官。循宮室之制，謹夫婦之別，加親戚之恩。恩及於土，則五穀成，而嘉禾興。恩及倮蟲，則百姓親附，城郭充實，賢聖皆遷，仙人降。如人君好淫佚，妻妾過度，犯親戚，侮父兄，欺罔百姓，大為臺榭，五色成光，雕文刻鏤，則民病心腹宛黃，舌爛痛。咎及於土，則五穀不成，暴虐妄誅，咎及倮蟲，倮蟲不為，百姓叛去，賢聖放亡。」書豪案，「如人君好淫佚」到「雕文刻鏤」一段，為〈土傳〉義理之所出。

《說》曰：土，中央，生萬物者也。其於王者，為內事。宮室、夫婦、親屬，亦相生者也。〔一〕古者天子諸侯，宮廟大小高卑有制，后夫人媵妾多少進退有度，九族親疏長幼有序。孔子曰：「禮，與其奢也，寧儉。」〔二〕故禹卑宮室，〔三〕文王刑于寡妻，〔四〕此聖人之所以昭教化也。如此則土得其性矣。若乃奢淫驕慢，則土失其性。亡水旱之災而草木百穀不孰，〔五〕是為稼穡不成。

〔一〕王先謙《漢書補注》：「〈隋志〉作『宮室臺榭，夫婦親屬也。』蓋文有刪易，內事謂此。」

〔二〕師古曰：「《論語》載孔子之言也。若不得禮之中而失於奢，則不如儉。」書豪案，見《論語・八佾》。

〔三〕師古曰：「《論語》載孔子曰：『禹，吾無間然矣，卑宮室而盡力乎溝洫。』謂勤於治水而所居狹陋也。」書豪案，見《論語・泰伯》。

〔四〕師古曰：「〈大雅・思齊〉之詩云：『刑于寡妻，至于兄弟，以御于家邦。』」

〔五〕王念孫《讀書雜志》卷四之五：「此言土失其性，則雖無水旱之災，而不能成稼穡。下文云：『劉向以為不書水旱而曰大亡麥禾者，土氣不養，稼穡不成者也』，是其證。《左氏春秋・莊二十八年》：『冬，大無麥禾。』《正義》曰：『此年不言水旱，而得無麥禾者，服虔曰：「陰陽不和，土氣不養，故麥禾不成也。」』即用劉向之說。此篇但說稼穡不成之事，若水旱之災，則在後篇『水不潤下』及『厥罰恆陽』下。」

1 莊公二十八年〔一〕「冬，大亡麥禾」。〔二〕董仲舒以為夫人哀姜淫亂，逆陰氣，故大水也。劉向以為水旱當書，不書水旱而曰「大亡麥禾」者，土氣不養，稼穡不成者也。〔三〕是時，夫人淫於二叔，內外亡別，〔四〕又因凶飢，〔五〕一年而三築臺，〔六〕故應是而稼穡不成，飾臺榭內淫亂之罰云。遂不改寤，四年而死，〔七〕既流二世，〔八〕奢淫之患也。

〔一〕劉知幾《史通・五行志錯誤》：「夫以火、稼之間，別書漢、莽之事。年代已隔，去魯尤疏。洎乎改說異端，仍取《春秋》為始，而於莊公之上，不復以《春秋》建名。遂使漢帝、魯公，同歸一揆。必為永例，理亦可容。在諸異科，事又不爾。求之畫一，其例無恆。此所謂屢舉《春秋》，言無定體也。」王先謙《漢書補注》引蘇輿曰：「莊公上當有『春秋』二字，……案，班書體大采舊文，閒致漏畧，劉氏毛舉，適成隅見耳。此下失書『春秋』者頗多，不復出之。」

〔二〕齊召南《前漢書考證》：「按《經》但云：『大無麥禾』，三家所同，並無大水『水』字，故劉向以屬土不稼穡。然玩董仲舒說，又似《公羊經》有『大水』之文，乃今本《公羊》亦無『水』字，何也？」王念孫《讀書雜志》卷四之五：「景祐本無『水』字是也，後人以下文云：『董仲舒以為夫人哀姜淫亂，逆陰氣，故大水也』，遂增入『水』字，不知三家經文皆無『水』字。且下文云：『不書水旱，而曰大亡麥禾』，則『大』下本無『水』字明矣。董仲舒獨言大水者，其意以為無麥禾由於大水，大水由於夫人之淫亂，此是揣度之詞，非經文實有『水』字也。何注《公羊傳》云：『此蓋秋水所傷，夫人淫佚之所致』，即用仲舒之說。」沈欽韓《漢書疏證》：「三傳皆無『水』字，董生因哀姜淫亂，意以為大水耳。何休云：『蓋秋水所傷。』襲董生說。」書豪案，何休《注》：「諱使若造邑而後無麥禾者，惡愈也。此蓋秋水所傷，就築微下俱舉水，則嫌冬水，推秋無麥禾，使若冬水所傷者，但言無麥禾，則嫌秋自不成，不能起秋水，因疾莊公行類同，故加大，明有秋水也。此夫人淫泆之所致。」

〔三〕臧壽恭《春秋左氏古義》：「案劉向是《穀梁》說，與服虔同，是《左氏》舊說亦用《穀梁》說也。又案〈五行志〉之例，凡劉向後不別出劉歆，及劉歆後不別出劉向者，皆向、歆同說。」

〔四〕書豪案，據《公羊傳・莊公二十七年》：「公子慶父、公子牙通乎夫人以脅公。」《左傳・閔公二年》僅云：「共仲通於哀姜。」

〔五〕《春秋經・莊公二十八年》：「臧孫辰告糴于齊。」

〔六〕師古曰：「謂三十一年春築臺于郎，夏築臺于薛，秋築臺于秦也。郎、薛、秦，皆魯地也。」書豪案，事據《春秋經》。

〔七〕師古曰：「莊公三十二年薨，距大無麥禾，凡四歲也。」書豪案，事據《春秋經》。

〔八〕師古曰：「謂子般及閔公，皆殺死。」書豪案，《公羊傳・閔公元年》：「公何以不言即位？繼弒君不言即位。孰繼？繼子般也。孰弒子般？慶父也。」《公羊傳・閔公二年》：「公薨何以不地？隱之也。何隱爾？弒也。孰弒之？慶父也。」《左傳・莊公三十二年》：「八月癸亥，公薨于路寢。子般即位，次于黨氏。冬，十月己未，共仲使圉人犖賊子般于黨氏。成季奔陳。立閔公。」《公羊傳・閔公二年》：「秋，八月辛丑，共仲使卜齮賊公于武闈。」公子慶父即共仲，是《公》、《左》明指弒君凶手。《穀梁傳・莊公三十二年》：「公子慶父如齊。此奔也，其曰如，何也？諱莫如深，深則隱。苟有所見，莫如深也。」范甯《注》曰：「深謂君弒賊奔隱，痛之至也。故子般日卒，慶父如齊。」《穀梁傳・閔公二年》：「公子慶父出奔莒。其曰出，絕之也，慶父不復見矣。」范甯《注》曰：「慶父弒子般、閔公，不書弒，諱之。」則《穀梁》家亦言公子慶父逆弒二公。

金傳

史例共2條

《傳》曰：「好戰攻，輕百姓，飾城郭，侵邊境，則金不從革。」〔一〕

〔一〕《春秋繁露・五行順逆》：「金者秋，殺氣之始也。建立旗鼓，杖把旄鉞，以誅賊殘，禁暴虐，安集，故動眾興師，必應義理，出則祠兵，入則振旅，以閑習之，因於搜狩，存不忘亡，安不忘危。修城郭，繕牆垣，審羣禁，飭兵甲，警百官，誅不法。恩及於金石，則涼風出；恩及於毛蟲，則走獸大為，麒麟至。如人君好戰，侵陵諸侯，貪城邑之賂，輕百姓之命，則民病喉咳嗽，筋攣，鼻鼽塞。咎及於金，則鑄化凝滯，凍堅不成，四面張罔，焚林而獵，咎及毛蟲，則走獸不為，白虎妄搏，麒麟遠去。」書豪案，「如人君好戰」到「輕百姓之命」一段，為〈金傳〉義理之所出。

《說》曰：金，西方，萬物既成，殺氣之始也。〔一〕故立秋而鷹隼擊，秋分而微霜降。其於王事，出軍行師，把旄杖鉞，誓士眾，抗威武，所以征畔逆止暴亂也。《詩》云：「有虔秉鉞，如火烈烈。」〔二〕又曰：「載戢干戈，載櫜弓矢。」〔三〕動靜應誼，「說以犯難，民忘其死。」〔四〕如此則金得其性矣。若乃貪欲恣睢，務立威勝，不重民命，則金失其性。蓋工冶鑄金鐵，金鐵冰滯涸堅，

〔五〕不成者衆，及為變怪，是為金不從革。

〔一〕史珥《四史勦說》：「『始』字精，然亦本〈鄉飲酒義〉：『天地嚴凝之義，始於西南來』，今人通謂之殺氣耳。」

〔二〕師古曰：「〈商頌・長發〉之詩也。」

〔三〕師古曰：「〈周頌・時邁〉之詩也。」

〔四〕師古曰：「《易・兌卦・彖》曰：『說以犯難，人忘其死』。」書豪案，今本作「民忘其死」。

〔五〕師古曰：「涸讀與沍同。沍，凝也，音下故反。《春秋左氏傳》曰：『固陰沍寒』。」李慈銘《越縵堂讀史札記全編》：「案，『金鐵』兩字誤重，《晉書・五行志》引此無。」

1 《左氏傳》曰昭公八年「春，石言於晉」。晉平公問於師曠，對曰：「石不能言，神或馮焉。作事不時，怨讟動於民，則有非言之物而言。今宮室崇侈，民力彫盡，怨讟並興，莫信其性，〔一〕石之言不宜乎！」於是晉侯方築虒祁之宮。叔向曰：「君子之言，信而有徵。」劉歆以為金石同類，〔二〕是為金不從革，失其性也。劉向以為石白色為主，屬白祥。〔三〕

〔一〕師古曰：「信猶保也。性，生也。一說，信讀曰申，言不得申其性命也。」史珥《四史勦說》：「顏氏謂『信猶保也』，然《左傳》本作『莫保其性』，則『信』直是譌字耳。」王先謙《漢書補注》引蘇輿曰：「《左傳》『信』作『保』，此因『信』、『保』形近而誤，顏曲為之說，非。」

〔二〕王先謙《漢書補注》引葉德輝曰：「《白虎通・五行》云：『金少陰。』又云：『金者陰嗇籍。』《公羊・僖十六年傳》：『隕石于宋五。』何休《注》：『石者，陰德之專者也。』據此，則金、石性皆主陰，故劉歆以為同類也。」

〔三〕王先謙《漢書補注》：「白祥互見。」書豪案，班固置此例於「金不從革」，乃從歆說；若按劉向，則當見於〈五行志中之上〉的〈言傳〉「白祥」中。然既從歆說，當移彼處「白眚白祥」三條「石」例（〔例1〕、〔例2〕、〔例3〕）至此，不應五例分列兩處。疑〈言傳〉「白眚白祥」三條「石」例，為劉向《洪範五行傳論》原文，此例因《左傳》云：「石不能言，神或馮焉」，既是鬼神作祟，故不視作石災。惟鬼神須依憑於石方能言能鳴，是以劉歆言「以為金石同類，是為金不從革」，舉兩例「石言」、「石鳴」以補〈金傳〉之闕。

2 成帝鴻嘉三年五月乙亥，天水冀南山大石鳴，聲隆隆如雷，有頃止，聞平襄二百四十里，壄雞皆鳴。石長丈三尺，廣厚略等，旁著岸脅，去地二百餘丈，民俗名曰石鼓。石鼓鳴，有兵。是歲，廣漢鉗子謀攻牢，篡死辠囚鄭躬等，盜庫兵，劫略吏民，衣繡衣，自號曰山君，黨與寖廣。明年冬，乃伏誅，自歸者三千餘人。後四年，尉氏樊並等謀反，殺陳留太守嚴普，自稱將軍，山陽亡徒蘇令等黨與數百人盜取庫兵，經歷郡國四十餘，皆踰年乃伏誅。〔一〕是時起昌陵，作者數萬人，徙郡國吏民五千餘戶以奉陵邑。作治五年不成，乃罷昌陵，還徙家。石鳴，與晉石言同應，師曠所謂「民力彫盡」，《傳》云「輕百姓」者也。虒祁離宮去絳都四十里，昌陵亦在郊壄，皆與城郭同占。城郭屬金，宮室屬土，外內之別云。〔二〕

〔一〕周壽昌《漢書注校補》：「〈本紀〉成帝永始三年作『歷經郡國十九』，此作『四十餘』，不合。考漢郡國共一百三，據此當半天下矣，成帝時無此大亂，明此衍『四』字。」書豪案，鄭躬亂於鴻嘉三、四年，樊並則反於永始三年，俱見《漢書・成帝紀》。又樊並受業於張霸之父，霸獻《尚書》百兩篇，因樊並謀反，乃黜其書，見《漢書・儒林列傳》。

〔二〕吉川忠夫《漢書五行志》：「五行中，土為中央，金屬西方。此以宮殿（內）與城郭（外）對應土（中央）、金（西方）。」書豪案，〈土傳〉：「治宮室，飾臺榭，……則稼穡不成。」〈金傳〉：「飾城郭，……則金不從革。」「石鳴，與晉石言同應」，同於本傳〔例1〕；師曠所謂「民力彫盡」，見《左傳・昭公八年》；《傳》云「輕百姓」，見〈金傳〉。綜而言之，則此例當亦劉歆之言；若是如此，乃劉歆所推唯一漢事。王先謙《漢書補注》：「又一條互見『火不炎上』下。」書豪案，即本卷〈火傳〉〔例20〕。

水傳 史例共11條

《傳》曰：「簡宗廟，不禱祠，廢祭祀，逆天時，則水不潤下。」〔一〕

〔一〕《春秋繁露・五行順逆》：「水者冬，藏至陰也。宗廟祭祀之始，敬四時之祭，禘祫昭穆之序，天子祭天，諸侯祭土。閉門閭，大搜索，斷刑罰，執當罪，飭關梁，禁外徙。恩及於水，則醴泉出；恩及介蟲，則黿鼉大為，靈龜出。如人君簡宗廟，不禱祀，廢祭祀，執法不順，逆天時，則民病流腫，水張，痿痺，孔竅不通。咎及於水，霧氣冥冥，必有大水，水為民害。咎及介蟲，則龜深藏，黿鼉呴。」書豪案，「如人君簡宗廟」到「逆天時」一段，為〈水傳〉義理之所出。

《說》曰：水，北方，終臧萬物者也。其於人道，命終而形臧，精神放越，聖人為之宗廟以收魂氣，〔二〕春秋祭祀，以終孝道。王者即位，必郊祀天地，禱祈神祇，望秩山川，懷柔百神，亡不宗事。慎其齊戒，致其嚴敬，鬼神歆饗，多獲福助。此聖王所以順事陰氣，和神人也。至發號施令，亦奉天時。十二月咸得其氣，則陰陽調而終始成。如此則水得其性矣。若乃不敬鬼神，政令逆時，則水失其性。霧水暴出，百川逆溢，壞鄉邑，溺人民，及淫雨傷稼穡，是為水不潤下。

〔一〕《禮記・郊特牲》：「魂氣歸于天，形魄歸于地。故祭，求諸陰陽之義也。」

《京房易傳》曰：「顓事有知，〔一〕誅罰絕理，厥災水，其水也，雨殺人以隕霜，大風天黃。飢而不損茲謂泰，厥災水，水殺人。辟過有德茲謂狂，厥災水，水流殺人，已水則地生蟲。歸獄不解，茲謂追非，〔二〕厥水寒，殺人。追誅不解，茲謂不理，厥水五穀不收。大敗不解，茲謂皆陰。解，舍也，王者於大敗，誅首惡，赦其衆，不則皆函陰氣，厥水流入國邑，〔三〕隕霜殺叔草。」

〔一〕王先謙《漢書補注》：「〈晉、宋志〉作『顓事者加』。」

〔二〕張晏曰：「謂釋有罪之人而歸無辜者也。解，止也。追非，遂非也。」

〔三〕李慈銘《越縵堂讀史札記全編》：「案，『解舍也』至『皆函陰氣』二十字，〈晉、宋志〉皆無。此二十字蓋師古所引舊注也。案上文：『茲謂狂，厥災流水殺人。』又『茲謂追非，厥水寒殺人。』又『茲謂不理，厥水五穀不收。』皆與此文法一例。『解舍也』等二十字，乃『大敗』二句之注，不知何時混入正文。上文：『歸獄不解』，《注》張晏曰：『解，止也。』此處解字與上異義，故注曰：『解，舍也。』蓋亦師古所引舊注，而傳寫失其名耳。又『皆函氣』下有『師古曰函讀與含同』八字小注。案上以『皆函陰氣』釋『皆陰』二字，故師古以『函同含』釋之。然『皆陰』二字不成文義，疑本當作『函陰』，故舊注既以『皆函陰氣』釋『函陰』字，師古復以『含』釋『函』字也。全書中師古並釋舊注者，雖所在多有，此則『函』字當本是正文，非注文耳。」

1 桓公元年「秋，大水」。〔一〕董仲舒、劉向以為桓弒兄隱公，民臣痛隱而賤桓。後宋督弒其君，〔二〕諸侯會，將討之，桓受宋賂而歸，〔三〕又背宋。諸侯由是伐魯，仍交兵結讐，伏尸流血，百姓愈怨，〔四〕故十三年夏復大水。〔五〕一曰，夫人驕淫，將弒君，陰氣盛，桓不寤，卒弒死。〔六〕劉歆以為桓易許田，不祀周公，〔七〕廢祭祀之罰也。〔八〕

〔一〕書豪案，《左傳・桓公元年》：「凡平原出水為大水。」《公羊傳・桓公元年》：「何以書？記災也。」《穀梁傳・桓公元年》：「高下有水災曰大水。」三傳義異。又何休《注》：「先是桓篡隱，百姓痛傷悲哀之心既蓄積，而復專易朝宿之邑，陰逆而與怨氣并之所致。」

〔二〕師古曰：「宋華父督為太宰，弒殤公，事在桓公二年。」書豪案，事據《春秋經》。

〔三〕師古曰：「謂郜大鼎。」書豪案，事據《春秋經・桓公二年》。

〔四〕師古曰：「桓會宋公者五，與宋公、燕人盟，已而背盟伐宋。宋公、燕人怨而求助，齊、衛助之。桓公懼，而會紀侯、鄭伯及四國之師大戰。」書豪案，事據《春秋經》，桓公十一年與宋公二會，桓公十二年三會，其中〈桓公十二年〉：「公會宋公、燕人盟于穀丘。」然〈桓公十二年〉：「十有二月，及鄭師伐宋。丁未，戰于宋。」是「背盟伐宋」。故〈桓公十三年〉：「春二月，公會紀侯、鄭伯。己巳，及齊侯、宋公、衛侯、燕人戰。」

〔五〕書豪案，桓公十三年魯與四國之戰，即龍門之戰。《春秋經・桓公十三年》：「夏，大水。」何休《注》：「為龍門之戰，死傷者眾，民悲哀之所致。」即從董、劉之說。

〔六〕書豪案，桓公遭弒事，參見本卷〈火傳〉〔例1〕註七。

〔七〕師古曰：「許田，魯朝宿之邑，而有周公別廟。桓既篡位，遂以許田與鄭，而取鄭之祊田，故云不祀周公。」沈欽韓《漢書疏證》：「何休《注》參用董、劉三家之說。按，歆說非也。許田朝宿之邑，本非祀周公之所。《左傳》云：『鄭伯請釋泰山之祀而祀周公』，此行人之辭耳。杜預云：『後世朝宿邑，立周公別廟』，果爾，鄭於祊遂祀泰山乎？《傳》云：『邑有宗廟、先君之主曰都』，此謂子弟同姓，食采得立廟，於禮則非也。朝宿邑而立廟，其義尤無據矣。劉歆欲附《鴻範傳》『廢宗祀』之文，理不可通也。」書豪案，《春秋經・桓公元年》：「公會鄭伯于垂，鄭伯以璧假許田。」《左傳・隱公八年》：「鄭伯請釋泰山之祀而祀周公，以泰山之祊易許田。三月，鄭伯使宛來歸祊，不祀泰山也。」《左傳・桓公元年》：「元年，春，公即位，修好于鄭。鄭人請復祀周公，卒易祊田。公許之。三月，鄭伯以璧假許田，為周公祊故也。」《公羊傳・桓公元年》：「許田者何？魯朝宿之邑也。諸侯時朝乎天子，天子之郊，諸侯皆有朝宿之邑焉。此魯朝宿之邑也，則曷為謂之許田？諱取周田也。」《穀梁傳・桓公元年》：「禮，天子在上，諸侯不得以地相與也。無田則無許可知矣。不言許，不與許也。許田者，魯朝宿之邑也。邴者，鄭伯之所受命而祭泰山之邑也。用見魯之不朝於周，而鄭之不祭泰山也。」是桓公易許田，《公》、《穀》以為「不朝於周」，《左傳》以為「不祀周公」，知劉歆從《左傳》義。

〔八〕書豪案，〈五行志中之上〉的〈貌傳〉：「庶徵之恆雨，劉歆以為《春秋》大雨也，劉向以為大水。」知此處「大水」諸例，於劉向《洪範五行傳論》當屬〈貌傳〉「恆雨」之咎。今班固移置〈水傳〉，乃從歆說；然董仲舒、劉向所釋，仍予以保留。《春秋繁露・基義》：「君為陽，臣為陰；父為陽，子為陰；夫為陽，妻為陰」，上位者均為陽，下位者俱屬陰。又《春秋繁露・精華》：「大水者，陰滅陽也。」而《說苑・辨物》：「夫水旱俱天下陰陽所為也。大旱則雩祭而請雨，大水則鳴鼓而劫社。何也？曰：陽者，陰之長也，其在鳥，則雄為陽，雌為陰；在獸，則牡為陽，而牝為陰；其在民，則夫為陽，而婦為陰；其在家，則父為陽，而子為陰；其在國，則君為陽，而臣為陰。故陽貴而陰賤，陽尊而陰卑，天之道也。」故百姓愁怨、夫人淫泆，正是引發大水主因，以下《春秋》諸大水例皆然。知董、劉以陰陽感應理論推說水災，復知劉向《洪範五行傳論》雖據《洪範五行傳》所列咎徵「比類相從」，然亦保留早期從董仲舒之舊說，可窺其《災異之記》原貌。

2 莊公七年「秋，大水，亡麥苗」。〔一〕董仲舒、劉向以為莊母文姜與兄齊襄公淫，共殺桓公，莊釋父讐，復取齊女，未入，先與之淫，一年再出，會於道逆亂，〔二〕臣下賤之之應也。

〔一〕《左傳・莊公七年》孔穎達《正義》云：「直言無麥苗，似是麥之苗，而知麥、苗別者，《公羊傳》曰：『曷為先言無麥而後言無苗？待無麥然後書無苗。』如彼傳文，知麥、苗別也。蓋此秋是今之五月，麥已熟矣，不得方云麥苗，故知熟麥及五稼之苗，皆為水漂殺也。」

〔二〕沈欽韓《漢書疏證》：「娶哀姜在二十四年，與七年大水事絕遠。」書豪案，「一年再出，會於道逆亂」，當即《春秋經・莊公二十四年》：「夏，公如齊逆女。」及「秋，公至自齊。八月丁丑，夫人姜氏入。」兩事相隔絕遠，沈氏所言甚確。故《公羊傳・莊公七年》何休《注》：「先是莊公伐衛納朔，用兵踰年，夫人數出淫泆，民怨之所生。」乃改據《春秋經・莊公七年》：「春，夫人姜氏會齊侯于防。」以及「冬，夫人姜氏會齊侯于穀。」推說。其夫人並非「莊釋父讎，復取齊女」的哀姜，而專指「數出淫泆」的文姜，於是當年大水災異不必遠徵十七年後人事而論。

3 十一年「秋，宋大水」。董仲舒以為時魯、宋比年為乘丘、鄑之戰，〔一〕百姓愁怨，陰氣盛，故二國俱水。〔二〕劉向以為時宋閔公驕慢，睹災不改，明年與其臣宋萬博戲，婦人在側，矜而罵萬，萬殺公之應。〔三〕

〔一〕師古曰：「比年，頻年也。莊十年，公敗宋師于乘丘。十一年，公敗宋師于鄑。乘丘、鄑，魯地。」書豪案，事據《春秋經》。《公羊傳‧莊公十一年》何休《注》：「先是二國比興兵相敗，百姓同怨而俱災，故明天人相與報應之際，甚可畏之。」

〔二〕劉知幾《史通‧五行志錯誤》：「案此說有三失焉。何者？莊公十年、十一年，公敗宋師於乘丘及鄑。夫以制勝克敵，策勳命賞，可以歡榮降福，而反愁怨貽災邪？其失一也。且先是數年，莊遭大水，校其時月，殊在戰前。而云與宋交兵，故二國大水，其失二也。況於七年之內，已釋水災，始以齊女為辭，終以宋師為應。前後靡定，向背何依？其失三也。夫以一災示眚，而三說競興，此所謂敷演多端，準的無主也。」沈欽韓《漢書疏證》：「謂魯、宋同在十一年被水。《公羊傳》云：『外災不書，此何以書？及我也。』何休云：『時魯亦有水災，故詭詞書外以見內也。』按〈桓公十三年〉、

〈莊公七年〉俱書『大水』，未嘗諱言；〈襄九年〉及〈三十年〉書『宋災』，豈魯國亦被火乎？此等釋經，鬼窟中生活，劉向以為閔公被弒之因，則昭然法戒矣。」臧琳《經義雜記》卷一〈莊十一年宋大水〉：「案三傳義不同。《左氏》以宋來告災，公使弔之，故書。《公羊傳》以有及我之文，故董生謂兩國俱水，何氏本之言為比興兵而百姓怨之應亦同。《穀梁》言宋為王者之後，故書。故劉子政言宋閔驕慢之應。義不同而各得傳義也。」書豪案，徐彥《疏》：「案〈襄九年〉：『春，宋火。』《傳》云：『外災不書，此何以書？為王者之後記災。』與此異者，正以比年大水，水者流通之道，可以及兩國，故得書外以明內矣。彼是火災，無及內之理而得書見，明為王者之後記災故也。」是《公羊》自有義例，董仲舒據「及我」推說，特重魯、宋征戰，實謹守《公羊》家法。《穀梁傳・莊公十一年》：「秋，宋大水。外災不書，此何以書？王者之後也。」則後文劉向專推宋事，乃改從《穀梁》。《左傳・莊公十一年》：「秋，宋大水。公使弔焉，……」杜預《注》：「公使弔之，故書。」三傳義異。

〔三〕

師古曰：「萬，宋大夫也。戰敗獲于魯，復歸宋，又為大夫，與閔公博，婦人在側。萬曰：『甚矣，魯侯之淑，魯侯之美！天下諸侯宜為君者，唯魯侯耳。』閔公矜此婦人，妒其言，顧曰：『此虜也！爾虜焉故，魯侯之美惡乎至！』萬怒，搏閔公，絕其脰而死。事在莊十二年。」書豪案，宋閔公罵宋萬之語，見《公羊傳》。

4 二十四年，「大水」。董仲舒以為夫人哀姜淫亂不婦，陰氣盛也。〔一〕劉向以為哀姜初入，公使大夫宗婦見，用幣，〔二〕又淫於二叔，公弗能禁。臣下賤之，故是歲、明年仍大水。〔三〕劉歆以為先是莊飾宗廟，刻桷丹楹，以夸夫人，〔四〕簡宗廟之罰也。

〔一〕沈欽韓《漢書疏證》：「何休依董說。按淫女搆亂，禍及後嗣，此《春秋》法戒也。二劉所見者小矣。」書豪案，《公羊傳・莊公二十四年》何休《注》：「夫人不制，遂淫二叔，陰氣盛，故明年復水也。」

〔二〕師古曰：「宗婦，同姓之婦也。大夫妻及宗婦見夫人者，皆令執幣，是踰禮也。」書豪案，《春秋經・莊公二十四年》：「大夫、宗婦覿用幣。」《公羊傳・莊公二十四年》：「宗婦者何？大夫之妻也。覿者何？見也。用者何？用者不宜用也。見用幣，非禮也。然則曷用？棗栗云乎！腶脩云乎！」《穀梁傳・莊公二十四年》：「覿，見也。禮：大夫不見夫人，不言及，不正其行婦道，故列數之也。男子之贄，羔雁雉腒；婦人之贄，棗栗鍛脩。用幣，非禮也。用者，不宜用者也。」《左傳・莊公二十四年》：「秋，哀姜至，公使宗婦覿，用幣，非禮也。御孫曰：『男贄，大者玉帛，小者禽鳥，以章物也。女贄，不過榛栗棗脩，以告虔也。今男女同贄，是無別也。男女之別，國之大節也；而由夫人亂之，無乃不可乎？』」三傳同譏。

〔三〕書豪案，《春秋經・莊公二十五年》：「秋，大水。鼓，用牲于社、于門。」《說苑・辨物》：「今大旱者，陽氣太盛，以厭於陰。陰厭陽固，陽其填也。惟填厭之太甚，使陰不能起也，亦雩祭拜請而已，無敢加也。至於大水及日蝕者，皆陰氣太盛，而上減陽精。以賤乘貴，以卑陵尊，大逆不義，故鳴鼓而懾之，朱絲縈而劫之。由此觀之，《春秋》乃正天下之位，徵陰陽之失。直責逆者，不避其難，是亦《春秋》之不畏強禦也。」

〔四〕師古曰：「莊公二十三年丹桓宮楹，二十四年刻桓宮桷。將迎夫人，故為盛飾。」書豪案，《公羊傳・莊公二十三年》：「秋，丹桓宮楹。何以書？譏。何譏爾？丹桓宮楹，非禮也。」何休《注》：「丹之者，為將娶齊女，欲以誇大示之。」《穀梁傳・莊公二十四年》：「春，王三月，刻桓宮桷。……夫人，所以崇宗廟也。取非禮與非正，而加之於宗廟，以飾夫人，非正也。刻桓宮桷，丹桓宮楹，斥言桓宮，以惡莊也。」范甯《注》：「不言新宮而謂之桓宮，以桓見殺於齊，而飾其宗廟，以榮讎國之女，惡莊不子。」《左傳・莊公二十四年》：「春，刻其桷，皆非禮也。御孫諫曰：『臣聞之：「儉，德之共也；侈，惡之大也。」先君有共德，而君納諸大惡，無乃不可乎？』」是「刻桷丹楹，以夸夫人」為《公》、《穀》通義，《左傳》僅譏其侈耳。

5 宣公十年「秋大水，飢」。董仲舒以為時比伐邾取邑，〔一〕亦見報復，兵讎連結，百姓愁怨。〔二〕劉向以為宣公殺子赤而立，子赤，齊出也，〔三〕故懼，以濟西田賂齊。〔四〕邾子貜且亦齊出也，〔五〕而宣比與邾交兵。臣下懼齊之威，創邾之旣，皆賤公行而非其正也。

〔一〕師古曰：「比，頻也。九年秋，取根牟。《公羊傳》曰：『根牟者何？邾婁之邑也。』十年，公孫歸父帥師伐邾取繹，故云比年也。」書豪案，根牟，《穀梁》無說。《左傳・宣公九年》：「秋，取根牟，言易也。」杜預《注》：「根牟，東夷國也。今琅邪陽都縣東有牟鄉。」與《公羊》義歧。「繹」，《左傳》、《穀梁傳・宣公十年》云：「公孫歸父帥師伐邾婁，取繹。」《公羊傳・宣公十年》作：「公孫歸父帥師伐邾婁，取蘱。」

〔二〕《公羊傳・宣公十年》何休《注》：「先是城平陽，取根牟及蘱，役重民怨之所生。」

〔三〕師古曰：「赤母姜氏。赤死，姜氏大歸，齊市人皆哭，魯人謂之哀姜。」書豪案，《公羊傳・文公十八年》：「冬，十月，子卒。子卒者孰謂？謂子赤也。何以不日？隱之也。何隱爾？弒也。弒則何以不日？不忍言也。」《左傳・文公十八年》：「冬，十月，仲殺惡及視，而立宣公。書曰『子卒』，諱之也。」《公羊》子赤即《左傳》太子惡。又《左傳・文公十八年》：「夫人姜氏歸于齊，大歸也。將行，哭而過市，曰：『天乎！仲為不道，殺嫡立庶。』市人皆哭。魯人謂之哀姜。」文中哀姜即文公夫人出姜。是顏氏兼《公》、《左》以釋，然劉向據《公羊》即可。《公羊傳・宣公元年》：「六月，齊人取濟西田。外取邑不書，此何以書？所以賂齊也。曷為賂齊？為弒子赤之賂也。」何休《注》：「子赤，齊外孫，宣公篡弒之，恐為齊所誅，為是賂之。」

〔四〕師古曰：「宣既即位，與齊侯會于平州，以定其位。元年六月，齊人取濟西田，為立公故，以賂齊也。」書豪案，《春秋經・宣公元年》：「六月，齊人取濟西田。」《公羊傳・宣公元年》：「外取邑不書，此何以書？所以賂齊也。曷為賂齊？為弒子赤之賂也。」《左傳・宣公元年》：「六月，齊人取濟西之田，為立公故，以賂齊也。」《穀梁傳・宣公元年》：「內不言取，言取，授之也。以是為賂齊也。」三傳義同。

〔五〕師古曰：「玃且，邾文公之子邾定公也。亦齊女所生。」書豪案，《公羊傳・文公十四年》記邾婁人言曰：「接菑，晉出也；玃且，齊出也。」《穀梁傳・文公十四年》：「捷菑，晉出也；玃且，齊出也。玃且，正也；捷菑，不正也。」《左傳・文公十四年》亦記邾人辭曰：「齊出玃且長。」三傳義同。

6 成公五年「秋，大水」。〔一〕董仲舒、劉向以為時成幼弱，政在大夫，前此一年再用師，〔二〕明年復城鄆以彊私家，〔三〕仲孫蔑、叔孫僑如顛會宋、晉，〔四〕陰勝陽。

〔一〕《公羊傳・成公五年》何休《注》：「先是既有丘甲、鞌、棘之役，又重以城鄆，民怨之所生。」

〔二〕師古曰：「成三年春，公會晉侯、宋公、衛侯、曹伯伐鄭。秋，叔孫僑如帥師圍棘，是也。」書豪案，事據《春秋經》。然同年《經》又云：「二月，公至自伐鄭。」當言「三用師」。

〔三〕師古曰：「四年城鄆。」書豪案，《穀梁傳》、《左傳・成公四年》作「鄆」，《公羊》作「運」。

〔四〕師古曰：「仲孫蔑，孟獻子也。成五年春，仲孫蔑如宋。夏，叔孫僑如會晉荀首于穀。『顓』與『專』同，專者，不稟命于公。」書豪案，《穀梁傳》、《左傳・成公五年》作「荀首」，《公羊傳》作「荀秀」。

7 襄公二十四年「秋，大水」。董仲舒以為先是一年齊伐晉，襄使大夫帥師救晉，〔一〕後又侵齊，〔二〕國小兵弱，數敵彊大，百姓愁怨，陰氣盛。〔三〕劉向以為先是襄慢鄰國，是以邾伐其南，〔四〕齊伐其北，〔五〕莒伐其東，〔六〕百姓騷動，後又仍犯彊齊也。〔七〕大水，饑，穀不成，其災甚也。〔八〕

〔一〕師古曰：「襄二十三年秋，齊伐衛，遂伐晉。八月，叔孫豹帥師救晉，次于雍榆。」書豪案，事據《春秋經》。

〔二〕師古曰：「二十四年，仲孫羯帥師侵齊。」書豪案，事據《春秋經》。

〔三〕沈欽韓《漢書疏證》：「何休依董說。按魯事盟主有禮，故救晉侵齊，大水之徵，恐不為此，劉向遠徵前數十年事，益非。」書豪案，《公羊傳・襄公二十四年》何休《注》：「前此叔孫豹救晉，仲孫羯侵齊，比興師眾，民怨之所生。」

〔四〕師古曰：「十五年，邾人伐我南鄙是也。」書豪案，事據《春秋經》。《春秋經・襄公十七年》亦云：「冬，邾人伐我南鄙。」《公羊》作：「邾婁人伐我南鄙。」

〔五〕師古曰：「十六年，齊人伐我北鄙是也。」書豪案，《春秋經》作「齊侯伐我北鄙。」〈襄公十五年〉、〈十七年〉亦有。

〔六〕師古曰：「十二年，莒人伐我東鄙是也。」書豪案，事據《春秋經》。〈襄公八年〉、〈十年〉亦有。

〔七〕師古曰：「十八年，公會晉侯、宋公、衛侯、鄭伯同圍齊。二十三年救晉，二十四年又侵齊，是重犯也。」書豪案，事據《春秋經》。

〔八〕書豪案，《穀梁傳・襄公二十四年》：「大饑。五穀不升為大饑。一穀不升謂之嗛，二穀不升謂之饑，三穀不升謂之饉，四穀不升謂之康，五穀不升謂之大侵。」《春秋經・襄公二十四年》：「大水。」又云：「大饑。」兩者原不連文，故《公羊》、《左氏》並未相屬，《穀梁》亦未明言其為因果。此言「大水，饑，穀不成，其災甚也。」當是劉向《穀梁》說。再案，《左傳·昭公十九年》：「鄭大水，龍鬭于時門之外洧淵，國人請為禜焉。」〈志〉闕，歸入〈五行志下之上〉的〈皇極傳〉「龍蛇之孽」〔例2〕。

8 高后三年夏，漢中、南郡大水，水出流四千餘家。〔一〕四年秋，河南大水，伊、雒流千六百餘家，汝水流八百餘家。〔二〕八年夏，漢中、南郡水復出，流六千餘家。南陽沔水流萬餘家。〔三〕是時女主獨治，諸呂相王。

〔一〕史學海《漢書校證》：「〈高后紀〉：『三年夏，江水、漢水溢，流民四千餘家。』蓋漢中郡，漢水也；南郡，江水也。〈紀〉言二水，〈志〉言二地，可互見。」

〔二〕史學海《漢書校證》：「此條〈高后紀〉失載。」

〔三〕書豪案，《漢書·高后紀》作：「夏，江水、漢水溢，流萬餘家。」

9 文帝後三年秋，大雨，晝夜不絕三十五日。藍田山水出，流九百餘家。漢水出，壞民室八千餘所，殺三百餘人。〔一〕先是，趙人新垣平以望氣得幸，為上立渭陽五帝廟，欲出周鼎，以夏四月，郊見上帝。歲餘懼誅，謀為逆，發覺，要斬，夷三族。〔二〕是時，比再遣公主配單于，賂遺甚厚，匈奴愈驕，侵犯北邊，殺略多至萬餘人，漢連發軍征討戍邊。〔三〕

〔一〕史學海《漢書校證》：「此大災異而〈文紀〉不載，故十二〈紀〉中，〈文紀〉最略。」

〔二〕師古曰：「事並見〈郊祀志〉。」周壽昌《漢書注校補》「案，〈郊祀志上〉云：『人有上書告平，所言皆詐也，下吏治，誅夷平。』不云謀反，此史家詳略互見法。」

〔三〕師古曰：「比，頻也。高祖使劉敬奉宗室女翁主為冒頓單于閼氏。冒頓死，其子老上單于初立，文帝復遣宗人女為單于閼氏。」

10 **元帝永光五年夏及秋，大水。〔一〕潁川、汝南、淮陽、廬江雨，壞鄉聚民舍，及水流殺人。〔二〕先是一年有司奏罷郡國廟，是歲又定迭毀，罷太上皇、孝惠帝寢廟，皆無復修，通儒以為違古制。〔三〕刑臣石顯用事。**

〔一〕凌稚隆《漢書評林》：「以下俱屬《傳》語『廢祭祀』。」書豪案，前此皆從董仲舒、劉向以陰陽推說，自此方據《洪範五行傳》立論。

〔二〕書豪案，《漢書・元帝紀》作：「永光五年秋，潁川水出，流殺人民。」再案，《漢書・武帝紀》：「建元三年春，河水溢于平原，大飢，人相食。」又「元光三年春，河水徙，從頓丘東南流入勃海。……河水決濮陽，氾郡十六。發卒十萬救決河。」又「元鼎二年夏，大水，關東餓死者以千數。」《漢書・元帝紀》：「初元元年九月，關東郡國十一大水，饑，或人相食，轉旁郡錢穀以相救。」以上〈志〉皆闕。

〔三〕師古曰：「親盡則毀，故云迭毀。事在〈韋玄成傳〉。」王鳴盛《十七史商榷》卷十三〈二志矛盾〉：「〈五行志〉上卷末段，以罷郡國廟及太上皇、惠帝寢廟，徙甘泉、泰畤、河東、后土於長安南北郊，又罷雍五畤、郡國諸舊祀，皆致水災之應，而不言其說出於何人。觀〈郊祀志〉劉向之言，知其出於向也。夫毀廟徙郊等，皆復古而得禮之正者，貢禹、匡衡、谷永說皆是也，而向乃以為能致水災，向之曲說如此。班書采輯諸書而成，有未加裁翦者，如〈郊祀志・贊〉云：『究觀方士祠官之變，谷永之言不亦正乎！』是固以毀廟徙郊為正也。而此〈志〉乃復云云，殊自相矛盾矣。」沈欽韓《漢書疏證》：「此《傳》致簡宗廟，不知當毀而不毀，孔子所以逆知桓、僖廟災也。何焯曰：『《五行傳》本向、歆，故絀毀廟之議。』」吳汝綸《漢書點勘》：「通儒，謂向歆父子。」書豪案，《漢書・郊祀志下》載劉向之言曰：「家人尚不欲絕種祠，況於國之神寶舊畤！且甘泉、汾陰及雍五畤始立，皆有神祇感應，然後營之，非苟而已也。武、宣之世，奉此三神，禮敬敕備，神光尤著。祖宗所立神祇舊位，誠未易動。及陳寶祠，自秦文公至今七百餘歲矣，漢興世世常來，光色赤黃，長四五丈，直祠而息，音聲砰隱，野雞皆雊。每見雍太祝祠以太牢，遣候者乘一乘傳馳詣行在所，以為福祥。高祖時五來，文帝二十六來，武帝七十五來，宣帝二十五來，初元元年以來亦二十來，此陽氣舊祠也。及漢宗廟之禮，不得擅議，皆祖宗之君與賢臣所共定。古今異制，經無明文，至尊至重，難以疑說正也。前始納貢禹之議，後人相因，多所動搖。《易大傳》曰：『誣神者殃及三世。』恐其咎不獨止禹等。」

11 成帝建始三年夏，大水，〔一〕三輔霖雨三十餘日，郡國十九雨，山谷水出，凡殺四千餘人，壞官寺民舍八萬三千餘所。〔二〕元年，有司奏徙甘泉泰畤、河東后土于長安南北郊。二年，又罷雍五畤、郡國諸舊祀，凡六所。〔三〕

〔一〕書豪案，《漢書・成帝紀》：「建始二年三月，北宮井水溢出。」〈志〉闕。其後，《漢書・成帝紀》：「建始四年，秋，桃李實。大水，河決東郡金隄。」又「陽朔二年秋，關東大水。」〈志〉亦闕。至於《漢書・文帝紀》：「元年四月，齊楚地震，二十九山同日崩，大水潰出。」《漢書・宣帝紀》：「本始四年夏四月壬寅，郡國四十九地震，或山崩水出。」《漢書・元帝紀》：「建昭四年，藍田地沙石雍霸水，安陵岸崩雍涇水，水逆流。」《漢書・成帝紀》：「河平三年春二月丙戌，犍為地震山崩，雍江水，水逆流。」又「元延三年春正月丙寅，蜀郡岷山崩，雍江三日，江水竭。」雖被水災，然肇因於地震、山崩，故屬〈五行志下之上〉的〈思心傳〉。

〔二〕史學海《漢書校證》：「此大災異，〈成紀〉只以『関內大水』四字了之，太畧。且〈紀〉係在『秋』，非夏也，中卷亦云：『建始三年秋，大雨三十餘日』，與〈成紀〉

書『秋』合，此〈志〉作『夏』，誤。」書豪案，《漢書・成帝紀》作：「秋，關內大水。七月，虒上小女陳持弓聞大水至，走入橫城門，闌入尚方掖門，至未央宮鉤盾中。」則「大水」乃因「大雨」導致，據〈貌傳〉：「庶徵之恆雨，劉歆以為《春秋》大雨也，劉向以為大水。」無論就劉向或劉歆來說，此例都應置於〈貌傳〉「恆雨」之下為宜。至於「虒上小女陳持弓聞大水至」云云，則另屬〈皇極傳〉「下人伐上之痾」。參見〈五行志中之上〉的〈貌傳〉「恆雨」〔例2〕、〈五行志下之上〉的〈皇極傳〉「下人伐上之痾」〔例9〕。

〔三〕王先謙《漢書補注》：「〈成紀〉但書罷雍五時，〈郊祀志〉：『匡衡等復條奏：長安廚官縣官給祠郡國候神方士使者所祠，凡六百八十三所，其四百七十五所不應禮，或復重，請皆罷。奏可。』是所罷者不止六所，『凡六』下疑有脫文。」施之勉《漢書補注辨證》：「按〈郊祀志〉：『是年，罷雍五時、郡國舊祠四百七十五所。』又『雍舊祠二百三所，〈地理志〉作「三百三所」唯山川諸星十五所為應禮，杜主五祠置其一，餘皆罷。』」又，高帝、武帝、宣帝所立山川羣祠，據《漢紀》，凡百二十餘所，皆罷。」書豪案，西漢郊祀興廢詳見《漢書・郊祀志》。

五行志第七中之上

五事

《經》曰：「羞用五事。五事：一曰貌，二曰言，三曰視，四曰聽，五曰思。貌曰恭，言曰從，視曰明，聽曰聰，思曰睿。〔一〕恭作肅，從作艾，明作悊，聰作謀，睿作聖。〔二〕休徵：曰肅，時雨若；艾，時陽若；〔三〕悊，時奧若；〔四〕謀，時寒若；聖，時風若。咎徵：曰狂，恆雨若；僭，恆陽若；舒，恆奧若；急，恆寒若；霿，〔五〕恆風若。」

〔一〕錢大昕《廿二史考異》卷七：「按伏生《傳》本作『容』。董子《春秋繁露》述〈五行五事〉云：『思曰容。容者，言無不容。』又云：『容作聖。聖者，設也。王者心寬大無不容則聖，能施設事，各得其宜也。』此〈志〉說『思心之不容』云：『容，寬也。孔子曰：「居上不寬，吾何以觀之哉！」言上不寬大包容臣下，則不能居聖位。』則為包容之『容』，非睿智字明矣。『容』與『恭』、『從』、『聽』為韻。鄭氏破『容』為『睿』，於義為短。今《漢書》刊本作『容』，非『容』非『睿』，亦失班〈志〉之舊。」王念孫《讀書雜志》卷四之五：「念孫案，錢說是也。……又案上文『五曰思』本作『五曰思心』，注文應劭曰：『思，思慮』本作『心思慮』，此是釋『思心』二字之義，非專釋『思』字之義。下篇曰：『思心之不容，是謂不聖。思心者，心思慮也。』此即應注本。後人既於正文內刪去『心』字，又改注文『心思慮』為『思，思慮』，甚矣其妄也。其《春秋繁露》之『五曰思，思曰容』，『思』下無『心』字，亦是後人所刪。《洪範五行傳》曰：『次五事曰思心，思心之不容，是謂不聖。』又本〈志〉中篇曰：『劉歆以為屬思心不容。』又曰：『劉歆以為思心，蠃蟲孽也。』下篇曰：『思心氣毀，故有牛禍。』又曰：『凡思心傷者，病土氣。』又曰：『劉歆〈思心傳〉曰：時則有蠃蟲之孽。』又曰：『思心失，逆土氣。』又曰：『貌、言、視、聽、思心，五事皆失。』〈藝文志〉曰：『貌、言、視、聽、思心失，而五行之序亂。』『思』下皆有『心』字。蓋《古文尚書》作『五曰思，思曰睿，睿作聖。』《今文尚書》作『五曰思心，思心曰容，容作聖。』《漢書》及《五行傳》、《春秋繁露》、《說苑》皆本今文，與古文不同，後人見古文而不見今文，故以其所知，改其所不知也。又本〈志〉下篇曰：『梁孝王田北山，有獻牛，足上出背上。劉向以為近牛禍。內則思慮霿亂，外則土功過制，故牛旤作。』『思慮』亦本作『思心』，而後人改之也。

下文曰：『周景王思心霿亂。』〈敘傳〉曰：『思心既霿，牛旤告妖。』《漢紀・孝景紀》曰：『梁王北獵梁山，有獻牛，足上出背上。』本〈志〉以為牛禍思心瞀亂之咎也，皆其證矣。又〈律歷志〉：『宮為土為信為思。』『思』下無『心』字，亦是後人所刪。〈天文志〉曰：『填星曰中央季夏土，信也，思心也。』義正與此同。《漢紀・孝武紀》曰：『宮為土為信為思心』，此尤其明證。」

〔二〕應劭曰：「上聽則下謀，故聽為謀也。」張晏曰：「睿通達以至於聖。」王先謙《漢書補注》：「鄭康成注《大傳・五行傳》云：『君貌不恭，則不能敬其事；君言不從，則不能治其事；君視不明，則是不瞭其事；君聽不聽，則是不能謀其事；君思心不通，則是不能心明其事。』肅、艾、悊、謀、聖皆就君言，與下張晏說合。其《尚書注》云：『君貌恭則臣禮肅，君言從則臣職治，君視明則臣昭悊，君聽聰則臣進謀，君思睿則臣賢智。』以肅、艾、悊、謀、聖皆就臣言，與應說合。案上脩其政而臣下化之，於休徵之義，更為允當，以應注為長。」

〔三〕繆祐孫《漢書引經異文錄證》：「今《書・洪範》『艾』作『乂』，『陽』作『暘』。」

〔四〕繆祐孫《漢書引經異文錄證》：「今《書》『悊』作『哲』，『奧』作『燠』。」

〔五〕繆祐孫《漢書引經異文錄證》：「今《書》作『蒙』。」

貌傳

《傳》曰：「貌之不恭，是謂不肅，厥咎狂，厥罰恆雨，厥極惡。時則有服妖，時則有龜孽，時則有雞旤，時則有下體生上之痾，〔一〕時則有青眚青祥。唯金沴木。」

〔一〕韋昭曰：「若牛之足反出背上，下欲伐上之禍也。」王先謙《漢書補注》：「韋說非也。五痾皆屬人言，此牛旤，見〈思心傳〉。」書豪案，即〈五行志下之上〉的〈思心傳〉「牛禍」〔例3〕。

《說》曰：凡草物之類謂之妖。妖猶夭胎，言尚微。蟲豸之類謂之孽。孽則牙孽矣。及六畜，謂之旤，言其著也。〔一〕及人，謂之痾。痾，病貌，言寖深也。甚則異物生，謂之眚；自外來，謂之祥。祥猶禎也。氣相傷，謂之沴。沴猶臨莅，不和意也。每一事云「時則」以絕之，言非必俱至，或有或亡，或在前或在後也。

〔一〕《後漢書・五行志一》：「時則有雞禍」下《注》引《洪範傳》曰：「妖者，敗胎也，少小之類，言其事之尚微也。至孽，則牙孽也，至乎禍則著矣。」

孝武時，夏侯始昌通五經，善推《五行傳》，以傳族子夏侯勝，下及許商，〔一〕皆以教所賢弟子。其《傳》與劉向同，唯劉歆《傳》獨異。貌之不恭，是謂不肅。肅，敬也。內曰恭，外曰敬。人君行己，體貌不恭，怠慢驕蹇，則不能敬萬事，失在狂易，故其咎狂也。上嫚下暴，則陰氣勝，故其罰常雨也。水傷百穀，衣食不足，則姦軌並作，故其極惡也。〔二〕一曰，民多被刑，或形貌醜惡，亦是也。風俗狂慢，變節易度，則為剽輕奇怪之服，故有服妖。水類動，故有龜孽。〔三〕於《易》，〈巽〉為雞，〔四〕雞有冠距文武之貌。不為威儀，貌氣毀，故有雞旤。一曰，水歲雞多死及為怪，亦是也。上失威儀，則下有彊臣害君上者，故有下體生於上之痾。木色青，故有青眚青祥。凡貌傷者病木氣，木氣病則金沴之，衝氣相通也。〔五〕於《易》，〈震〉在東方，為春為木也；〈兌〉在西方，為秋為金也；〈離〉在南方，為夏為火也；〈坎〉在北方，為冬為水也。〔六〕春與秋，日夜分，寒暑平，是以金木之氣易以相變，故貌傷則致秋陰常雨，言傷則致春陽常旱也。至於冬夏，日夜相反，寒暑殊絕，水火之氣不得相併，故視傷常奧，聽傷常寒者，其氣然也。逆之，其極曰惡；順之，其福曰攸好德。劉歆〈貌傳〉曰：「有鱗蟲之孽，羊旤，鼻痾。」〈說〉以為於天文東方辰為龍星，〔七〕故為鱗蟲；於《易》，〈兌〉為羊，木為金所病，故致羊旤，與常雨同應。此說非是。〔八〕春與秋，氣陰陽相敵，木病金盛，故能相并，唯此一事耳。

旣與妖、痾、祥、眚同類，不得獨異。

〔一〕楊樹達《漢書窺管》：「〈儒林傳〉云：『商著《五行論歷》。』〈藝文志・書家〉有『許商《五行傳記》一篇。』」繆鳳林以為〈五行志中之下〉的〈視傳〉「草妖」〔例3〕引「《記》曰」：「不當華而華，易大夫；不當實而實，易相室。」即出自許商《五行傳記》。（詳見繆鳳林〈洪範五行傳出伏生辨〉）程元敏以為夏侯始昌既推伏生《洪範五行傳》，又自撰《洪範五行傳》，後文「貌之不恭」到「其福曰攸好德」，即始昌《洪範五行傳》佚文。程元敏又以為許商《五行傳記》當作《洪範五行傳記》，而〈儒林傳〉的《五行論歷》，當是《五行論》與《曆》二書，後者即《漢書・藝文志・術數略・曆譜》中的「許商《算術》二十六卷」。（詳見程元敏〈兩漢《洪範五行傳》作者索隱〉）書豪案，〈視傳〉「草妖」〔例3〕所引「《記》曰」，當是《史記・儒林列傳》所言，董仲舒廢為中大夫，居舍時所著的《災異之記》，非許商《五行傳記》，詳〈視傳〉「草妖」〔例3〕註二。

〔二〕書豪案，「其極某」，出自《尚書・洪範》：「六極：一曰凶短折，二曰疾，三曰憂，四曰貧，五曰惡，六曰弱。」將「六極」分別搭配「貌、言、視、聽、思心、皇極」六項，以威沮人事過失。若順天而行，《尚書・洪範》則以「五福」嚮勸：「一曰壽，二曰富，三曰康寧，四曰攸好德，五曰考終命。」故〈貌傳〉：「逆之，其極曰惡；順之，其福曰攸好德。」〈言傳〉：「其極憂者，順之，其福曰康寧。」〈視傳〉：「其極疾者，順之，其福曰壽。」〈聽傳〉：「其極貧者，順之，其福曰富。」〈思心傳〉：「其極曰凶短折，順之，其福曰考終命。」據此可製一表如下：

附表三　「五事」、「皇極」、「六極」、「五福」相配表

	貌	言	視	聽	思心	皇極
六極	五曰惡	三曰憂	二曰疾	四曰貧	一曰凶短折	六曰弱
五福	四曰攸好德	三曰康寧	一曰壽	二曰富	五曰考終命	╳

〔三〕如淳曰：「河魚大上，以為魚孽之比。」《後漢書・五行志一》：「時則有龜孽」下《注》引鄭玄：「龜蟲之生於水而游於春者也，屬木。」王先謙《漢書補注》：「案，龜孽無證。」

〔四〕《周易・說卦傳》：「〈巽〉為雞。」

〔五〕《後漢書・五行志一》：「惟金沴木」下《注》引鄭玄曰：「沴，殄也。凡貌、言、視、聽、思心一事失，則逆人之心，人心逆則怨，木、金、水、火、土氣為之傷，傷則衝勝來乘殄之，於是神怒人怨，將為禍亂，故五行先見變異，以譴告人也。及妖、孽、禍、痾、眚、祥，皆其氣類，暴作非常，為時怪者也，各以物象為之占也。」史珥《四史勦說》：「按貌屬水，木所藉以生也。金，生水者也，於貌何與？而有青眚沴木之應，何也？意者水過多而木傷於母，金傷於子，如星家所云『水泛木浮、水冷金寒』之類耶！」書豪案，〈貌傳〉云「維金沴木」，〈視傳〉言「維水沴火」，〈言傳〉曰「維木沴金」，〈聽傳〉則作「維火沴水」，是「貌、言」乃「金、木」互勝，「視、聽」則「水、火」相克，異於一般五行生勝。事實上，〈洪範〉五行：「一曰水，二曰火，三曰木，四曰金，五曰土。」本非生勝關係，而是「水、火」、「木、金」兩兩「相對」，此所以「貌、言」、「視、聽」互沴之因，蓋傳闡經義，史氏所言頗嫌迂曲。

〔六〕《周易・說卦傳》：「萬物出乎震，震，東方也。……離也者，明也，萬物皆相見，南方之卦也；聖人南面而聽天下，嚮明而治，蓋取諸此也。……兌，正秋也，萬物之所說也，故曰『說言乎兌』。……坎者，水也，正北方之卦也；勞卦也，萬物之所歸也，故曰『勞乎坎』。」

〔七〕《史記・天官書》：「東宮蒼龍，房、心。」裴駰《索隱》：「《爾雅》云：『大辰，房、心、尾也』。」《開元占經》卷二十三〈歲星占一〉引《洪範五行傳》曰：「歲星者，於五常為仁，恩德孝慈。於五事為貌，威儀舉動。仁虧貌失逆春令則歲星為災。雖主福德，見惡逆則怒，為殃更重。」

〔八〕齊召南《前漢書考證》：「按班書十〈志〉，半取衷於劉歆，惟〈五行志〉時糾劉歆之失。」沈欽韓《漢書疏證》：「〈庖人注〉云：『羊屬司馬，火也。』故班氏說劉歆非是。〈月令注〉：『羊，火畜也，時尚寒食之，以安性也。』」書豪案，歆說本《周易・說卦傳》：「〈兌〉為羊。」

貌不恭（狂咎）

史例共14條

1 史記成公十六年，〔一〕公會諸侯于周，單襄公見晉厲公視遠步高，〔二〕告公曰：「晉將有亂。」魯侯曰：「敢問天道也？抑人故也？」對曰：「吾非瞽史，焉知天道？吾見晉君之容，殆必禍者也。夫君子目以定體，足以從之，是以觀其容而知其心矣。目以處誼，足以步目。晉侯視遠而足高，目不在體，而足不步目，其心必異矣。目體不相從，何以能久？夫合諸侯，民之大事也，於是虖觀存亡。故國將無咎，其君在會，步言視聽必皆無讁，則可以知德矣。視遠，曰絕其誼；足高，曰棄其德；言爽，曰反其信；聽淫，曰離其名。夫目以處誼，足以踐德，口以庇信，耳以聽名者也，故不可不慎。偏喪有咎；既喪，則國從之。晉侯爽二，吾是以云。」後二年，晉人殺厲公。凡此屬，皆貌不恭之咎云。

〔一〕師古曰：「此〈志〉凡稱『史記』者，皆謂司馬遷所撰也。」劉知幾《史通・五行志錯誤》：「案《太史公書》自《春秋》已前，所有國家災眚，賢哲占候，皆出於《左氏》、《國語》者也。今班〈志〉所引，上自周之幽、厲，下終魯之定、哀。而不云《國語》，唯稱『史記』，豈非忘本徇末，逐近棄遠者乎？此所謂屢舉舊事，不知所出也。」書豪案，關於《漢書・五行志》引用的「史記」，歷代註家有三種說法。一是與顏師古相同，以為即司馬遷所著《史記》，如施之勉《漢書補注辨證》：「按〈志〉所引《史記》凡十七條：穀洛水鬬，將毀王宮；幽王時，三川皆震；夏后氏之衰，二龍止于夏廷；威烈王時，九鼎震；四條見〈周紀〉。秦武王三年，渭水赤三日；始皇八年，河魚大上；始皇三十六年，有人持璧與客曰為吾遺鎬池君，因言今年龍死；三條見〈始皇紀〉。秦孝公時，有馬生人；魏有女子，化為丈夫；二條見〈六國表〉。女化為丈夫一條，並見〈魏世家〉。晉惠公時童謠一條，見〈晉世家〉。季桓子穿井，得土缶；隼集陳廷，楛矢貫之石砮；二條見〈孔子世家〉。此十二條皆見於遷書。唯單襄公見晉厲公；單襄公見晉三郤齊國佐；秦昭王三十四年，渭水赤三日；始皇二十六年，有大人長五丈，見于臨洮；二世元年，天無雲而雷；五條不見耳。齊、錢、沈三氏皆以〈志〉所引『史記』為《國語》，而非遷書。然季桓子穿井獲土缶，〈魯語〉作『其中有羊』，此作『若羊』。隼集陳廷，楛矢貫之石砮，〈魯語〉在陳惠公時，此在陳湣公時。皆與〈孔子世家〉合而不與《國語》同，此明是引遷書，非《國語》文也。則謂孟堅未嘗以『史記』目太史公書，非其實矣。」二是以為乃指《國語》，如王鳴盛《十七史商榷》卷十三〈〈五行志〉所引〉：「愚謂師古注此書成，年已六十一，六十五而卒，學識本不甚高，又已老悖，故舛謬頗多，此《注》以左氏為司馬遷，竟如不辨菽麥者。」其他如王峻《漢書正誤》、齊召南《前漢書考證》均主此說。三則認為古者列國之史，俱可稱作「史記」，並非偏指《史記》或《國語》，故所舉史例亦有兩書未及載者，如錢大昕《廿二史考異》卷七：「按此條引單襄公見晉厲公視遠步高事，見《國語》，而《太史公書》無之。此外所引『史記』，如單襄公見晉三郤、齊國佐一條，晉惠公時童謠一條，穀洛水鬭將毀王宮一條，周三川震伯陽甫言周將亡一條，夏后氏之衰二龍止于夏廷一條，季桓子穿井得土缶一條，隼集陳廷楛矢貫之石砮一條，皆《國語》之文，惟夏后二龍、伯陽甫事見〈周本紀〉，土缶、楛矢事見〈孔子世家〉，餘皆無之。又戰國及秦事，〈志〉稱『史記』者，間與《太史公書》合，而秦昭王三十四年渭水赤，始皇二十六年有大人長五丈見於臨洮，二世元年天無雲而雷，今《史記》亦無之，則班〈志〉所云『史記』，非專指《太史公書》矣。古者列國之史，俱稱『史記』。……劉知幾以班〈志〉所引不云『國語』惟稱『史記』，訾其忘本狥末，逐近棄遠，蓋未識此旨也。史遷著書，未嘗以『史記』名之，即孟堅亦未嘗以『史記』目《太史公書》，小顏考之未詳爾。」沈欽韓《漢書疏證》、朱一新《漢書管見》皆同。諸家以錢、施二氏所釋最詳，然既「單襄公」一事僅見於《國語・周語下》，又有三件秦事未載於《史記》，便不宜言此「史記」為司馬遷書。當以第三說為確，此「史記」實為泛稱，並非偏指《史記》或《國語》，故所舉史例偶有兩書未及載者，其齟齬之處，亦可見班氏取捨眾書的痕跡。

〔一一〕劉知幾《史通・五行志錯誤》：「其〈志〉敘『言之不從』也，先稱史記周單襄公告魯成公曰：『晉將有亂』。又稱宣公六年，鄭公子曼滿與王子伯廖語，欲為卿。案宣公六年，自《左傳》所載也。夫上論單襄，則持『史記』以標首；下列曼滿，則遺《左氏》而無言。遂令讀者疑此宣公，亦出『史記』；而不云魯后，莫定何邦。是非難悟，進退無準。此所謂『史記』、《左氏》交錯相並也。」又：「〈志〉云：『史記成公十六年，公會諸侯於周。』案成公者，即魯侯也。班氏凡說魯之某公，皆以《春秋》為冠。何則？《春秋》者，魯史之號。言《春秋》則知公是魯君。今引『史記』居先，成公在下，書非魯史，而公舍魯名。膠柱不移，守株何甚。此所謂《春秋》、『史記』雜亂難別也。」王先謙《漢書補注》引蘇輿曰：「案《國語》以此事屬柯陵之會，據《春秋》書同盟于柯陵，在成十七年，此云十六年，不合。〈周語〉簡王十一年，諸侯會于柯陵；十三年，晉侯弒簡王。十一年正當成公十六年，《左》、《國》互歧，〈志〉用《國語》也。劉知幾以為《春秋》、『史記』雜亂難別，謂成公即魯侯。今引『史記』居先，成公在下，書非魯史，而公捨魯名，用為譏議，案〈志〉文偶脫耳。」書豪案，此條見《國語・周語下》。

2 **《左氏傳》桓公十三年，〔一〕楚屈瑕伐羅，鬬伯比送之，還謂其馭曰：「莫**

罷必敗，舉止高，心不固矣。」〔二〕遽見楚子以告。楚子使賴人追之，弗及。莫罷行，遂無次，且不設備。及羅，羅人軍之，大敗。莫罷縊死。

〔一〕書豪案，本傳「貌不恭」自〔例2〕至〔例14〕，均出自《左傳》。

〔二〕繆祐孫《漢書引經異文錄證》：「今《左氏傳》『馭』作『御』，『趾』作『敖』，『止』作『趾』。」

3　僖公十一年，周使內史過賜晉惠公命，受玉，惰。過歸告王曰：「晉侯其無後乎！王賜之命，而惰於受瑞，先自棄也已，其何繼之有！禮，國之幹也；敬，禮之輿也。不敬則禮不行，禮不行則上下昏，何以長世！」二十一年，晉惠公卒，子懷公立，晉人殺之，更立文公。〔一〕

〔一〕史學海《漢書校證》：「按《春秋》書晉侯夷吾卒在僖公二十四年，以文公定位而後赴也。据《左傳》晉惠公卒在二十三年九月，懷公見殺、文公即位在二十四年二月，此作二十一年，誤。」

4　成公十三年，晉侯使郤錡乞師于魯，將事不敬。孟獻子曰：「郤氏其亡乎！禮，身之幹也；敬，身之基也。郤子無基。且先君之嗣卿也，受命以求師，將社稷是衛，而惰棄君命也，不亡何為！」十七年，郤氏亡。

5成公十三年，諸侯朝王，遂從劉康公伐秦。成肅公受脤于社，不敬。劉子曰：「吾聞之曰，民受天地之中以生，所謂命也。是以有禮義動作威儀之則，以定命也。能者養以之福，不能者敗以取旤。〔一〕是故君子勤禮，小人盡力。勤禮莫如致敬，盡力莫如惇篤。敬在養神，篤在守業。國之大事，在祀與戎。祀有執膰，戎有受脤，神之大節也。今成子惰，棄其命矣，其不反虖！」五月，成肅公卒。

〔一〕齊召南《前漢書考證》：「按『之』字訓『往』，與下句『取』字相對。今俗本《左傳》作『能者養之以福。』非是。師古《注》與杜《注》、孔《疏》合，是古本不訛也。監本從俗本《左傳》亦作能『能者養之以福。』今從宋本改正。」繆祐孫《漢書引經異文錄證》：「今《左氏傳》作『養之以福』，『旤』作『禍』。祐孫按，杜《注》謂：『養威儀以致福。』固當從此〈志〉作『以之』。」

6成公十四年，衛定公享苦成叔，甯惠子相。苦成叔敖，甯子曰：「苦成家其亡虖！古之為享食也，以觀威儀省旤福也。故《詩》曰：『兕觵其觩，旨酒思

柔，匪儌匪傲，萬福來求。』〔一〕今夫子傲，取旣之道也。」後三年，苦成家亡。〔二〕

〔一〕師古曰：「〈小雅・桑扈〉之詩也。」王先謙《漢書補注》引葉德輝曰：「今《左傳》仍作『彼交匪傲』，與班所據本異。杜《注》云：『彼之交於事而不惰傲，乃萬福之所求。』是杜所見本不作『匪儌匪傲』也，明《左傳》文已順《毛傳》改矣。」

〔二〕師古曰：「十七年，晉攻郤氏，長魚矯以戈殺郤錡、郤犨、郤至，而滅其家。」

7 襄公七年，衛孫文子聘于魯，君登亦登。叔孫穆子相，趨進曰：「諸侯之會，寡君未嘗後衛君，今吾子不後寡君，寡君未知所過，吾子其少安！」孫子亡辭，亦亡悛容。穆子曰：「孫子必亡。為臣而君，過而不悛，亡之本也。」十四年，孫子逐其君而外叛。

8 襄公二十八年，蔡景侯歸自晉，入于鄭。鄭伯享之，不敬。子產曰：「蔡君其不免虖！日其過此也，君使子展往勞于東門，而敖。吾曰：『猶將更之。』今還，受享而惰，乃其心也。君小國，事大國，而惰敖以為己心，將得死虖？君若不免，必由其子。淫而不父，如是者必有子旣。」三十年，為世子般所殺。

9 襄公三十一年，公薨。季武子將立公子裯，穆叔曰：「是人也，居喪而不哀，在慼而有嘉容，是謂不度。不度之人，鮮不為患，若果立，必為季氏憂。」武子弗聽，卒立之。比及葬，三易衰，衰衽如故衰。是為昭公。立二十五年，聽讒攻季氏。兵敗，出奔，死于外。〔一〕

〔一〕師古曰：「謂薨于乾侯。」

10 襄公三十一年，衛北宮文子見楚令尹圍之儀，言於衛侯曰：「令尹似君矣，將有它志；雖獲其志，弗能終也。」公曰：「子何以知之？」對曰：「《詩》云：『敬慎威儀，惟民之則』〔一〕，令尹無威儀，民無則焉。民所不則，以在民上，不可以終。〔二〕……

〔一〕師古曰：「〈大雅・抑〉之詩也。」

〔二〕師古曰：「遂以殺君篡國，而取敗於乾谿也。」王先謙《漢書補注》：「此未終言之，疑奪文。」吳恂《漢書注商》：「『不可以終』，言公子圍雖篡得國，不能終有之也。故《左傳》下引《詩》：『靡不有初，鮮克有終』以明之。」

11 昭公十一年夏，周單子會於戚，視下言徐。晉叔向曰：「單子其死虖！朝有著定，〔一〕會有表，衣有襘，帶有結。會朝之言，必聞于表著之位，所以昭事序也；視不過結襘之中，所以道容貌也。言以命之，容貌以明之，失則有闕。今單子為王官伯，而命事於會，視不登帶，言不過步，貌不道容而言不昭矣。不道不恭，不昭不從，無守氣矣。」十二月，單成公卒。

〔一〕吳恂《漢書注商》：「『著』字，《爾雅》、《禮記》、《釋名》作『宁』，《毛詩》、《家語》作『著』，《國語》則『位著』連文，『著定』二字，殊感不辭，尋傳文咸以三字成句，不當發端獨異，況著字其義已足，豈容反綴它字？下云：『會朝之言，必聞于表著之位，……視不過結襘之中。』正承上『著』、『表』、『襘』、『結』四字而言，唐時《左傳》已衍『定』字，故或本於『表』下增一『旍』字以偶之，愚疑『定』字，殆為旁注『宁』字之誤而闌入本文者。」

12 昭公二十一年三月，葬蔡平公，蔡太子朱失位，位在卑。魯大夫送葬者歸告昭子。昭子歎曰：「蔡其亡虖！若不亡，是君也必不終。《詩》曰：『不解於位，民之攸塈。』〔一〕今始即位而適卑，身將從之。」十月，蔡侯朱出奔楚。

〔一〕師古曰：「〈大雅．假樂〉之詩也。」

13 晉魏舒合諸侯之大夫于翟泉，〔一〕將以城成周。魏子涖政，衛彪傒曰：「將建天子，而易位以令，非誼也。大事奸誼，必有大咎。晉不失諸侯，魏子其不免虖！」是行也，魏獻子屬役於韓簡子，而田於大陸，焚焉而死。〔二〕

〔一〕師古曰：「魏舒，晉卿魏獻子也。事在定公元年。〈志〉不書者，蓋闕文。」

〔二〕吳仁傑《兩漢刊誤補遺》：「按〈志〉所載『田於大陸，焚而死』，《國語》文也，《內傳》亦載此事云：『田於大陸，焚焉。還，卒於甯。』觀此則非因獵被焚而卒。《禮》：『季春出火，為焚也。』《注》謂『焚者，焚萊。』〈志〉本指言舒以諸侯之臣，而代天子，大夫涖政，是為『貌之不恭』，故不旋踵而卒大歸，不過如此。」洪亮吉《四史發伏》：「案《左傳》：『田於大陸，焚焉，還，卒于甯。』則焚田在大陸，卒在甯，明非一時，安得焚死乎？師古《注》誤。」書豪案，《國語・周語下》：「是歲也，魏獻子合諸侯之大夫于狄泉，遂田于大陸，焚而死。」乃概言之；《左傳・定公元年》：「田於大陸，焚焉，還，卒於甯。」則詳言之。兩者未必衝突。

14 定公十五年，邾隱公朝於魯，執玉高，其容仰。公受玉卑，其容俯。子贛觀焉，曰：「以禮觀之，二君者皆有死亡焉。夫禮，死生存亡之體也。將左右周旋，進退俯仰，於是虖取之；朝祀喪戎，於是虖觀之。今正月相朝，而皆不度，

心已亡矣。嘉事不體，何以能久？高仰，驕也；卑俯，替也。驕近亂，替近疾。君為主，其先亡虖！」〔二〕

〔一〕師古曰：「是年五月，定公薨。哀公七年秋，伐邾，以邾子益來也。」

恆雨 史例共2條

庶徵之恆雨，劉歆以為《春秋》大雨也，劉向以為大水。〔一〕

〔一〕書豪案，據此，知〈五行志上〉的〈水傳〉中《春秋》「大水」諸例，於劉向《洪範五行傳論》原置於〈貌傳〉「恆雨」之中。今〈五行志〉將「大水」放在〈水傳〉，〈貌傳〉「恆雨」只收「大雨」，乃班固從劉歆《洪範五行傳記》。

1 隱公九年「三月癸酉，大雨，震電；庚辰，大雨雪」。〔一〕大雨，雨水也；震，雷也。劉歆以為三月癸酉，於曆數春分後一日，始震電之時也，當雨，而不當大雨。〔二〕大雨，常雨之罰也。於始震電八日之間而大雨雪，常寒之罰也。〔三〕劉向以為周三月，今正月也，當雨水，雪雜雨，雷電未可以發也。既已發也，則雪不當復降。皆失節，故謂之異。於《易》，雷以二月出，其卦曰

〈豫〉；〔四〕言萬物隨雷出地，皆逸豫也。以八月入，其卦曰〈歸妹〉；〔五〕言雷復歸，入地則孕毓根核，保藏蟄蟲，避盛陰之害；出地則養長華實，發揚隱伏，宣盛陽之德。入能除害，出能興利，人君之象也。是時，隱以弟桓幼，代而攝立。公子翬見隱居位已久，勸之遂立。隱既不許，翬懼而易其辭，遂與桓共殺隱。〔六〕天見其將然，故正月大雨水而雷電。是陽不閉陰，出涉危難而害萬物。〔七〕天戒若曰：「為君失時，賊弟佞臣將作亂矣。」後八日大雨雪，陰見間隙而勝陽，篡殺之旤將成也。公不寤，後二年而殺。

〔一〕《公羊傳・隱公九年》何休《注》：「震、雷、電者，陽氣也。有聲名曰雷，無聲名曰電。周之三月，夏之正月，雨當水雪雜下，雷當聞於地中。其雉雊，電未可見，而大雨震電，此陽氣大失其節，猶隱公久居位，不反於桓，失其宜也。」

〔二〕書豪案，郜積意指出劉歆推斷日食，是以干支為準，亦即在推算過程中，不判斷日食的確切日期，只推算此干支日所在；且往往以三統術所推干支，改動《春秋》、《左傳》紀日，是為「曆改」。（詳見郜積意〈《世經》三統術與劉歆《春秋》學〉）《漢書・律曆志下》：「僖公五年正月辛亥朔旦冬至。……是歲距上元十四萬二千五百七十七歲，得孟統五十三章首。」為劉歆三統術《春秋》推曆標準紀時，為入甲申統第九百八十九年。隱公九年距僖公五年有五十九年，乃甲申統第九百三十年。求積月：

929×235÷19=11490 又 5/19 。求積日：11490×2392÷81=339309 又 26/81 。339309÷60=5655 餘 9。數起甲申，算外 9，得天正月癸巳朔。職是，則隱公九年三月不得有癸酉、庚辰，兩日均在四月，此所以劉歆言：「三月癸酉，於曆數春分後一日」。語中「三月癸酉」為《春秋經》文；「於曆數春分後一日」則是劉歆解經之語：據三統術，隱公九年「癸酉」在四月，正值春分後一日，而《漢書・律曆志下》的「歲術」言春分「於夏為二月，周為四月」，術與經均以干支為準，故改《春秋經》「三」作「四」。

〔三〕 書豪案，《左傳・隱公九年》：「春王三月癸酉，大雨霖以震，書始也；庚辰，大雨雪，亦如之。書時失也。凡雨自三日以往為霖，平地尺為大雪。」《公羊傳・隱公九年》：「三月癸酉，大雨，震電。何以書？記異也。何異爾？不時也。庚辰，大雨雪。何以書？記異也。何異爾？俶甚也。」《穀梁傳・隱公九年》：「志疏數也。八日之間，再有大變，陰陽錯行，故謹而日之也。雨月，志正也。」是《左傳》釋《春秋》文例，《公羊》、《穀梁》點明災異及其起因，劉歆言：「於始震電八日之間而大雨雪」，乃取《穀梁》「八日之間，再有大變」之義。又此條當互見於〈聽傳〉「常寒之罰」。再案，《太平御覽・天部二》引劉向《五經通義》：「天所以有雷霆風雨霜雪霧露何？欲以成歲、潤萬物，因以見災異也。」

〔四〕 師古曰：「坤下震上也。」

〔五〕師古曰：「兌下震上也。」錢大昕《廿二史考異》卷七：「孟喜《卦氣圖》：『〈豫〉，二月卦；〈歸妹〉，八月卦。』」

〔六〕書豪案，公子翬與弒隱公事，據《公羊傳．隱公四年》、《左傳．隱公十一年》。劉向言「翬懼而易其辭」，略近於《公羊傳》中公子翬謂桓公改言「隱曰：『吾不反也。』」

〔七〕《穀梁傳．隱公九年》范甯《注》引劉向曰：「雷未可以出，電未可以見，雷電既以出見，則雪不當復降，皆失節也。雷電，陽也。雨雪，陰也。雷出非其時者，是陽不能閉陰，陰氣縱逸，而將為害也。」《南齊書．五行志》引《洪範傳》曰：「雷於天地為長子，以其首長萬物，與之出入，故雷出萬物出，雷入萬物入。夫雷者人君之象，入則除害，出則興利。雷之微氣以正月出，其有聲者以二月出，以八月入，其餘微者以九月入。冬三月雷無出者，若是陽不閉陰，則出涉危難而害萬物也。」

2 昭帝始元元年七月，大水雨，自七月至十月。成帝建始三年秋，大雨三十餘日；四年九月，大雨十餘日。〔一〕

〔一〕王先謙《漢書補注》：「以上『恆雨』。又二條見〈聽傳〉下，又互見『木不曲直』下。」書豪案，王氏所言〈五行志中之下〉的〈聽傳〉「說曰」中「藉秦以為驗」及

「鼓妖」〔例3〕；「木不曲直」者，見〈五行志上〉的〈木傳〉〔例1〕。惟「藉秦以為驗」者，文末云：「劉歆以為大雨雪，及未當雨雪而雨雪，及大雨雹，隕霜殺叔草，皆常寒之罰也。劉向以為常雨屬貌不恭。」乃班固辨別劉向、歆父子「常寒」、「常雨」的分類異同，非指秦事當屬「貌不恭」，故不應計入。再案，〈五行志上〉的〈水傳〉〔例9〕、〔例10〕、〔例11〕三條漢代史例，俱涉「恆雨」。據本傳「恆雨」云：「庶徵之恆雨，劉歆以為《春秋》大雨也，劉向以為大水。」知劉向《洪範五行傳論》原「大水」、「恆雨」俱屬〈貌傳〉，班固從劉歆《洪範五行傳記》，故移「大水」至〈水傳〉，漢代「大雨」史例隨之，〈貌傳〉「恆雨」只餘《春秋》「恆雨」二例。

服妖

史例共4條

1《左氏傳》閔公二年，晉獻公使太子申生帥師，公衣之偏衣，佩之金玦。狐突歎曰：「時，事之徵也；衣，身之章也；佩，衷之旗也。故敬其事，則命以始；服其身，則衣之純；用其衷，則佩之度。今命以時卒，閟其事也；衣以尨服，遠其躬也；佩以金玦，棄其衷也。服以遠之，時以閟之，尨涼冬殺，金寒玦離，胡可恃也！」梁餘子養曰：「帥師者，受命于廟，受脤於社，有常服矣。弗獲而尨，命可知也。死而不孝，不如逃之。」罕夷曰：「尨奇無常，金玦不復，君有心矣。」後四年，申生以讒自殺。近服妖也。

2《左氏傳》曰，〔一〕鄭子臧好聚鷸冠，鄭文公惡之，使盜殺之。劉向以為近服妖者也。一曰，非獨為子臧之身，亦文公之戒也。初，文公不禮晉文，又犯天子命而伐滑，〔二〕不尊尊敬上。其後晉文伐鄭，幾亡國。〔三〕

〔一〕劉知幾《史通・五行志錯誤》：「案本〈志〉敘漢已前事，多略其書名。至於服妖章，初云晉獻公使太子率師，佩之金玦。續云鄭子臧好為聚鷸之冠。此二事之上，每加《左氏》為首。夫一言可悉，而再列其名，省則都捐，繁則太甚。此所謂書名去取，所記不同也。」

〔二〕師古曰：「僖二十四年，鄭公子士洩及堵俞彌帥師伐滑。王使伯服游、孫伯如鄭請滑，鄭伯不聽而執二子。」

〔三〕師古曰：「僖三十年，晉侯、秦伯圍鄭，佚之狐曰：『國危矣！』使燭之武見秦伯，師乃退也。」

3昭帝時，昌邑王賀遣中大夫之長安，多治仄注冠，以賜大臣，又以冠奴。劉向以為近服妖也。時王賀狂悖，聞天子不豫，弋獵馳騁如故，與騶奴宰人游居娛戲，驕嫚不敬。冠者尊服，奴者賤人，賀無故好作非常之冠，暴尊象也。以冠奴者，當自至尊墜至賤也。其後帝崩，無子，漢大臣徵賀為嗣。即位，狂亂無道，縛戮諫者夏侯勝等。〔一〕於是大臣白皇太后，廢賀為庶人。賀為王時，又見大白狗冠方山冠而無尾，此服妖，亦犬旤也。〔二〕賀以問郎中令龔遂，遂曰：「此天戒，言在仄者盡冠狗也。去之則存，不去則亡矣。」賀既廢數年，宣帝封之為列侯，復有辠，死不得置後，又犬旤無尾之效也。

《京房易傳》曰：「行不順，厥咎人奴冠，天下亂，辟無適，妾子拜。」又曰：「君不正，臣欲篡，厥妖狗冠出朝門。」

〔一〕周壽昌《漢書注校補》：「勝當乘輿諫云云，王謂勝為祆言，縛以屬吏。吏白大將軍霍光，光不舉法，是未殺也。此云『縛戮諫者』，幾疑已縛而戮之，宜以紀傳參看。」

〔二〕錢大昭《漢書辨疑》：「〈昌邑王傳〉云：『嘗見白犬，高三尺，無頭，其頸以下似人，而冠方山冠。』」王先謙《漢書補注》：「犬旤互見。」書豪案，「犬旤」屬〈言傳〉。

4 成帝鴻嘉、永始之間，好為微行出游，〔一〕選從期門郎有材力者，及私奴客，多至十餘，少五六人，皆白衣袒幘，帶持刀劍。或乘小車，御者在茵上，或皆騎，出入市里郊壄，遠至旁縣。時，大臣車騎將軍王音及劉向等數以切諫。谷永曰：「《易》稱『得臣無家』，〔二〕言王者臣天下，無私家也。今陛下棄萬乘之至貴，樂家人之賤事；厭高美之尊稱，好匹夫之卑字；〔三〕崇聚票輕無誼之人，以為私客；置私田於民間，畜私奴車馬於北宮；數去南面之尊，離深宮之固，挺身獨與小人晨夜相隨，烏集醉飽吏民之家，亂服共坐，溷肴亡別，閔勉遯樂，晝夜在路。典門戶奉宿衛之臣執干戈守空宮，公卿百寮不知陛下所在，積數年矣。昔虢公為無道，有神降曰『賜爾土田』，〔四〕言將以庶人受土田也。諸侯夢得土田，為失國祥，〔五〕而況王者畜私田財物，為庶人之事乎！」〔六〕

〔一〕《漢書．成帝紀》：「鴻嘉元年，……上始為微行出。」

〔二〕師古曰：「〈損卦〉上九爻辭。」

〔三〕《漢書．外戚傳下》：「成帝每微行出，常與張放俱，而稱富平侯家，故曰張公子。」

〔四〕師古曰：「《春秋左氏傳．莊公三十二年》：『有神降於莘……虢公使祝應、宗區、史嚚享焉。神賜之土田。史嚚曰：「虢其亡乎！」』」

〔五〕師古曰：「僖五年，晉滅虢，虢公醜奔京師。」書豪案，谷永據《左傳》立論。

〔六〕劉知幾《史通．五行志錯誤》：「以下弗云成帝悛與不悛，谷永言效與不效，諫詞雖具，諸事闕如。此所謂直引時談，竟無它述者也。」王先謙《漢書補注》引蘇輿曰：「案〈志〉中此類頗多，疑皆闕文。」

雞旤　史例共2條

1《左氏傳》曰，周景王時大夫賓起見雄雞自斷其尾。劉向以為近雞旤也。是時，王有愛子子鼂，王與賓起陰謀欲立之。田于北山，將因兵衆殺適子之黨，未及而崩。三子爭國，王室大亂。其後，賓起誅死，〔一〕子鼂奔楚而敗。〔二〕《京房易傳》曰：「有始無終，厥妖雄雞自齧斷其尾。」

〔一〕師古曰：「三子，謂子鼂、子猛及子猛弟敬王丐也。劉子遂攻賓起，殺之。事並在昭公二十二年。」

〔二〕師古曰：「昭二十六年，邵伯盈逐王子鼂，子鼂奔楚。定公五年，王人殺之於楚。」

2宣帝黃龍元年，未央殿輅軨中雌雞化為雄，毛衣變化而不鳴，不將，無距。元帝初元中，丞相府史家雌雞伏子，漸化為雄，冠距鳴將。永光中，有獻雄雞生角者。《京房易傳》曰：「雞知時，知時者當死。」房以為己知時，恐當之。劉向以為房失雞占。雞者小畜，主司時，起居人，小臣執事為政之象也。言小臣將秉君威，以害正事，猶石顯也。竟寧元年，石顯伏辜，此其效也。一曰，石顯何足以當此？〔一〕昔武王伐殷，至于牧壄，誓師曰：「古人有言曰『牝雞無晨；牝雞之晨，惟家之索。』今殷王紂惟婦言用。」〔二〕繇是論之，黃龍、初元、永光雞變，乃國家之占，妃后象也。孝元王皇后以甘露二年生男，立為太子。〔三〕妃，王禁女也。黃龍元年，宣帝崩，太子立，是為元帝。王妃將為皇后，故是歲未央殿中雌雞為雄，明其占在正宮也。不鳴不將無距，貴始萌而尊未成也。至元帝初元元年，將立王皇后，先以為婕妤。三月癸卯制書曰：「其封婕妤父丞相少史王禁為陽平侯，位特進。」丙午，立王婕妤為皇后。明年正月，立皇后子為太子。〔四〕故應是，丞相府史家雌雞為雄，其占即丞相少史之女也。伏子者，明已有子也。冠距鳴將者，尊已成也。永光二年，陽平頃侯禁薨，子鳳嗣侯，為侍中衛尉。元帝崩，皇太子立，是為成帝。尊皇后為皇太后，以后弟鳳為大司馬大將軍，領尚書事，上委政，無所與。王氏之權自鳳起，故於鳳始受爵位時，雄雞有角，明視作威，顓君害上，危國者，從此人始也。其後羣弟世權，以至於莽，遂篡天下。即位五年，王太后乃崩，〔五〕此其效也。

《京房易傳》曰：「賢者居明夷之世，知時而傷，〔六〕或眾在位，厥妖雞生角。雞生角，時主獨。」又曰：「婦人顓政，國不靜；牝雞雄鳴，主不榮。」故房以為己亦在占中矣。

〔一〕沈欽韓《漢書疏證》：「以下所論，洞悉物理，深切著明，通儒之學，終竟元后事，則非劉向，豈班彪乎？」

〔二〕師古曰：「〈周書・牧誓〉之辭。」繆祐孫《漢書引經異文錄證》：「今《書・泰誓》『言』下有『是』字。」

〔三〕《漢書・元后傳》：「甘露三年，生成帝於甲館畫堂，為世適皇孫。」

〔四〕史學海《漢書校證》：「〈元紀〉立皇太子在二年夏四月丁巳，非正月也。」

〔五〕史學海《漢書校證》：「〈元后傳〉太后年八十四、建國五年二月癸丑崩，計是時莽篡已八年矣。〈志〉云五年，蓋以居攝二年、初始一年仍屬孺子嬰，與〈律歷志〉同。」

〔六〕師古曰：「《易》之〈明夷〉卦曰：『明入地中，明夷。』夷，傷也，離下坤上，言日在地中，傷其明也。知時，謂知天時者也。賢而被傷，故取明夷之義。」書豪案，〈明夷䷣〉離下坤上，〈說卦傳〉：「坤為眾。」故言「或衆在位」。《左傳・昭公五年》，莊叔筮《周易》，遇〈明夷䷣〉之〈謙䷎〉，楚丘釋曰：「〈明夷〉，日也。日之數十，故有十時，亦當十位。自王已下，其二為公、其三為卿。日上其中，食日為二，旦日為三。〈明夷〉之〈謙〉，明而未融，……日之〈謙〉，當鳥，故曰『明夷于飛』。明而未融，故曰『垂其翼』。」案〈說卦傳〉：「離為日。」此「日」指天體太陽。〈明夷䷣〉離下坤上，即日在地下，有日將出於地之象，故楚丘曰「〈明夷〉，日也」，此「日」指紀一日之時，是以繼續申論「日之數十」的古法。因此，單言「離為日」，主象太陽之明；謂「〈明夷〉，日也」，便可得時日之象。〈序卦傳〉復言：「進必有所傷，故受之以〈明夷〉。夷者，傷也。」所以稱「知時而傷」。〈說卦傳〉：「離也者，明也，萬物皆相見，南方之卦也。」又「離為火。」《新唐書・曆志三上》唐一行〈卦議〉引孟喜卦氣：「〈離〉以陽包陰，故自南正，微陰生於地下，積而未章，至于八月，文明之質衰，〈離〉運終焉。」而《呂氏春秋・孟夏紀》：「孟夏之月，……其日丙丁，其帝炎帝，其神祝融，其蟲羽，……食菽與雞。」《禮記・月令》同。《淮南子・時則》亦有：「孟夏之月，……其位南方，其日丙丁，盛德在火，其蟲羽，……食菽與雞，……其畜雞。」職是可見，《周易》系統中，離為火、為南方、主夏季三月，均和秦漢時期的明堂月令說相合，故厥妖可以雞為占，未必定要盡從〈說卦傳〉：「巽為雞，離為雉」的分類。

青眚青祥　史例共5條

1成公七年「正月，鼷鼠食郊牛角；改卜牛，又食其角」。劉向以為近青祥，亦牛既也，不敬而傋霿之所致也。〔一〕昔周公制禮樂，成周道，故成王命魯郊祀天地，以尊周公。至成公時，三家始顓政，魯將從此衰。天愍周公之德，痛其將有敗亡之戲，故於郊祭而見戒云。鼠，小蟲，性盜竊，鼷又其小者也。牛，大畜，祭天尊物也。角，兵象，在上，君威也。小小鼷鼠，食至尊之牛角，象季氏乃陪臣盜竊之人，將執國命以傷君威而害周公之祀也。改卜牛，鼷鼠又食其角，天重語之也。成公怠慢昏亂，遂君臣更執于晉。〔二〕至于襄公，晉為溴梁之會，〔三〕天下大夫皆奪君政。其後三家逐昭公，卒死于外，幾絕周公之祀。〔四〕董仲舒以為鼷鼠食郊牛，皆養牲不謹也。〔五〕

《京房易傳》曰：「祭天不慎，厥妖鼷鼠齧郊牛角。」〔六〕

〔一〕王先謙《漢書補注》：「『牛戲』互見。」書豪案，「牛戲」屬〈思心傳〉。

〔二〕師古曰：「十年秋，公如晉，晉人以公為貳於楚，故止公，至十一年三月乃得歸。十六年秋，公會晉侯於沙隨，晉受叔孫僑如之譖而止公。是年九月，又信僑如之譖，執季孫行父，舍之於苕丘，十二月乃得歸。故云君臣更執也。」史學海《漢書校證》：「《春秋》但書『不見公』，杜《注》：『不諱者，恥輕于止。』《左傳》亦云郤犨取貨于宣伯，而訴公于晉侯，晉侯不見公，公未嘗為晉所止。班氏言『更執』者，謂〈十年〉秋七月『公如晉，見止』。〈十六年〉九月『晉人執季孫行父于苕邱』。非以沙隨之不見為止也。」

〔三〕師古曰：「湨梁之會，諸侯皆在，而魯叔孫豹、晉荀偃、宋向戌、衛甯殖、鄭公孫蠆、小邾之大夫盟，是奪其君政也。」書豪案，事據《春秋經・襄公十六年》。《公羊傳・襄公十六年》：「諸侯皆在是，其言大夫盟何？信在大夫也。何言乎信在大夫？遍刺天下之大夫也。曷為遍刺天下之大夫？君若贅旒然。」《穀梁傳・襄公十六年》：「湨梁之會，諸侯失正矣！諸侯會而曰大夫盟，正在大夫也。諸侯在而不曰諸侯之大夫，大夫不臣也。」《左傳・襄公十六年》只記諸大夫盟曰：「同討不庭。」此用《公》、《穀》二傳義。

〔四〕劉知幾《史通・五行志雜駁》：「案春秋諸國，權臣可得言者，如三桓、六卿、田氏而已。如雞澤之會、湨梁之盟，其臣豈有若向之所說者邪？然而《穀梁》謂大夫不臣，諸侯失政。譏其無禮自擅，在茲一舉而已。非是如『政由甯氏，祭則寡人』，相承世官，遂移國柄。若斯之失也，若董、劉之徒，不窺《左氏》，直憑二傳，遂廣為它說，多肆奓言。仍云『君若綴旒』，『臣將日甚』，何其妄也。」又云：「《春秋・僖公三十三年》十二月，隕霜不殺草。〈成公五年〉，梁山崩。〈七年〉，鼷鼠食郊牛角。劉向以其後三家逐魯昭公，卒死於外之象。案乾侯之出，事由季氏。孟、叔二孫，本所不預。況昭子以納君不遂，發憤而卒。論其義烈，道貫幽明。定為忠臣，猶且無愧；編諸逆黨，何乃厚誣？夫以罪由一家，而兼云二族，以此題目，何其濫歟？」書豪案，「隕霜不殺草」，見〈五行志中之下〉的〈聽傳〉「恆寒」〔例12〕；「梁山崩」，見〈五行志下之上〉的〈思心傳〉「金、木、水、火沴土」〔例9〕。

〔五〕《春秋繁露・順命》：「至於祭天不享，其卜不從，使其牛口傷，鼷鼠食其角。或言食牛，或言食而死，或食而生，或不食而自死，或改卜而牛死，或卜而食其角。過有深淺薄厚，而災有簡甚，不可不察也。」

〔六〕《公羊傳・成公七年》何休《注》：「鼷鼠者，鼠中之微者。角生上指，逆之象。《易京房傳》曰：『祭天不慎，鼷鼠食郊牛角。』書又食者，重錄魯不覺寤，重有災也。不重言牛獨重言鼠者，言角牛可知食牛者未必鼠，故重言鼠。」

2 定公十五年「正月，鼷鼠食郊牛，牛死」。〔一〕劉向以為定公知季氏逐昭公，辠惡如彼，親用孔子為夾谷之會，齊人俠歸鄆、讙、龜陰之田，〔二〕聖德如此，反用季桓子，淫於女樂，而退孔子，無道甚矣。《詩》曰：「人而亡儀，不死何為！」〔三〕是歲五月，定公薨，牛死之應也。

《京房易傳》曰：「子不子，鼠食其郊牛。」

〔一〕《公羊傳・定公十五年》：「鼷鼠食郊牛，牛死，改卜牛。曷為不言其所食？漫也。」何休《注》：「漫者，偏食其身，災不敬也。」

〔二〕師古曰：「定公十年，公與齊侯會於夾谷，齊侯欲使萊人以兵劫公。孔子以公退，命士衆兵之，齊侯乃止。又欲以盟要公，孔子不欲，使茲無還以辭對。又欲詐享公，孔子又距而不受。於是齊人乃服。先是季氏之臣陽貨以鄆、讙、龜陰之田奔齊，至此會，乃以歸我。」書豪案，事據《春秋經》。

〔三〕師古曰：「〈衛詩・相鼠〉之篇也。」王鳴盛《十七史商榷》卷十三〈鼠妖證青祥〉：「〈貌傳〉自成公七年以下一段，所引《春秋》三節、漢事二節，皆以鼠妖證青眚青祥，此不可解。」書豪案，「青眚青祥」共錄《春秋》「鼷鼠食郊牛（角）」三則，其中取象，有「鼠」有「牛」。若著眼於受災的「牛」，當如成公七年「鼷鼠食郊牛角」一例所云：「亦牛旤也」，屬〈思心傳〉，其「說曰」：「於《易》，〈坤〉為土為牛，牛大心而不能思慮，思心氣毀，故有牛禍」，重在人主「區霿無識」、「不能思慮」。然此劉向旨在批評魯定公「淫於女樂，而退孔子」，取義與〈貌傳〉：「人君行己，體貌不恭，怠慢驕蹇，則不能敬萬事，失在狂易，故其咎狂也」、「不為威儀，貌氣毀，故有雞旤」相近。惟威儀有失，在《洪範五行傳》屬〈貌傳〉「雞旤」，與「鼠」無涉，故引《詩經・鄘風・相鼠》經文，證成「鼠」亦有威儀之象。然「鼠」既不是「蟲豸之類」，又非「六畜」之一，故不得謂之「孽」、「旤」，只能姑且置於「青眚青祥」內。

3 哀公元年「正月，鼷鼠食郊牛」。〔一〕劉向以為天意汲汲於用聖人，逐三

家，故復見戒也。哀公年少，不親見昭公之事，故見敗亡之異。已而哀不寤，身奔於粵，此其效也。〔二〕

〔一〕《公羊傳．哀公元年》何休《注》：「災不敬故。」《穀梁傳．哀公元年》范甯《注》：「展道雖盡，所以備災之道不盡。譏哀公不敬，故致天變。」

〔二〕師古曰：「哀二十七年，公欲以越伐魯而去三桓，公如公孫有山氏，因遜于邾，遂如越。國人施罪於公孫有山氏，而立哀公之子悼公。」書豪案，劉向據《左傳》。

4 昭帝元鳳元年九月，燕有黃鼠銜其尾舞王宮端門中，王往視之，鼠舞如故。王使吏以酒脯祠，鼠舞不休，一日一夜死。近黃祥，〔一〕時燕剌王旦謀反將死之象也。其月，發覺伏辜。《京房易傳》曰：「誅不原情，厥妖鼠舞門。」〔二〕

〔一〕史珥《四史勦說》：「前總敘處無黃祥、無鼠災，而此有之，蓋本心不審條之文重見於此，是刪削未淨處。第變怪無常，原難縷析，不如總括以草木之妖、蟲豸之孽、六畜之災，庶為簡明。」王鳴盛《十七史商榷》卷十三〈鼠妖證青祥〉：「後〈思心傳〉中，又以鼠妖證黃祥，一事複出，卷中如此甚多。」沈欽韓《漢書疏證》：「按〈晉志〉，鼠妖入〈黃眚黃祥〉，在〈思傳〉，〈晉志〉是也，此〈志〉入鼠傳，不類。」王先謙

《漢書補注》：「『黃祥』互見。此條已采入〈思心傳〉『黃祥』下，不應重出，此班氏失刪。」書豪案，此條「青眚青祥」、「黃眚黃祥」重見，清儒俱謂此處當刪。然「青眚青祥」載漢代鼠妖兩條，「黃眚黃祥」只有一條，後者複出可能較大。且據本傳「青眚青祥」〔例2〕註三疏釋，置鼠妖於此，正是劉向本義，故應刪「黃眚黃祥」重出之文。只是「青眚青祥」兩則漢代鼠妖，言「謀反將死之象」、「象賤人將居顯貴之位也」云云，取義已不符劉向「鼠」有威儀之象，當為班固從劉向推論《春秋》鼠妖而附見於此。

〔二〕《開元占經》卷百十六〈獸占〉引京房曰：「鼠無故舞邑門外，厥君亡於廷中道上，其邑有大兵。」

5 成帝建始四年九月，長安城南有鼠銜黃蒿、柏葉，上民冢柏及榆樹上為巢，桐柏尤多。巢中無子，皆有乾鼠矢數十。時議臣以為恐有水災。〔一〕鼠，盜竊小蟲，夜出晝匿；今晝去穴而登木，象賤人將居顯貴之位也。桐柏，衛思后園所在也。其後，趙皇后自微賤登至尊，與衛后同類。趙后終無子而為害。明年，有鳶焚巢，殺子之異也。天象仍見，甚可畏也。一曰，皆王莽竊位之象云。

《京房易傳》曰：「臣私祿罔辟，厥妖鼠巢。」〔二〕

〔一〕《開元占經》卷百十六〈獸占〉引京房曰：「鼠無故巢木上，邑且大水。」

〔二〕王先謙《漢書補注》「以上『青祥』。又二條互見〈言傳〉、〈視傳〉下，一條互見〈皇極傳〉下，又『青眚』一條互見〈聽傳〉下。」書豪案，依序見本卷〈言傳〉「毛蟲之孽」〔例1〕、〈五行志中之下〉的〈視傳〉「羽蟲之孽」〔例4〕、〈五行志中之下〉的〈聽傳〉「介蟲之孽」〔例2〕、〈五行志下之下〉的〈皇極傳〉「星辰逆行」〔例15〕。

金沴木　史例共4條

1　文公十三年，「大室屋壞」。〔一〕近金沴木，木動也。先是，冬，僖公薨，十六月乃作主。後六月，又吉禘於太廟而致僖公，《春秋》譏之。〔二〕《經》曰：「大事於太廟，躋僖公。」〔三〕《左氏》說曰：太廟，周公之廟，〔四〕饗有禮義者也。祀，國之大事也；惡其亂國之大事於太廟，故言大事也。〔五〕躋，登也，登僖公於閔公上，逆祀也。僖雖閔之庶兄，嘗為閔臣，臣子一例，不得在閔上。又未三年而吉禘，前後亂賢父聖祖之大禮，內為貌不恭而狂，外為言不從而僭。故是歲自十二月不雨，至于秋七月。〔六〕後年，若是者三，〔七〕而太室屋壞矣。前堂曰太廟，中央曰太室；屋，其上重屋尊高者也，象魯自是陵夷，將墮周公之祀也。《穀梁》、《公羊經》曰，世室，魯公伯禽之廟也。周公稱太廟，魯公稱世室。〔八〕大事者，祫祭也。躋僖公者，先禰後祖也。

〔一〕《公羊傳・文公十三年》：「世室屋壞何以書？譏。何譏爾？久不脩也。」何休《注》：「簡忽，久不以時脩治，至令壞敗，故譏之。」

〔二〕師古曰：「主，廟主也。僖公三十三年十二月薨，至文二年二月乃作主，間有一閏，故十六月也。」書豪案，《春秋經・文公二年》：「丁丑，作僖公主。」《左傳・文公二年》：「書不時也。」杜預《注》：「過葬十月，故曰不時。」《穀梁傳・文公二年》：「作，為也，為僖公主也。立主，喪主於虞。吉主於練，作僖公主，譏其後也。」范甯《注》：「僖公薨至此已十五月。」則《左》、《穀》同譏過時。《公羊傳・文公二年》：「作僖公主者何？為僖公作主也。……作僖公主，何以書？譏。何譏爾？不時也。其不時奈何？欲久喪而後不能也。」何休《注》：「禮，作練主當以十三月，文公亂聖人制，欲服喪三十六月，十九月作練主。又不能卒竟，故以二十五月也。」何氏所云「二十五月」，即同年「八月，丁卯，大事于大廟，躋僖公」一事，是文公本欲服喪三十六月，後至二十五月乃吉禘於太廟而致僖公，故《公羊》譏「欲久喪而後不能」，與二傳異義，此據《公羊》義。

〔三〕書豪案，事據《春秋經・文公二年》。

〔四〕書豪案，「太廟」，《左傳》無說。《公羊傳・文公十三年》：「世室者何？魯公之廟也。周公稱太廟，魯公稱世室，群公稱宮。此魯公之廟也，曷為謂之世室？世室，猶世室也，世世不毀也。周公何以稱太廟于魯？封魯公以為周公也。周公拜乎前，魯公拜乎後。曰：生以養周公，死以為周公主。」《穀梁傳・文公十三年》：「大室猶世室也。周公曰『大廟』，伯禽曰『大室』，群公曰『宮』。」是此處「《左氏》說」言「太廟，周公之廟」，採《公》、《穀》傳義。「《左氏》說」後文又云：「前堂曰太廟，中央曰太室」，則將「太室」視為周公太廟建築的一部份，與《公》、《穀》謂「太室」為魯公伯禽之廟異義，是以劉文淇《春秋左氏傳舊注疏證》言：「則〈志〉所稱為『古《左氏》說』。」惟此「《左氏》說」，亦引申自《公羊》：「周公拜乎前，魯公拜乎後」一語而成，具有《漢書・夏侯建傳》所謂「左右采獲」的章句特徵，其目的是在《公》、《穀》傳義之外，建立《左氏》家學，知此當是劉歆《春秋左氏傳章句》逸文。

〔五〕書豪案，《公羊傳・文公二年》：「大事者何？大祫也。大祫者何？合祭也。其合祭奈何？毀廟之主，陳于太祖；未毀廟之主皆升，合食于太祖，五年而再殷祭。」《穀梁傳・文公二年》：「大事者何？大是事也，著祫嘗。祫祭者，毀廟之主。陳于太祖，未毀廟之主，皆升合祭于太祖。」《公》、《穀》俱以「祫祭」為「大事」，與《左傳》殊義。《左傳・文公二年》：「大事於太廟，躋僖公，逆祀也。……祀，國之大事也，而逆之，可謂禮乎？」則《左傳》「大事」本指「祀」，即杜預《注》：「大事，禘也。」「《左氏》說」再引伸作「惡其亂國之大事於太廟，故言大事也」，而指「逆祀僖公」一事。

〔六〕書豪案，事據《春秋經・文公二年》。

〔七〕書豪案，事據《春秋經・文公十年》：「自正月不雨，至于秋七月。」〈文公十三年〉：「自正月不雨，至于秋七月。」

〔八〕沈家本《漢書瑣言》：「此下所引，乃二傳文，言『經』，誤。二傳，《穀梁》作『太室』，與《左氏》同，《公羊》作『世室』。」王先謙《漢書補注》引蘇輿曰：「『經』當作『傳』，以前後例之可見。」

2景帝三年十二月，吳二城門自傾，大船自覆。劉向以為近金沴木，木動也。先是，吳王濞以太子死於漢，稱疾不朝，陰與楚王戊謀為逆亂。城猶國也，其一門名曰楚門，一門曰魚門。〔一〕吳地以船為家，以魚為食。天戒若曰：「與楚所謀，傾國覆家。」吳王不寤，正月，與楚俱起兵，身死國亡。

《京房易傳》曰：「上下咸誖，厥妖城門壞。」

〔一〕沈欽韓《漢書疏證》：「《越絕》云：『楚門，春申君所造，楚人從之，故為楚門』。

『魚門』，《越絕》作『巫門』。」

3 宣帝時，大司馬霍禹所居第門自壞。時禹內不順，外不敬，見戒不改，卒受滅亡之誅。

4 哀帝時，大司馬董賢第門自壞。時賢以私愛居大位，賞賜無度，驕嫚不敬，大失臣道，見戒不改。後賢夫妻自殺，家徙合浦。〔一〕

〔一〕王先謙《漢書補注》：「以上『金沴木』。又一條互見〈視傳〉下。」書豪案，見〈五行志中之下〉的〈視傳〉「草妖」〔例2〕。

言傳

《傳》曰：「言之不從，是謂不艾，厥咎僭，厥罰恆陽，厥極憂。時則有詩妖，時則有介蟲之孽，〔一〕時則有犬旤，時則有口舌之痾，時則有白眚白祥。惟木沴金。」〔二〕

〔一〕 王先謙《漢書補注》：「『介蟲之孽』從劉歆入〈聽傳〉下。」

〔二〕 王先謙《漢書補注》：「此下並無『說曰』二字，上已見，不重出。」

「言之不從」，從，順也。「是謂不乂」，乂，治也。孔子曰：「君子居其室，出其言不善，則千里之外違之，況其邇者虖！」〔一〕《詩》云：「如蜩如螗，如沸如羹。」〔二〕言上號令不順民心，虛譁憒亂，則不能治海內，失在過差，故其咎僭。僭，差也。刑罰妄加，羣陰不附，則陽氣勝，故其罰常陽也。旱傷百穀，則有寇難，上下俱憂，故其極憂也。君炕陽而暴虐，臣畏刑而柑口，則怨謗之氣發於童謠，故有詩妖。介蟲孽者，謂小蟲有甲飛揚之類，陽氣所生也，於《春秋》為螽，今謂之蝗，皆其類也。〔三〕於《易》，〈兌〉為口，〔四〕犬以吠守，而不可信，言氣毀故有犬旤。一曰，旱歲犬多狂死及為怪，亦是也。及人，則多病口喉欬者，故有口舌痾。金色白，故有白眚白祥。凡言傷者，病金氣；金氣病，則木沴之。其極憂者，順之，其福曰康寧。劉歆〈言傳〉曰：「時有毛蟲之孽。」〈說〉以為於天文西方參為虎星，〔五〕故為毛蟲。〔六〕

〔一〕師古曰：「《易・上繫》之辭也。」

〔二〕師古曰：「〈大雅・蕩〉之詩也。」

〔三〕《後漢書・五行志一》：「時則有介蟲之孽」下《注》引鄭玄曰：「蟓、螽、蜩、蟬之類。蟲之生於火而藏於秋者也，屬金。」

〔四〕《周易・說卦傳》：「〈兌〉為口。」

〔五〕《史記・天官書》：「參為白虎。」《開元占經》卷四十五〈太白占一〉引《五行傳》曰：「太白者，西方金精也。於五常為義，舉動得宜。於五事為言，號令民從。義虧言失逆秋令，則太白為變動，為兵、為殺。」

〔六〕王先謙《漢書補注》：「下取證皆『毛蟲之孽』，明班氏不以伏《傳》為然。〈宋志〉云：『言之不從，有介蟲之孽，劉歆以為毛蟲。視之不明，有蠃蟲之孽，劉歆以為羽蟲。案〈月令〉夏蟲羽，秋蟲毛，宜如歆說，是以舊史從之。』」

言不從（僭咎）

史例共9條

1 史記周單襄公與晉郤錡、郤犨、郤至、齊國佐語，告魯成公曰：「晉將有亂，三郤其當之虖！夫郤氏，晉之寵人也，三卿而五大夫，可以戒懼矣。高位實疾顛，厚味實腊毒。今郤伯之語犯，叔迂，季伐。犯則陵人，迂則誣人，伐則掩人。有是寵也，而益之以三怨，其誰能忍之！雖齊國子亦將與焉。立於淫亂之國，而好盡言以招人過，怨之本也。唯善人能受盡言，齊其有虖？」十七年，晉殺三郤。十八年，齊殺國佐。〔一〕凡此屬，皆言不從之咎云。

〔一〕書豪案，據《國語・周語下》。

2 晉穆侯以條之役生太子，〔一〕名之曰仇；其弟以千畮之戰生，名之曰成師。師服曰：「異哉，君之名子也！夫名以制誼，誼以出禮，禮以體政，政以正民，是以政成而民聽；易則生亂。嘉耦曰妃，怨耦曰仇，古之命也。今君名太子曰仇，弟曰成師，始兆亂矣，兄其替虖！」及仇嗣立，是為文侯。文侯卒，子昭侯立，封成師于曲沃，號桓叔。後晉人殺昭侯而納桓叔，不克。復立昭侯子孝侯，桓叔子莊伯殺之。晉人立其弟鄂侯。鄂侯生哀侯，莊伯子武公復殺哀侯及其弟，滅之，而代有晉國。〔二〕

〔一〕王先謙《漢書補注》引蘇輿曰：「『晉』上當有『左氏傳』三字，劉知幾譏其下宣六年鄭曼滿與伯廖語事，為遺《左氏》而無言，不知應在此處也。」書豪案，事據《左傳・桓公二年》。再案，本傳「言不從」自〔例2〕至〔例9〕皆出自《左傳》。

〔二〕師古曰：「武始并晉國，故稱公也。事在桓三年。」

3　宣公六年，鄭公子曼滿與王子伯廖語，欲為卿。伯廖告人曰：「無德而貪，其在《周易》，〈豐〉之〈離〉，〔一〕弗過之矣。」間一歲，鄭人殺之。

〔一〕張晏曰：「離下震上，〈豐〉。上六變而之〈離〉，曰『豐其屋，蔀其家』也。」

4　襄公二十九年，齊高子容與宋司徒見晉知伯，汝齊相禮。賓出，汝齊語知伯曰：「二子皆將不免！子容專，司徒侈，皆亡家之主也。專則速及，侈將以其力敝，專則人實敝之，將及矣。」九月，高子出奔燕。〔一〕

〔一〕劉知幾《史通・五行志錯誤》：「所載至此，更無他說。按《左氏・昭公二十年》：『宋司徒奔陳』，而班氏採諸本傳，直寫片言，閱彼全書，唯徵半事。遂令學者疑丘明之說，有是有非；女齊之言，或得或失。此所謂虛編古語，討事不終也。」王先謙《漢書補注》：「葉德輝曰：『敝』，《左傳》作『斃』。蘇輿曰：《春秋》云：『高子出奔北燕』，此『燕』上當有『北』字，《史通》引此文亦有，明此脫也。」

5 襄公三十一年正月，魯穆叔會晉歸，〔一〕告孟孝伯曰：「趙孟將死矣！其語偷，不似民主；且年未盈五十，而諄諄焉如八九十者，弗能久矣。若趙孟死，為政者其韓子虖？吾子盍與季孫言之？可以樹善，君子也。」孝伯曰：「民生幾何，誰能毋偷！朝不及夕，將焉用樹！」穆叔告人曰：「孟孫將死矣！吾語諸趙孟之偷也，而又甚焉。」九月，孟孝伯卒。

〔一〕師古曰：「前年十月，穆叔與武同會澶泉，至此年正月乃歸。」

6 昭公元年，周使劉定公勞晉趙孟，因曰：「子弁冕以臨諸侯，盍亦遠績禹功，而大庇民乎？」對曰：「老夫罪戾是懼，焉能恤遠？吾儕偷食，朝不謀夕，何其長也？」劉子歸，以語王曰：「諺所謂老將知而耄及之者，其趙孟之謂虖！為晉正卿以主諸侯，而儕于隸人，朝不謀夕，棄神人矣。神怒民畔，何以能久？趙孟不復年矣！」是歲，秦景公弟后子奔晉，趙孟問：「秦君何如？」對曰：「無道。」趙孟曰：「亡虖？」對曰：「何為？一世無道，國未艾也。國于天地，有與立焉，不數世淫，弗能敝也。」趙孟曰：「天虖？」對曰：「有焉。」趙孟曰：「其幾何？」對曰：「鍼聞國無道而年穀和孰，天贊之也，鮮不五稔。」趙孟視蔭，曰：「朝夕不相及，誰能待五？」后子出而告人曰：「趙孟將死矣！主民玩歲而愒日，其與幾何？」冬，趙孟卒。昭五年，秦景公卒。

7 昭公元年，楚公子圍會盟，設服離衛。魯叔孫穆子曰：「楚公子美矣君哉！」伯州犁曰：「此行也，辭而假之寡君。」鄭行人子羽曰：「假不反矣。」伯州犁曰：「子姑憂子晳之欲背誕也。」子羽曰：「假而不反，子其無憂虖？」齊國子曰：「吾代二子閔矣。」〔一〕陳公子招曰：「不憂何成？二子樂矣！」衛齊子曰：「苟或知之，雖憂不害。」退會，子羽告人曰：「齊、衛、陳大夫其不免乎！國子代人憂，子招樂憂，齊子雖憂弗害。夫弗及而憂，與可憂而樂，與憂而弗害，皆取憂之道也。〈太誓〉曰：『民之所欲，天必從之。』三大夫兆憂矣，能無至乎！言以知物，其是之謂矣。」〔二〕

〔一〕繆祐孫《漢書引經異文錄證》：「今《春秋．昭元年左氏傳》『閔』作『愍』。」

〔二〕凌稚隆《漢書評林》：「昭公元年二節，屬《傳》語『厥極憂』。」書豪案，觀前後例均屬「言之不從」之咎，此不當穿插「厥極憂」於其間，凌說恐非。

8 昭公十五年，晉籍談如周葬穆后，既除喪而燕，王曰：「諸侯皆有以填撫王室，晉獨無有，何也？」籍談對曰：「諸侯之封也，皆受明器於王室，故能薦彝器。」王曰：「叔氏其忘諸乎！叔父唐叔，成王之母弟，其反亡分乎？昔而高祖司晉之典籍，以為大正，故曰籍氏。女，司典之後也，何故忘之？」籍談不能對。賓出，王曰：「籍父其無後乎！數典而忘其祖。」籍談歸，以語叔嚮。〔一〕叔嚮曰：「王其不終乎！吾聞所樂必卒焉。今王樂憂，若卒以憂，不可謂終。王一歲而有三年之喪二焉，於是乎以喪賓燕，又求彝器，樂憂甚矣。三年之喪，雖貴遂服，禮也。王雖弗遂，燕樂已早。禮，王之大經也；一動而失二禮，無大經矣。言以考典，典以志經。忘經而多言舉典，將安用之！」〔二〕

〔一〕繆祐孫《漢書引經異文錄證》：「今《傳》『語』作『告』，『嚮』作『向』。」

〔二〕劉知幾《史通・五行志錯誤》：「案其後七年，王室終如羊舌所說，此即其效也，而班氏了不言之。此所謂徒發首端，不副徵驗也。」王先謙《漢書補注》：「此未終言之，疑奪文。」

9 哀公十六年，孔丘卒，公誄之曰：「旻天不弔，不憖遺一老，俾屏予一人。」〔一〕子贛曰：「君其不歿於魯乎？夫子之言曰：『禮失則昏，名失則愆。』失志為昏，失所為愆。生弗能用，死而誄之，非禮也；稱『予一人』，非名也。君兩失之。」二十七年，公孫于邾，遂死於越。

〔一〕張恕《漢書讀》：「詞與〈檀弓〉少異。」書豪案，《禮記・檀弓上》誄文作：「天不遺耆老，莫相予位焉，嗚呼哀哉！尼父！」

恆陽 史例共29條

庶徵之恆陽，劉向以為《春秋》大旱也。其夏旱雩祀，謂之大雩。不傷二穀，謂之不雨。〔一〕

〔一〕書豪案，《公羊傳・文公二年》：「自十有二月不雨，至于秋七月。何以書？記異也。大旱以災書，此亦旱也，曷為以異書？大旱之日短而云災，故以災書；此不雨之日長而無災，故以異書也。」《左傳・僖公三年》：「自十月不雨至于五月，不曰旱，不為災也。」則劉向「不傷二穀，謂之不雨」，義出《公》、《左》二傳。再案，以下班固依序言「旱」、「雩」、「不雨」，從劉向。

《京房易傳》曰：「欲德不用茲謂張，〔一〕厥災荒。荒，旱也，其旱陰雲不雨，變而赤，因而除。師出過時茲謂廣，其旱不生。上下皆蔽茲謂隔，其旱天赤三月，時有雹殺飛禽。上緣求妃茲謂僭，其旱三月大溫亡雲。居高臺府，茲謂犯陰侵陽，其旱萬物根死，數有火災。庶位踰節茲謂僭，其旱澤物枯，為火所傷。」

〔一〕楊樹達《漢書窺管》：「『德』與『得』古通用，……此言人君貪欲多得財貨而不能用，猶人貪食不能化而患張病也。《韓詩外傳》三述人主之疾十有二，其一曰脹，云：『無令倉廩積腐，則脹不作。』倉廩積腐，正得而不用之所致也。『張』、『脹』字同。」史珥《四史勦說》：「『茲謂張』等六句，酷摹《左氏》：『尨涼冬殺，金寒玦離』語意。而『欲德不用』等句，過於生澀好奇之弊，且六項列兩『僭』字，疑譌。」書豪案，史氏所言，據《左傳・閔公二年》。

1僖公二十一年「夏，大旱」。董仲舒、劉向以為齊桓既死，諸侯從楚，僖尤得楚心。楚來獻捷，釋宋之執。〔一〕外倚彊楚，炕陽失衆，又作南門，勞民興役。〔二〕諸雩旱不雨，略皆同說。〔三〕

〔一〕師古曰：「謂此年楚執宋公以伐宋，冬使宜申來獻捷，十二月盟于薄，釋宋公也。」書豪案，事據《春秋經・僖公二十一年》。

〔二〕師古曰：「南門本名稷門，更改高大而作之。事在二十年。」書豪案，《左傳・僖公二十年》：「春，新作南門。書不時也。凡啟塞，從時。」《公羊傳・僖公二十年》：

「春，新作南門。何以書？譏。何譏爾？門有古常也。」《穀梁傳・僖公二十年》：「春，新作南門。作，為也，有加其度也。言新，有故也，非作也。南門者，法門也。」三傳或書不時，或譏非古，均未及「勞民興役」。《公羊傳・僖公二十一年》何休《注》：「新作南門之所生。」從董、劉之義。

〔三〕書豪案，「恆陽」諸例，多責國君炕陽自大，知「略皆同說」，乃指〈言傳〉「說曰」：「刑罰妄加，羣陰不附，則陽氣勝，故其罰常陽也。」（詳見張書豪〈試探劉向災異論著的轉變〉）

2 宣公七年「秋，大旱」。是夏，宣與齊侯伐萊。〔一〕

〔一〕《太平御覽・時序部二十》引《洪範五行傳》曰：「魯宣公七年秋，大旱，時公興師與齊伐萊。夫伐國亢陽，益師旅，百姓所不欲也，應是而大旱。」書豪案，此《洪範五行傳》引史例為證，當出自劉向《洪範五行傳論》，知劉向於「恆陽」諸例本有推說，班固作〈五行志〉時，以前例「略皆同說」一語帶過。再案，《公羊傳・宣公七年》何休《注》：「為伐萊踰時也。」

3 襄公五年「秋，大雩」。先是宋魚石犇楚，〔一〕**楚伐宋，取彭城以封魚石。**

〔二〕鄭畔于中國而附楚，襄與諸侯共圍彭城，〔三〕城鄭虎牢以禦楚。〔四〕是歲鄭伯使公子發來聘，使大夫會吳于善道。外結二國，內得鄭聘，有炕陽動衆之應。〔五〕

〔一〕師古曰：「事在成十五年。」書豪案，事據《春秋經》。

〔二〕師古曰：「事在成十八年。」書豪案，《春秋經・成公十八年》僅曰：「宋魚石復入于彭城。」唯《公羊傳・成公十八年》云：「魚石走之楚，楚為之伐宋，取彭城以封魚石。」此用《公羊》。

〔三〕師古曰：「謂襄元年使仲孫蔑會晉欒黶、宋華元、衛甯殖、曹人、莒人、邾人、滕人、薛人圍彭城。」書豪案，事據《春秋經》。

〔四〕師古曰：「事在二年。虎牢本鄭邑，時已屬晉，蓋追言之。」書豪案，事據《春秋經》。

〔五〕《公羊傳・襄公五年》何休《注》：「先是，襄公數用兵、圍彭城、城虎牢、三年再會、四年如晉、踰年乃反。」

4　八年「九月，大雩」。時作三軍，季氏盛。〔一〕

〔一〕師古曰：「事在十一年。」書豪案，《左傳・襄公十一年》：「春，季武子將作三軍。」《公羊傳・襄公十一年》：「三軍者何？三卿也。作三軍，何以書？譏。何譏爾？古者上卿、下卿，上士、下士。」《穀梁傳・襄公十一年》：「古者天子六師，諸侯一軍。作三軍，非正也。」據〈言傳〉「說曰」：「上號令不順民心」、「君炕陽而暴虐」，主要就國君而言。《左傳》乃責季氏，《穀梁》則譏諸侯魯公，《公羊》泛言上位者。以「時作三軍，季氏盛」來看，較近《公羊》義。再案，《公羊傳・襄公八年》何休《注》：「由城費、公比出會、如晉、莒人伐我，動擾不恤民之應。」

5 二十八年「八月，大雩」。先是，比年晉使荀吳、齊使慶封來聘，〔一〕是夏邾子來朝。襄有炕陽自大之應。〔二〕

〔一〕師古曰：「荀吳，晉大夫，即荀偃之子也，二十六年晉侯使來聘。慶封，齊大夫也，二十七年齊侯使來聘。」書豪案，事據《春秋經》。

〔二〕《公羊傳・襄公二十八年》何休《注》：「公方久如楚，先是豫賦于民之所致。」

6 昭公三年「八月，大雩」。劉歆以為昭公即位年十九矣，猶有童心，〔一〕居喪不哀，炕陽失衆。〔二〕

〔一〕《左傳・襄公三十一年》：「於是昭公十九年矣，猶有童心，君子是以知其不能終也。」書豪案，劉歆用《左傳》義。

〔二〕《公羊傳・昭公三年》何休《注》：「先是，公季孫宿比如晉。」

7 六年「九月，大雩」。先是莒牟夷以二邑來犇，〔一〕莒怒伐魯，叔弓帥師，距而敗之，昭得入晉。〔二〕外和大國，內獲二邑，取勝鄰國，有炕陽動衆之應。〔三〕

〔一〕師古曰：「事在五年。」書豪案，事據《春秋經》。

〔二〕師古曰：「叔弓，魯大夫。時昭公適欲朝晉，而遇莒人來討，將不果行。叔弓既敗莒師，公乃得去。故傳云成禮大國，以為援好也。」沈家本《漢書瑣言》：「《春秋》公至自晉在叔弓敗莒之先，此所言與《左傳》不合，師古《注》亦即正文為說，未以《春秋》傳文核對。」

〔三〕《公羊傳・昭公六年》何休《注》：「先是，季孫宿如晉，是後叔弓與公比如楚，有豫賦之煩也。」

8 十六年「九月，大雩」。先是昭公母夫人歸氏薨，昭不慼，又大蒐于比蒲。晉叔嚮曰：「魯有大喪而不廢蒐。國不恤喪，不忌君也；君亡慼容，不顧親也。

殆其失國。」〔二〕與三年同占。〔三〕

〔二〕書豪案，語見《左傳・昭公十一年》。

〔三〕《公羊傳・昭公十六年》何休《注》：「先是，公數如晉。」

9 二十四年「八月，大雩」。劉歆以為《左氏傳》二十三年邾師城翼，還經魯地，魯襲取邾師，獲其三大夫。邾人愬于晉，晉人執我行人叔孫婼，是春乃歸之。〔一〕

〔一〕《公羊傳・昭公二十四年》何休《注》：「先是，公如晉，仲孫貜卒，民被其役。明年，叔倪出會，故秋七月復大雩。」

10 二十五年「七月上辛大雩，季辛又雩」，旱甚也。〔一〕劉歆以為時后氏與季氏有隙。又季氏之族有淫妻為讒，使季平子與族人相惡，皆共譖平子。子家駒諫曰：「讒人以君徼幸，不可。」昭公遂伐季氏，為所敗，出犇齊。〔二〕

〔一〕書豪案，《左傳・昭公二十五年》：「秋，書再雩，旱甚也。」《公羊傳・昭公二十五年》：「又雩者何？又雩者非雩也，聚眾以逐季氏也。」此用《左傳》。

〔二〕書豪案，事據《左傳・昭公二十五年》。

11 定公七年「九月，大雩」。先是定公自將侵鄭，歸而城中城。二大夫帥師圍鄆。〔一〕

〔一〕師古曰：「事並在六年。」劉知幾《史通・五行志錯誤》：「昭公十六年九月，大雩。……又曰：定公七年九月，大雩。……城中城、圍鄆，定之六年也。其二役去雩，皆非一載。夫以國家恆事，而坐延災眚，歲月既遙，而方聞響應。斯豈非烏有成說，扣寂為辭者哉！此所謂影響不接，牽引相會也。」《公羊傳・定公七年》何休《注》：「先是，公侵鄭城中城，季孫斯仲孫忌如晉、圍運，費重不恤民之應。」

12 莊公三十一年「冬，不雨」。是歲，一年而三築臺，奢侈不恤民。〔一〕

〔一〕師古曰：「是年春築臺于郎，夏築臺于薛，秋築臺于秦。秦、郎、薛，皆魯地。」書豪案，一年三築臺，《左傳》無說。《公羊傳・莊公三十一年》：「春，築臺于郎。何以書？譏。何譏爾？臨民之所漱浣也。築臺于薛。何以書？譏。何譏爾？遠也。秋，築臺于秦。何以書？譏。何譏爾？臨國也。」《穀梁傳・莊公三十一年》：「不正罷民三時，虞山林藪澤之利。且財盡則怨，力盡則懟，君子危之，故謹而志之也。……魯外無諸侯之變，內無國事，一年罷民三時，虞山林藪澤之利，惡內也。」是《公羊》譏築臺地點，而劉向取《穀梁》義。再案，《公羊傳・莊公三十一年》何休《注》：「《京房易傳》曰：『旱異者，旱久而不害物也。斯祿去公室，福由下作，故陽雖不施，而陰道獨行，以成萬物也。』先是，比築三臺、慶牙專政之應。」

13 僖公二年「冬十月不雨」，三年「春正月不雨，夏四月不雨」，「六月雨」。先是者，莊公夫人與公子慶父淫，而殺二君。國人攻之，夫人遜于邾，慶父犇莒。僖公即位，南敗邾，〔一〕東敗莒，獲其大夫。〔二〕有炕陽之應。〔三〕

〔一〕師古曰：「謂元年公敗邾師于偃。」書豪案，事據《春秋經》。

〔二〕師古曰：「謂元年公子友帥師敗莒師于酈，獲莒挐也。」書豪案，事據《春秋經》。

〔三〕《穀梁傳・僖公二年》：「冬十月，不雨。不雨者，勤雨也。」范甯《注》：「言不雨，是欲得雨之心勤也，明君之恤民。」《穀梁傳・僖公三年》：「夏四月，不雨。一時言不雨者，閔雨也。」范甯《注》：「經一時輒言不雨，憂民之至。閔，憂也。」《公羊傳・僖公三年》何休《注》：「太平一月不雨即書，春秋亂世，一月不雨未害物，未足為異，當滿一時乃書。一月書者，時僖公得立，欣喜不恤庶眾。比致三年，即能退辟正殿，飭過求已，循省百官，放佞臣郭都等，理冤獄四百餘人，精誠感天，不雩而得澍雨，故一月即書，善其應變改政。旱不從上發，傳者著人事之備積於是。」

14 文公二年，「自十有二月不雨，至于秋七月」。文公即位，天子使叔服會葬，毛伯賜命。又會晉侯于戚。〔一〕公子遂如齊納幣。又與諸侯盟。上得天子，外得諸侯，沛然自大。〔二〕躋僖公主。〔三〕大夫始顓事。〔四〕

〔一〕書豪案，事據《春秋經・文公元年》。

〔二〕劉知幾《史通・五行志雜駁》：「案周之東遷，日以微弱。故鄭取溫麥，射王中肩。楚絕苞茅，觀兵問鼎。事同列國，變〈雅〉為〈風〉。如魯者，方大邦不足，比小國有餘。安有暫降衰周使臣，遽以驕矜自恃，坐招厥罰，亢陽為怪。求諸人事，理必不然。天高聽卑，豈其若是也。」

〔三〕書豪案，事據《春秋經・文公二年》。

〔四〕書豪案，「大夫始顓事」者，即《春秋經・文公二年》：「夏，六月，公孫敖會宋公、陳侯、鄭伯、晉士谷，盟於垂斂。」此事《公羊》無說，《左傳・文公二年》：「六月，穆伯會諸侯，及晉司空士穀盟于垂隴，晉討衛故也。」僅交代事由，未有評論。《穀梁傳・文公二年》則言：「內大夫可以會外諸侯。」故劉向取同年「不雨」之災，象「大夫始顓事」。惟其義與〈言傳〉「說曰」：「君炕陽而暴虐，臣畏刑而柑口」有別，當出自劉向《災異之記》。爾後《公羊傳・文公二年》何休《注》：「此祿去公室，政在公子遂之所致也。」廖平《穀梁古義疏》：「夏侯勝曰：『天久陰不雨，臣下有謀上者。』文公之篇末，不雨者三，卒致仲遂逆謀，嗣子遘禍，此其效也。沛然自大，躋僖公主，大夫始專事。」其「大夫顓事」部份，均從劉向之說，惟改以「公子遂」當之。再案，劉文淇《春秋左氏傳舊注疏證》：「〈志〉所稱為《左氏》說矣。」非是。

15 十年，「自正月不雨，至于秋七月」。〔一〕先是公子遂會四國而救鄭。楚使越椒來聘。秦人歸禭。〔二〕有炕陽之應。〔三〕

〔一〕《公羊傳・文公十年》何休《注》：「公子遂之所招。」

〔二〕書豪案，以上三事據《春秋經・文公九年》。

〔三〕書豪案，「炕陽之應」者，《穀梁傳・文公十年》：「歷時而言不雨，文不閔雨也。不閔雨者，無志乎民也。」有〈言傳〉「說曰」：「君炕陽而暴虐」之過，故劉文淇《春秋左氏傳舊注疏證》：「則〈五行志〉所稱為《左氏》義。」恐誤，此當是劉向《洪範五行傳論》之言。

16 十三年，「自正月不雨，至于秋七月」。〔一〕先是曹伯、杞伯、滕子來朝，〔二〕郕伯來犇，秦伯使遂來聘，季孫行父城諸及鄆。〔三〕二年之間，五國趨之，內城二邑。炕陽失衆。一曰，不雨而五穀皆孰，異也。文公時，大夫始顓盟會，公孫敖會晉侯，又會諸侯盟于垂隴。〔四〕故不雨而生者，陰不出氣而私自行，以象施不由上出，臣下作福而私自成。一曰，不雨近常陰之罰，君弱也。〔五〕

〔一〕《公羊傳．文公十三年》何休《注》：「公子遂所致。」

〔二〕師古曰：「十一年曹伯來朝，十二年杞伯、滕子來朝。」

〔三〕書豪案，以上三事據《春秋經．文公十二年》。

〔四〕書豪案，《左傳》用「垂隴」，《公羊》、《穀梁》作「垂斂」。

〔五〕書豪案，「常陰之罰」屬〈皇極傳〉。

17 惠帝五年夏，大旱，〔一〕江河水少，谿谷絕。先是發民男女十四萬六千人城長安，是歲城乃成。〔二〕

〔一〕書豪案，《史記．秦始皇本紀》：「當是之時，天下大旱，六月至八月乃雨。」〈志〉闕。

〔二〕沈家本《漢書瑣言》：「漢都長安，高帝時未築城，至惠帝三年始城長安，城三十日罷，歷三年而城乃成，其用民力，可謂寬矣，不得以為大旱之應。〈紀〉不書此事。」書豪案，《漢書・惠帝紀》：「三年春，發長安六百里內男女十四萬六千人城長安，三十日罷。」又云：「五年春正月，復發長安六百里內男女十四萬五千人城長安，三十日罷。夏，大旱。」無論城長安或大旱，〈惠帝紀〉俱有，沈說非。

18 文帝三年秋，天下旱。〔一〕是歲夏，匈奴右賢王寇侵上郡，詔丞相灌嬰發車騎士八萬五千人詣高奴，擊右賢王走出塞。其秋，濟北王興居反，使大將軍討之，皆伏誅。

〔一〕 沈家本《漢書瑣言》：「〈紀〉不書。」

19 後六年春，天下大旱。〔一〕先是發車騎材官屯廣昌，是歲二月復發材官屯隴西。後匈奴大入上郡、雲中，烽火通長安，三將軍屯邊，又三將軍屯京師。

〔一〕 書豪案，《漢書・文帝紀》：「九年春，大旱。」又「後三年夏四月，大旱，蝗。」又「後四年夏四月，大旱，蝗。」又「後五年夏四月，大旱，蝗。」以上〈志〉闕。查《史記・孝文本紀》，惟文帝後六年記「天下旱，蝗。」

20 景帝中三年秋，大旱。〔一〕

〔一〕沈家本《漢書瑣言》：「〈紀〉書『夏旱』。〈武帝紀〉：『建元四年六月旱』、『元封四年夏大旱，民多暍死』，此並不及。」書豪案，《漢書・景帝紀》：「後二年秋，大旱。」〈志〉亦闕。

21 武帝元光六年夏，大旱。是歲，四將軍征匈奴。

22 元朔五年春，大旱。是歲，六將軍衆十餘萬征匈奴。

23 元狩三年夏，大旱。〔一〕是歲發天下故吏伐棘上林，穿昆明池。

〔一〕史學海《漢書校證》：「〈武紀〉不書。以下如天漢元年、三年、征和元年、昭帝始元六年，〈紀〉皆不書旱。」書豪案，《史記・封禪書》：「是歲（元封二年）旱。」又「其明年（元封三年），伐朝鮮。夏，旱。」《漢書・武帝紀》：「元封六年秋，大旱，蝗。」〈志〉亦闕。

24 天漢元年夏，大旱；其三年夏，大旱。〔一〕先是貳師將軍征大宛還。天漢元年，發適民。二年夏，三將軍征匈奴，李陵沒不還。

〔一〕書豪案，天漢元年、三年大旱，《漢書・武帝紀》闕。又《漢書・武帝紀》：「太始二年秋，旱。」〈志〉闕。

25征和元年夏，大旱。〔一〕是歲發三輔騎士閉長安城門，大搜，始治巫蠱。明年，衛皇后、太子敗。

〔一〕沈家本《漢書瑣言》：「〈紀〉皆不書。」

26昭帝始元六年，大旱。〔一〕先是大鴻臚田廣明征益州，暴師連年。

〔一〕書豪案，《漢書・昭帝紀》：「元鳳五年夏，大旱。」〈志〉闕。

27宣帝本始三年夏，大旱，東西數千里。先是五將軍衆二十萬征匈奴。

28神爵元年秋，大旱。〔一〕是歲，後將軍趙充國征西羌。

〔一〕沈家本《漢書瑣言》：「〈紀〉不書。」書豪案，《漢書・元帝紀》：「初元三年夏，旱。」〈志〉闕。

29 **成帝永始三年、四年夏，大旱。**〔一〕

〔一〕史學海《漢書校證》：「大旱以下有脫簡。上文自庶徵之恆陽以下，皆歷言致旱之咎，則永始三年、四年連旱，亦當言其所以致旱者。如鴻嘉元年作初陵、徙豪富，三年、四年鄭躬等反，永始三年樊並、蘇令等反，皆發兵擊之是也。《左氏傳》以下言詩妖，另為一條，當提行寫。」王先謙《漢書補注》曰：「此下有脫文，以上『恆陽』。」沈家本《漢書瑣言》：「〈紀〉不書。按成帝建始二年夏大旱，此不及。」書豪案，《漢書・成帝紀》：「鴻嘉三年，大旱。」《漢書・哀帝紀》：「建平四年春，大旱。」〈志〉闕。

詩妖 史例共6條

1 《左氏傳》晉獻公時童謠曰：「丙子之晨，〔一〕龍尾伏辰，袀服振振，取虢之旂。鶉之賁賁，天策焞焞，火中成軍，虢公其奔。」〔二〕是時虢為小國，介夏陽之阸，怙虞國之助，亢衡于晉，有炕陽之節，失臣下之心。晉獻伐之，問於卜偃曰：「吾其濟乎？」偃以童謠對曰：「克之。十月朔丙子旦，日在尾，月在策，鶉火中，必此時也。」冬十二月丙子朔，晉師滅虢，虢公醜犇周。周十二月，夏十月也。言天者以夏正。

〔一〕書豪案，事據《左傳・僖公五年》、《國語・晉語二》。

〔二〕繆祐孫《漢書引經異文錄證》：「今《左氏傳》作『奔』。」

2 史記晉惠公時童謠曰：〔一〕「恭太子更葬兮，後十四年，晉亦不昌，昌乃在其兄。」是時，惠公賴秦力得立，立而背秦，內殺二大夫，國人不說。及更葬其兄恭太子申生而不敬，故詩妖作也。後與秦戰，為秦所獲，立十四年而死。晉人絕之，更立其兄重耳，是為文公，遂伯諸侯。

〔一〕沈欽韓《漢書疏證》：「〈晉世家〉之文偶與此同，疑今本《外傳》脫去。」施之勉《漢書補注辨證》：「〈志〉所引《史記》，此晉惠公時童謠見於〈晉世家〉者，何謂偶與此同耶。」吳恂《漢書注商》：「〈志〉文剌取《史記・晉世家》，而《史記》乃本〈晉語〉而加刪改者，尋〈晉語〉云：『惠公即位，出共世子而改葬之，臭達於外，國人誦之曰：貞之無報，孰是人斯，而有是臭也？』云云，是即《史》、《漢》所謂兒謠、童謠也，至此文『後十四年，晉亦不昌，昌迺在其兄』之辭，即〈晉語〉之『歲之二七，其靡有徵兮；若狄公子，吾是之依兮；鎮輔國家，為王妃兮』是也，沈氏謂今本《外傳》脫去，偶失察耳。」書豪案，事據《國語・晉語三》、《史記・晉世家》。

3 《左氏傳》文、成之世童謠曰：「鸜之鵒之，公出辱之。〔一〕鸜鵒之羽，公在外野，往饋之馬。鸜鵒跦跦，公在乾侯，徵褰與襦。鸜鵒之巢，遠哉搖搖，〔二〕裯父喪勞，宋父以驕。鸜鵒鸜鵒，往歌來哭。」至昭公時，有鸜鵒來巢。〔三〕公攻季氏，敗，出奔齊，居外野，次乾侯。八年，死于外，歸葬魯。昭公名裯。公子宋立，是為定公。

〔一〕史學海《漢書校證》：「此〈昭公二十五年〉傳文作『文武之世』，《史記・魯世家》載此作『文成』。賈逵曰：『文成，魯文公、成公。』〈敘傳・幽通賦〉：『魯衛名謚於銘謠』，《注》孟康曰：『魯文成之世童謠』云云，李善《文選注》、劉子元《史通》亦作『文成』，疑『成』字是。」

〔二〕繆祐孫《漢書引經異文錄證》：「今《左氏》作『遙遙』。」

〔三〕書豪案，事據《春秋經・昭公二十五年》。再案，《公羊傳・昭公二十五年》何休《注》云：「非中國之禽而來居此國，國將危亡之象。鸜鵒猶權欲，宜穴又巢。此權臣欲國自下居上之徵也，其後卒為季氏所逐。」

4元帝時童謠曰：「井水溢，滅竈煙，灌玉堂，流金門。」〔一〕至成帝建始二年三月戊子，北宮中井泉稍上，溢出南流，象春秋時先有鸜鵒之謠，而後有來巢之驗。井水，陰也；竈煙，陽也；玉堂、金門，至尊之居：象陰盛而滅陽，竊有宮室之應也。王莽生於元帝初元四年，至成帝封侯，為三公輔政，因以篡位。

〔一〕史珥《四史勦說》：「此謠文義最明，即災水滅火，意飛燕專宮之應也，〈志〉則屬之王莽。」

5成帝時童謠曰：「燕燕尾涎涎，張公子，時相見。木門倉琅根，燕飛來，啄皇孫，皇孫死，燕啄矢。」其後帝為微行出遊，常與富平侯張放俱稱富平侯家人，過陽阿主作樂，見舞者趙飛燕而幸之，故曰「燕燕尾涎涎」，美好貌也。張公子謂富平侯也。「木門倉琅根」，謂宮門銅鍰，言將尊貴也。後遂立為皇后。弟昭儀賊害後宮皇子，卒皆伏辜，所謂「燕飛來，啄皇孫，皇孫死，燕啄矢」者也。

6成帝時童謠又曰：「邪徑敗良田，讒口亂善人。桂樹華不實，黃爵巢其顛。故為人所羨，今為人所憐。」桂，赤色，漢家象。華不實，無繼嗣也。王莽自謂黃象，黃爵巢其顛也。

毛蟲之孽　史例共2條

1 莊公十七年「冬，多麋」。劉歆以為毛蟲之孽為災。劉向以為麋色青，近青祥也。〔一〕麋之為言迷也，〔二〕蓋牝獸之淫者也。是時，莊公將取齊之淫女，其象先見，天戒若曰：「勿取齊女，淫而迷國。」莊不寤，遂取之。夫人既入，淫於二叔，終皆誅死，幾亡社稷。

《京房易傳》曰：「廢正作淫，大不明，國多麋。」〔三〕又曰：「〈震〉遂泥，〔四〕厥咎國多麋。」

〔一〕《公羊傳・莊公十七年》何休《注》云：「麋之為言，猶迷也。象魯為鄭瞻所迷惑也。言多者，以多為異也。」沈欽韓《漢書疏證》：「何休云：『象魯為鄭瞻所迷惑』，此不過以自實上『佞人來』之語，為救首救尾之狡詐，不知於鄭瞻何仇恨也。子政之語猶為近情。」王先謙《漢書補注》：「『青祥』互見。」

〔二〕《白虎通・鄉射》：「諸侯射麋何？示遠迷惑人也。麋之言迷也。」

〔三〕沈欽韓《漢書疏證》：「范甯引京房作：『為火不明，則國多麋』，《疏》云：『視與

〔四〕禮同配南方，言火不明，猶言視與禮不明也。』」

李奇曰：「從三至五，有坎象。坎為水，四為泥在水中，故曰震遂泥。泥者，泥溺於水，不能自拔，道未光也。或以為溺於淫女，故其妖多麋。麋，迷也。」師古曰：「此《易・震卦》九四爻辭也。」沈欽韓《漢書疏證》：「〈坤〉土得雨為泥，位在〈坎〉中，故遂泥也。」書豪案，「震遂泥」為〈震卦䷲〉九四爻辭，李奇所云，即據京房互體立說。至於「多麋」，除李奇「麋，迷也」外，惠棟《易漢學》卷三〈虞翻逸象〉亦有「震為麋鹿」，釋曰：「麋鹿善驚，震驚之象。」

2　昭帝時，昌邑王賀聞人聲曰「熊」，視而見大熊。左右莫見，以問郎中令龔遂，遂曰：「熊，山野之獸，而來入宮室，王獨見之，此天戒大王，恐宮室將空，危亡象也。」賀不改寤，後卒失國。

犬禍　史例共6條

1　《左氏傳》襄公十七年十一月甲午，宋國人逐猘狗，〔一〕猘狗入於華臣氏，國人從之。臣懼，遂奔陳。〔二〕先是臣兄閱為宋卿，閱卒，臣使賊殺閱家宰，遂就其妻。宋平公聞之，曰：「臣不唯其宗室是暴，大亂宋國之政。」欲逐之。左師向戌曰：「大臣不順，國之恥也，不如蓋之。」公乃止。華臣炕暴失義，內不自安，故犬禍至，以犇亡也。

〔一〕繆祐孫《漢書引經異文錄證》：「今《春秋左氏傳》作『瘈狗』。」

〔二〕劉知幾《史通·五行志錯誤》：「案《左氏》所載，斯流實繁。如季氏之逆也，由鬭雞而傳介；衛侯之敗也，因養鶴以乘軒。曹亡首於獲雁，鄭弒萌於解黿。郤至奪豕而家滅，華元殺羊而卒奔。此亦白黑之祥，羽毛之孽。何獨捨而不論，唯徵犬、馬而已。此所謂兼採《左氏》，遺逸甚多也。」

2 高后八年三月，祓霸上，還過枳道，見物如倉狗，橶高后掖，忽而不見。卜之，趙王如意為祟。遂病掖傷而崩。先是高后鴆殺如意，支斷其母戚夫人手足，搉其眼以為人彘。

3 文帝後五年六月，齊雍城門外有狗生角。先是帝兄齊悼惠王亡後，帝分齊地，立其庶子七人皆為王。兄弟並彊，有炕陽心，故犬禍見也。犬守御，角兵象，在前而上鄉者也。犬不當生角，猶諸侯不當舉兵鄉京師也。天之戒人蚤矣，諸侯不寤。後六年，吳、楚畔，濟南、膠西、膠東三國應之，舉兵至齊。齊王猶與城守，三國圍之。會漢破吳、楚，因誅四王。故天狗下梁而吳、楚攻梁，狗生角於齊而三國圍齊。漢卒破吳、楚於梁，誅四王於齊。《京房易傳》曰：「執政失，下將害之，厥妖狗生角。君子苟免，小人陷之，厥妖狗生角。」

4景帝三年二月，邯鄲狗與彘交。悖亂之氣，近犬豕之禍也。是時趙王遂悖亂，與吳、楚謀為逆，遣使匈奴求助兵，卒伏其辜。犬，兵革失衆之占；豕，北方匈奴之象。逆言失聽，交於異類，以生害也。《京房易傳》曰：「夫婦不嚴，厥妖狗與豕交。茲謂反德，國有兵革。」

5成帝河平元年，長安男子石良、劉音相與同居，有如人狀在其室中，擊之，為狗，走出。去後有數人被甲持兵弩至良家，良等格擊，或死或傷，皆狗也。自二月至六月乃止。

6鴻嘉中，狗與彘交。〔一〕

〔一〕　王先謙《漢書補注》：「以上『犬旤』。此未終言之，疑奪文。又一條互見〈貌傳〉。」書豪案，見本卷〈貌傳〉「服妖」〔例3〕。

白眚白祥　史例共4條

1《左氏》昭公二十四年十月癸酉，王子鼂以成周之寶圭湛于河，幾以獲神助。甲戌，津人得之河上，陰不佞取將賣之，則為石。是時王子鼂簒天子位，萬民不鄉，號令不從，故有玉變，近白祥也。癸酉入而甲戌出，神不享之驗云。玉化為石，貴將為賤也。〔一〕後二年，子鼂肬楚而死。

〔一〕沈欽韓《漢書疏證》：「按《傳》下文有：『王定而獻之』，則非真變為石也，此占何可附會？」

2史記秦始皇帝三十六年，鄭客從關東來，至華陰，望見素車白馬從華山上下，知其非人，道住止而待之。遂至，持璧與客曰：「為我遺鎬池君。」因言「今年祖龍死」。忽不見。鄭客奉璧，即始皇二十八年過江所湛璧也。與周子鼂同應。是歲，石隕于東郡，民或刻其石曰：「始皇死而地分。」此皆白祥，炕陽暴虐，號令不從，孤陽獨治，羣陰不附之所致也。一曰，石，陰類也，陰持高

節，臣將危君，趙高、李斯之象也。始皇不畏戒自省，反夷滅其旁民，而燔燒其石。〔一〕是歲始皇死，後三年而秦滅。〔二〕

〔一〕《史記・秦始皇本紀》：「盡取石旁居人誅之，因燔銷其石。」

〔二〕劉光蕡《前漢書校勘札記》：「案《史記・秦始皇本紀》，遺璧燔石，皆三十六年事，而始皇死在三十七年，此承上云『是歲死』，恐誤。」

3 孝昭元鳳三年正月，泰山萊蕪山南匈匈有數千人聲。民視之，有大石自立，高丈五尺，大四十八圍，入地深八尺，三石為足。石立處，有白烏數千集其旁。眭孟以為石陰類，下民象，泰山岱宗之嶽，王者易姓告代之處，當有庶人為天子者。孟坐伏誅。〔一〕《京房易傳》曰：「『復，崩來無咎。』〔二〕自上下者為崩，厥應泰山之石顛而下，聖人受命人君虜。」又曰：「石立如人，庶士為天下雄。〔三〕立於山，同姓；平地，異姓。立於水，聖人；於澤，小人。」

〔一〕書豪案，參見《漢書・眭弘傳》、〈五行志中之下〉的〈視傳〉「草妖」〔例4〕。〈眭弘傳〉載其言云：「石、柳皆陰類，下民之象，泰山者岱宗之嶽，王者易姓告代之處。今大石自立，僵柳復起，非人力所為，此當有從匹夫為天子者。枯社木復生，故廢

〔二一〕之家公孫氏當復興者也。」

師古曰：「〈復〉卦之辭也。今《易》，『崩』字作『朋』也。」錢大昭《漢書辨疑》引陸德明〈易釋文〉云：「『朋』，京房本作『崩』。」書豪案，此條與〈五行志下之上〉的〈思心傳〉「金、木、水、火沴土」〔例8〕所引《京房易傳》曰：「小人剝廬，厥妖山崩，茲謂陰乘陽，弱勝彊。」義理聯貫，故一併討論。「小人剝廬」為〈剝卦䷖〉上九爻辭。「崩來無咎」則是〈復卦䷗〉卦辭，通行本《周易》作「朋來無咎」，班固所鈔，即《漢書・儒林傳》中劉向所謂「唯京氏為異」的經文之一。從〈剝卦䷖〉來看，艮上坤下，雖陽爻居上，但自初至五，羣陰剝陽，一陽將盡，其〈彖傳〉曰：「剝，剝也，柔變剛也。」同於京房謂「陰乘陽」。〈說卦傳〉：「艮為山。」故厥妖應「山崩」，言陰勢漸上，陽將崩落。按孟喜「十二消息卦」，〈剝䷖〉主九月，歷〈坤䷁〉十月，至〈復䷗〉十一月（見「附表四」），震下坤上，一陽來復，是以〈復卦䷗〉：「崩來無咎」，正言〈剝䷖〉上艮陽爻，崩來〈復䷗〉初，故曰「自上下者為崩，厥應泰山之石顛而下」。

附表四　十二消息卦表

月份	十一	十二	一	二	三	四	五	六	七	八	九	十
值卦	復䷗	臨䷒ㄧ	泰䷊ㄧ	大壯䷡	夬䷪	乾䷀	姤䷫	遯䷠	否䷋	觀䷓	剝䷖	坤䷁

〔三〕劉知幾《史通・五行志錯誤》：「案此當是孝宣皇帝即位之祥也。夫宣帝出自閭閻，坐登宸極，所謂『庶人受命』者也。以曾孫血屬，上纂皇統，所謂『同姓』雄者也。昌邑見廢，謫居遠方，所謂『人君虜』者也。班書載此徵祥，雖具有剖析，而求諸後應，曾不縷陳。敘事之宜，豈其若是？苟文有所闕，則何以載言者哉，此所謂但申解釋，不顯符應也。」

4 天漢元年三月，天雨白毛；三年八月，天雨白氂。《京房易傳》曰：「前樂後憂，厥妖天雨羽。」又曰：「邪人進，賢人逃，天雨毛。」〔一〕

〔一〕沈欽韓《漢書疏證》：「〈晉志〉復引其《易妖》曰：『天雨毛羽，貴人出走。』又云：『成帝咸康初，地生白毛，孫盛以為人勞之異。』」王先謙《漢書補注》：「以上『白祥』。又二條互見『金不從革』下，二條互見〈視傳〉、〈皇極傳〉下。」書豪案，依序見〈五行志上〉的〈金傳〉〔例1〕、〔例2〕，〈五行志中之下〉的〈視傳〉「羽蟲之孽」〔例2〕，〈五行志下之下〉的〈皇極傳〉「星辰逆行」〔例15〕。

木沴金　史例共2條

1 史記周威烈王二十三年，九鼎震。金震，木動之也。是時周室衰微，刑重而虐，號令不從，以亂金氣。鼎者，宗廟之寶器也。宗廟將廢，寶鼎將遷，故震動也。是歲晉三卿韓、魏、趙篡晉君而分其地，威烈王命以為諸侯。天子不恤同姓，而爵其賊臣，天下不附矣。〔一〕後三世，周致德祚於秦。〔二〕其後秦遂滅周，而取九鼎。九鼎之震，木沴金，失衆甚。

〔一〕劉知幾《史通・五行志錯誤》：「案周當戰國之世，微弱尤甚。故君疑竊斧，臺名逃債。正比夫泗上諸侯，附庸小國者耳。至如三晉跋扈，欲為諸侯，雖假王命，實由己出。譬夫近代莽稱安漢，匪平帝之至誠；卓號太師，豈獻皇之本願。而作者苟責威烈以妄施爵賞，坐貽妖孽，豈得謂『人之情偽，盡知之矣』者乎！此所謂商榷前世，全違故實也。」

〔二〕陳景雲《兩漢訂誤》：「按『後三世』者，謂顯王之世也。『致德祚於秦』者，謂顯王九年致文武胙于秦孝公也。」吳恂《漢書注商》：「又威烈王後三世致胙於秦者，據《周本紀》係顯王九年，致文武胙於秦孝公，三十五年，致文武胙於秦惠王。」

2 成帝元延元年正月，長安章城門門牡自亡，函谷關次門牡亦自亡。《京房易傳》曰：「飢而不損茲謂泰，厥災水，厥咎牡亡。」《妖辭》曰：「關動牡飛，辟為亡道，臣為非，厥咎亂臣謀篡。」〔一〕故谷永對曰：「章城門通路寢之路，函谷關距山東之險，城門關守國之固，固將去焉，故牡飛也。」

〔一〕李奇曰：「《易妖變傳》辭。」書豪案，《漢書・谷永傳》記谷永奏疏云：「諸夏舉兵，萌在民饑饉而吏不卹，興於百姓困而賦斂重，發於下怨離而上不知。《易》曰：『屯其膏，小貞吉，大貞凶。』《傳》曰：『飢而不損茲謂泰，厥災水，厥咎亡。』《訞辭》曰：『關動牡飛，辟為無道，臣為非，厥咎亂臣謀篡。』王者遭衰難之世，有飢饉之災，不損用而大自潤，故凶；百姓困貧無以共求，愁悲怨恨，故水；城關守國之固，固將去焉，故牡飛。」其中「《易》曰」云云，是〈屯卦〉九五爻辭，對應「王者遭衰難之世，有飢饉之災，不損用而大自潤，故凶」；「《傳》曰」一句，為《京房易傳》文，見〈五行志上〉的〈水傳〉所引，對應「百姓困貧無以共求，愁悲怨恨，故水」；《訞辭》提到「關動牡飛」，對應「城關守國之固，固將去焉，故牡飛」。足見「經」、「傳」、「訞辭」各自對應不同災異事項，實互不聯繫，三者平行並列。然班固於此，將《京房易傳》原文「厥災水，厥咎亡」改作「厥災水，厥咎牡亡」，非但語辭有異，且單言「牡亡」一語，直覺或可釋作動物傷亡，未必和「門牡」有關。翻過來看，班固於「厥咎亡」增一「牡」字，必在此文脈絡中，方可與「門牡」產生聯繫。職是以論，正因班固的誤解，將原本「經」、「傳」、「訞辭」平行並列的關係，轉變成災異、《京房易傳》、《妖辭》為從屬結構，然非谷永疏對的本意，更非《京房易傳》的詮釋結構。

五行志第七中之下

視傳

《傳》曰：「視之不明，是謂不悊，厥咎舒，厥罰恆奧，厥極疾。時則有草妖，時則有臝蟲之孽，〔一〕時則有羊旤，時則有目痾，時則有赤眚赤祥。惟水沴火。」〔二〕

〔一〕師古曰：「臝、螟之類無鱗甲毛羽，故謂之臝蟲也。」

〔二〕王先謙《漢書補注》：「『水沴火』無證。」

「視之不明，是謂不悊」，悊，知也。《詩》云：「爾德不明，以亡陪亡卿；不明爾德，以亡背亡仄。」〔一〕言上不明，暗昧蔽惑，則不能知善惡，親近習，長同類，亡功者受賞，有罪者不殺，百官廢亂，失在舒緩，故其咎舒也。

〔二〕盛夏日長，暑以養物，政弛緩，故其罰常奧也。奧則冬溫，春夏不和，傷病民人，故極疾也。誅不行則霜不殺草，繇臣下則殺不以時，故有草妖。凡妖，貌則以服，言則以詩，聽則以聲。視則以色者，〔三〕五色物之大分也，在於眚祥，故聖人以為草妖，失秉之明者也。溫奧生蟲，故有蠃蟲之孽，謂螟螣之類當死不死，〔四〕未當生而生，或多於故而為災也。劉歆以為屬思心不容。於《易》，剛而包柔為〈離〉，〔五〕〈離〉為火為目。羊上角下蹏，剛而包柔，羊大目而不精明，視氣毀故有羊旤。一曰，暑歲羊多疫死，及為怪，亦是也。及人，則多病目者，故有目痾。火色赤，故有赤眚赤祥。凡視傷者病火氣，火氣傷則水沴之。其極疾者，順之，其福曰壽。〔六〕劉歆〈視傳〉曰：「有羽蟲之孽，雞旤。」〈說〉以為於天文南方喙為鳥星，〔七〕故為羽蟲；旤亦從羽，故為雞；雞於《易》自在〈巽〉。〔八〕〈說〉非是。〔九〕庶徵之恆奧，劉向以為《春秋》亡冰也。小奧不書，無冰然後書，舉其大者也。

〔一〕師古曰：「〈大雅・蕩〉之詩也。」書豪案，繆祐孫《漢書引經異文錄證》：「今《毛詩》『爾德』二句在『不明』二句下，『㠯亡北亡仄』作『時無背無側』，『亡陪』作『無倍』。」吉川忠夫《漢書五行志》亦指出，今《毛詩》作：「不明爾德，時無背無側；爾德不明，以無陪無卿。」一句順有所差異。

〔二〕《隋書．五行志下》引劉向《五行傳》：「視不明，用近習，賢者不進，不肖不退，百職廢壞，庶事不從，其過在政教舒緩。」

〔三〕王先謙《漢書補注》：「〈晉志〉『視』下『則』作『不』，是也。《傳》、『說』謂服妖與貌，詩妖與言，鼓妖與聲皆相應，視當與色應，此草妖非色，是視不以色矣。所以然者，以五色分在眚祥也，若仍作『則』字，則理不可通。」

〔四〕師古曰：「螟食苗心，螣食苗葉之蟲也。」

〔五〕師古曰：「兩陽居外，一陰在內，故云剛包柔。」

〔六〕李奇曰：「於六極之中為疾者，逆火氣，致疾病也。能順火氣，則旣更為福。」

〔七〕《漢書．天文志》：「南宮朱鳥，……柳為鳥喙。」《開元占經》卷三十〈熒惑占一〉引《洪範五行傳》曰：「熒惑，於五常為禮，辨上下之節。於五事為視，明察善惡之事也。禮虧視失逆夏令，則熒惑為旱災、為火、為疾、為亂、為死喪、為賊、為妖言天怪也。」

〔八〕《周易．說卦傳》：「〈巽〉為雞。」

〔九〕王先謙《漢書補注》：「言雞說非是，羽蟲之說，班氏固采之。」

《京房易傳》曰：「祿不遂行茲謂欺，厥咎奥，雨雪四至而溫。臣安祿樂逸茲謂亂，奥而生蟲。知罪不誅茲謂舒，其奥，夏則暑殺人，冬則物華實。重過不

誅，茲謂亡徵，其咎當寒而奧六日也。」〔一〕

〔一〕 凌稚隆《漢書評林》：「以上引《傳》語『視之不明』而釋言之，以下歷著視咎之事應。」

恆奧 史例共5條

1 桓公十五年「春，亡冰」。〔一〕劉向以為周春，今冬也。先是連兵鄰國，三戰而再敗也，〔二〕內失百姓，外失諸侯，不敢行誅罰，鄭伯突篡兄而立，公與相親，〔三〕長養同類，〔四〕不明善惡之罰也。董仲舒以為象夫人不正，陰失節也。〔五〕

〔一〕 沈欽韓《漢書疏證》：「當作『十四年』。范甯解依董仲舒義。」書豪案，《穀梁傳・桓公十四年》范甯《注》：「皆君不明去就，政治舒緩之所致。《五行傳》曰：『視之不明，是謂不哲，厥咎舒，厥罰常燠。』」則范甯解當依劉向義。《公羊傳・桓公十四年》何休《注》：「周之正月，夏之十一月，法當堅冰，無冰者，溫也。此夫人淫泆陰而陽行之所致。」何休解方依董仲舒義，沈說非。再案，《左傳・桓公十四年》杜預《注》：「無傳，書時失。」

〔一二〕

師古曰：「三戰者，謂十年齊侯、衛侯、鄭伯來戰于郎，十二年與鄭師伐宋戰于宋，十三年會紀侯、鄭伯及齊侯、宋公、衛侯、燕人戰也。再敗者，謂郎之戰，《穀梁傳》曰『以吾敗也』，又宋之戰，《穀梁》亦曰『諱敗，舉其可道者也』。」書豪案，三戰事據《春秋經》。《左傳・桓公十年》杜預《注》：「不稱侵伐，而以戰為文，明魯直諸侯曲，故言『我有辭』。以禮自釋，交綏而退，無敗績。」《左傳・桓公十二年》杜預《注》：「既書伐宋，又重書戰者，以見宋之無信也。」則此二戰《左氏》家或不以為敗，或釋《經》文「重書戰」之義。《公羊傳・桓公十年》：「冬十有二月丙午，齊侯、衛侯、鄭伯來戰于郎。郎者何？吾近邑也。吾近邑則其言來戰于郎何？近也。惡乎近？近乎圍也。此偏戰也，何以不言師敗績？內不言戰，言戰乃敗矣。」《公羊傳・桓公十二年》：「十有二月，及鄭師伐宋。丁未，戰于宋。戰不言伐，此其言伐何？辟嫌也。惡乎嫌？嫌與鄭人戰也。此偏戰也，何以不言師敗績？內不言戰，言戰乃敗矣！」《公羊》均知其敗，然如《公羊傳・桓公十年》何休《注》：「《春秋》託王於魯，戰者敵文也。王者兵不與諸侯敵，戰乃其已敗之文，故不復言師敗績。」《經》不言敗，乃寓王魯之義。《穀梁傳・桓公十年》：「內不言戰，言戰則敗也。」《穀梁傳・桓公十二年》：「內諱敗，舉其可道者也。」范甯《注》：「戰輕於敗，戰可道而敗不可道。」廖平《穀梁古義疏》：「為親者諱敗。」《穀梁》亦知其再敗，惟重親親之義，與《公羊》有異。

〔三〕師古曰：「突，鄭莊公子，即厲公也。兄謂太子忽，即昭公也。莊公既卒，突因宋莊公之寵而得立，遂使昭公奔衛，故云篡兄也。公與相親者，謂十五年突為祭仲所逐奔蔡，遂居櫟，而昭公入，公再與諸侯伐鄭，謀納厲公。」書豪案，顏說據《左傳・桓公十五年》：「冬，會于袲，謀伐鄭，將納厲公也。弗克而還。」此事《穀梁》無說，《公羊傳・桓公十五年》何休《注》：「月者，善諸侯征突，善錄義兵也。」是《公羊》家釋伐鄭，乃伐奔居櫟的鄭厲公突，非鄭昭公忽。與前註並觀，「三戰而再敗」用《穀梁》，「公與相親」取《左傳》，劉向融通二傳義理。

〔四〕師古曰：「言桓篡立，與突志同，故曰長養同類。」

〔五〕師古曰：「夫人姜氏通于齊侯，故云不正。」書豪案，言《春秋經・桓公十八年》：「春王正月，公會齊侯于濼，公與夫人姜氏遂如齊也」一事。

2成公元年「二月，無冰」。董仲舒以為方有宣公之喪，君臣無悲哀之心，而炕陽，作丘甲。〔一〕劉向以為時公幼弱，政舒緩也。〔二〕

〔一〕師古曰：「時宣公薨始踰年，故云有喪也。」書豪案，《春秋經・成公元年》：「三月，作丘甲。」

〔二〕《公羊傳・成公元年》何休《注》：「周正月，夏十二月。《尚書》曰：『舒恒燠若』，《易京房傳》曰：『當寒而溫，倒賞也』。是時成公幼少，季孫行父專權而委任之所致。」沈欽韓《漢書疏證》：「何休不用董、劉之說，云『季孫行父專政所致』，楊士勛《疏》駁之云：『桓十四年，季氏不專政，亦無冰』。」陳立《公羊義疏》云：「按何氏之說同子政。知成公幼少者，下〈十六年〉『不見公』，《傳》：『曷為不恥？幼也。』《左傳・成二年》：『公衡為質。』杜云：『公衡，成公子。』計已有子為質，則公時應三十餘矣，則《左氏》不以為幼。然公至十四年始娶，則《公羊》之說信矣。行父專權，自仲遂卒後始。〈魯世家〉於宣公初立，云：『魯由此公室卑，三桓彊。』明魯君失政於宣初。遂卒後，季氏日彊大也。」書豪案，如陳氏所言，何休實用劉向之說，沈說非。再案，《左傳・成公元年》杜預《注》：「無傳，周二月今之十二月，而無冰，書冬溫。」

3 襄公二十八年「春，無冰」。〔一〕劉向以為先是公作三軍，有侵陵用武之意，〔二〕於是鄭國不和，伐其三鄙，〔三〕被兵十有餘年，因之以饑饉，百姓怨望，臣下心離，公懼而弛緩，不敢行誅罰，楚有夷狄行，公有從楚心，不明善惡之應。〔四〕董仲舒指略同。一曰，水旱之災，寒暑之變，天下皆同，故曰「無冰」，天下異也。桓公殺兄弒君，外成宋亂，與鄭易邑，背畔周室。〔五〕成公時，楚橫行中國，〔六〕王札子殺召伯、毛伯，〔七〕晉敗天子之師于貿戎，〔八〕天子皆不能討。襄公時，天下諸侯之大夫皆執國權，〔九〕君不能制。漸將日甚，善惡不明，誅罰不行。周失之舒，秦失之急，故周衰亡寒歲，秦滅亡奧年。

〔一〕《公羊傳・襄公二十八年》何休《注》：「豹羯為政之所致。」書豪案，綜《春秋》言「無冰」三例以觀，何休一用董仲舒「淫佚不正」之義，二用《五行傳》「失在舒緩」之義，有矛盾之嫌。再案，《左傳・襄公二十八年》杜預《注》：「前年知其再失閏，頓置兩閏以應天正，故此年正月建子得以無冰為災而書。」

〔二〕師古曰：「作三軍者，季氏欲專其權，非公本意，此說非也。侵陵用武者，謂入鄆取邿也。」書豪案，事據《春秋經・襄公十一年》。

〔三〕師古曰：「謂十二年三月、十四年夏，莒人伐我東鄙。十五年夏，齊侯伐我北鄙。秋，邾人伐我南鄙。十六年三月，齊侯伐我北鄙。」書豪案，事據《春秋經》。然襄公十七、十八、二十五年齊伐魯北鄙，十七年邾人伐魯南鄙，顏氏未及。

〔四〕師古曰：「有從楚心，謂二十八年公朝于楚。」書豪案，事據《春秋經》。

〔五〕師古曰：「隱攝公位，又桓之兄，故云殺兄弒君也。成宋亂者，謂宋華父督弒其君殤公及其大夫孔父，以郜大鼎賂公，公會齊侯、鄭伯于稷而平其亂也。與鄭易邑，謂以太山之田易許田也。許田者，魯朝宿之邑也，而以與鄭，明魯之不朝於王，故云背畔周室。」書豪案，事據《春秋經・隱公十一年》、〈桓公元年〉、〈桓公二年〉。

〔六〕師古曰：「謂成二年楚師侵衛，遂侵我，師于蜀。六年七月，楚公子嬰齊帥師伐鄭。九年，嬰齊帥師伐莒。十五年，楚子伐鄭。十六年，楚子與晉侯、鄭伯戰于鄢陵。十八年，楚子伐宋。」書豪案，事據《春秋經》。

〔七〕師古曰：「王札子，即王子捷也。召伯、毛伯，皆周大夫也。今《春秋經》王札子殺召伯、毛伯事在宣十五年，而此言成公時，未達其說。」劉知幾《史通・五行志雜駁》：「案今《春秋經》札子殺毛、召，事在宣十五年。而此言成公時，未達其說。下去無冰，凡有三載。」錢大昕《三史拾遺》卷三：「漢儒言無冰之災，由誅罰不行，失在前而應在後。成公元年無冰，距宣十五年僅三載，故援以為驗，非有誤也。」

〔八〕師古曰：「貿戎，戎別種也。《公羊傳・成元年》：『王師敗績于貿戎。孰敗之？蓋晉敗之。』」

〔九〕師古曰：「謂襄十六年會于溴梁，諸侯之大夫盟皆類此。」書豪案，事據《春秋經》。

4　武帝元狩六年冬，亡冰。先是，比年遣大將軍衛青、霍去病攻祁連，絕大幕，窮追單于，斬首十餘萬級，還，大行慶賞。乃閔海內勤勞，是歲遣博士褚大等六人持節巡行天下，存賜鰥寡，假與乏困，舉遺逸獨行君子詣行在所。郡國有以為便宜者，上丞相、御史以聞。天下咸喜。〔一〕

〔一〕劉知幾《史通・五行志錯誤》：「其釋『厥咎舒，厥罰恆燠』，以為其政弛慢，失在舒緩，故罰之以燠，冬而亡冰。尋其解《春秋》之無冰也，皆主內失黎庶，外失諸侯，不事誅賞，不明善惡，蠻夷猾夏，天子不能討，大夫擅權，邦君不敢制。若斯而已矣。次至武帝元狩六年冬，亡冰，……案漢帝其武功文德也如彼，其先猛後寬也如此，豈是有懦弱凌遲之失，而無刑罰戡定之功哉！何得苟以無冰示災，便謂與昔人同罪。矛盾自己，始末相違，豈其甚邪？此所謂輕持善政，用配妖禍也。」

5 昭帝始元二年冬，亡冰。〔一〕是時上年九歲，〔二〕大將軍霍光秉政，始行寬緩，欲以說下。

〔一〕書豪案，據《漢書・昭帝紀》，當在始元元年。

〔二〕史學海《漢書校證》：「〈昭紀〉武帝後元二年立昭帝為太子，年八歲，是始元二年十歲矣。此〈志〉九歲，誤。」書豪案，與前註併觀，益可證「始元二年」乃「始元元年」之誤。

草妖

史例共8條

1 僖公三十三年「十二月，隕霜不殺草」。〔一〕劉歆以為草妖也。劉向以為今十月，周十二月。於《易》，五為天位、君位，九月陰氣至，五通於天位，其卦為〈剝〉，〔二〕剝落萬物，始大殺矣，明陰從陽命，臣受君令而後殺也。今十月隕霜而不能殺草，此君誅不行，舒緩之應也。是時公子遂顓權，三桓始世官，天戒若曰：「自此之後，將皆為亂矣。」文公不寤，其後遂殺子赤，三家逐昭公。董仲舒指略同。〔三〕

《京房易傳》曰：「臣有緩茲謂不順，厥異霜不殺也。」

〔一〕《穀梁傳・僖公三十三年》范甯《注》：「《京房易傳》曰：『君假與臣權，隕霜不殺草。』」《公羊傳・僖公三十三年》何休《注》：「周之十二月，夏之十月也。《易中孚記》曰：『陰假陽威之應也。』早霣霜而不殺萬物，至當霣霜之時，根生之物復榮不死，斯陽假與陰威，陰威列索故陽，自霣霜而反不能殺也。此祿去公室，政在公子遂之應也。」書豪案，何休將此例與本傳「草妖」〔例3〕合觀。再案，《韓非子・內儲說上》：「魯哀公問於仲尼曰：『《春秋》之記曰：「冬十二月霣霜不殺菽」，何為記此？』仲尼對曰：『此言可以殺而不殺也。夫宜殺而不殺，桃李冬實。天失道，草木猶犯干之，而況於人君乎？』」劉文淇《春秋左氏傳舊注疏證》：「此當是《左氏》古義，《公》、《穀》之義皆主臣干政，與《左氏》異義。」

〔二〕 師古曰：「坤下艮上。」書豪案，此據孟喜、京房「十二消息卦」，詳見〈五行志中之上〉的〈言傳〉「白眚白祥」〔例3〕註二。

〔三〕 王先謙《漢書補注》：「此條引向、董說，與『恆奧』互通。」

2 《書序》曰：「伊陟相太戊，亳有祥桑榖共生。」〔一〕《傳》曰：「俱生乎朝，七日而大拱。伊陟戒以修德，而木枯。」劉向以為殷道既衰，高宗承敝而起，盡涼陰之哀，天下應之，〔二〕既獲顯榮，怠於政事，國將危亡，故桑榖之異見。桑猶喪也，榖猶生也，殺生之秉失而在下，近草妖也。一曰，野木生朝而暴長，小人將暴在大臣之位，危亡國家，象朝將為虛之應也。

《書序》又曰：「高宗祭成湯，有蜚雉登鼎耳而雊。」〔三〕祖己曰：「惟先假王，正厥事。」劉向以為雉雊鳴者雄也，以赤色為主。於《易》，〈離〉為雉，雉，南方，近赤祥也。劉歆以為羽蟲之孽。《易》有〈鼎〉卦，〔四〕鼎，宗廟之器，主器奉宗廟者長子也。野鳥自外來，入為宗廟器主，是繼嗣將易也。一曰，鼎三足，三公象，而以耳行。野鳥居鼎耳，小人將居公位，敗宗廟之祀。野木生朝，野鳥入廟，敗亡之異也。武丁恐駭，謀於忠賢，修德而正事，內舉傅說，授以國政，〔五〕外伐鬼方，以安諸夏，故能攘木、鳥之妖，致百年之壽，所謂「六沴作見，若是共御，五福乃降，用章于下」〔六〕者也。一曰，金沴木，曰

木不曲直。〔七〕

〔一〕師古曰：「〈商書・咸乂〉之序也。其書亡。伊陟，伊尹子也。大戊，太甲孫也。亳，殷所都也。桑、穀二木，合而共生。」

〔二〕師古曰：「據今《尚書》及諸傳記，太戊卒，子仲丁立，卒，弟何亶甲立，卒，子祖乙立，卒，子盤庚立，卒，小乙之子武丁立，是為高宗。桑穀自太戊時生，涼陰乃高宗之事。而此云桑穀即高宗時出，其說與《尚書大傳》不同，未詳其義也。或者伏生差謬。」沈欽韓《漢書疏證》：「《說苑・敬慎》篇與《尚書大傳》同為高宗時，顏少見多怪耳。《注》中『不同』，『不』字當衍。」書豪案，《尚書大傳》：「武丁之時，桑穀俱生於朝，七日而大拱。武丁召其相而問焉。其相曰：『吾雖知之，吾不能言也。』問諸祖己，曰：『桑穀，野艸也，野艸生於朝，亡乎？』武丁懼，側身脩行，思昔先王之政，興滅國，繼絕世，舉逸民，明養老之禮，重譯來朝者六國。」誠如沈氏所言，《尚書大傳》亦以為武丁事，是顏氏不當謂「其說與《尚書大傳》不同」。疑顏氏誤以上文「《傳》曰」：「俱生乎朝，七日而大拱。伊陟戒以修德，而木枯。」為《尚書大傳》文。然兩者所記，一為伊陟，一為祖己，實有出入。觀「《傳》曰」循《書序》：「伊陟相太戊，亳有祥桑穀共生」以釋，《史記・殷本紀》即用太戊、伊陟之說，《漢書・儒林傳》云：「司馬遷亦從安國問故。遷書載〈堯典〉、〈禹貢〉、〈洪範〉、〈微子〉、〈金縢〉諸篇，多古文說。」則此說或出自孔安國《古文尚書》之《傳》。若然，則此「《傳》曰」並未見於今本偽孔《傳》，更具文獻價值。再案，「桑穀生」實有三說，《呂氏春秋・制樂》、《韓詩外傳》卷三以為商湯事，《史記・殷本紀》以為大戊事，《尚書大傳》、《說苑・敬慎》以為武丁事，《說苑・君道》有二則，一以為太戊時，一以為武丁時。孫星衍《尚書今古文注疏・書序上》云：「蓋大戊卜于湯廟，故譌為湯時事。大戊為中宗，武丁為高宗，今古文以三宗傳聞辭異，故各從其師說。然則孔安國古文說為太戊時，伏生今文說為武丁時。」王先謙《漢書補注》：「是桑穀生本有二說，故班氏兩引之。下文『一曰』以下，則以木、鳥併為武丁事也。」

〔三〕師古曰：「〈商書・高宗肜日〉之序也。」王先謙《漢書補注》：「此因一說而牽連及之，與『草妖』無涉。」

〔四〕師古曰：「巽下離上也。」

〔五〕師古曰：「武丁夢得賢相，乃以所夢之像使求之，得於傅巖，立以為相，作〈說命〉三篇。」

〔六〕書豪案，《漢書・谷永傳》引《傳》曰：「六沴作見，若不共御，六罰既侵，六極其下。」顏師古《注》：「此〈洪範〉之《傳》也。」一言「五福」，一言「六罰」、「六極」，更可見《洪範五行傳》義。

〔七〕　王先謙《漢書補注》：「二事互見。」

3僖公三十三年「十二月，李梅實」。〔一〕劉向以為周十二月，今十月也，李梅當剝落，今反華實，近草妖也。先華而後實，不書華，舉重者也。陰成陽事，象臣顓君作威福。一曰，冬當殺，反生，象驕臣當誅，不行其罰也。故冬華者，象臣邪謀有端而不成，至於實，則成矣。是時僖公死，公子遂顓權，文公不寤，後有子赤之變。一曰，君舒緩甚，奧氣不臧，則華實復生。董仲舒以為李梅實，臣下彊也。《記》曰：「不當華而華，易大夫；不當實而實，易相室。」〔二〕冬，水王，木相，故象大臣。劉歆以為庶徵皆以蟲為孽，〈思心〉，蠃蟲孽也。〔三〕李梅實，屬草妖。

〔一〕　《穀梁傳・僖公三十三年》范甯《注》：「《京房易傳》曰：『從叛者茲謂不明，厥妖木冬實。』」

〔二〕　應劭曰：「冬，水王，木相，故象大臣。冬實者，變置丞相與宮室也。但華，則變大夫也。」史珥《四史勦說》：「觀此，則『王相』之說，其來已久。」王先謙《漢書補注》引葉德輝曰：「此即〈藝文志〉劉向《五行傳記》之說。」書豪案，繆鳳林、程元敏以為或即許商《五行傳記》之說。（詳見繆鳳林〈洪範五行傳出伏生辨〉、程元敏

〈兩漢《洪範五行傳》作者索隱〉）然細案其上下行文，「李梅實」、「臣下彊」，分別和「不當實而實」、「象大臣」前後呼應，其為同一段落極為顯著，足證「《記》曰」非劉向、許商之作，應當是《史記．儒林列傳》提到，董仲舒廢為中大夫，居舍時所著的《災異之記》。文中所謂「水王，木相」，《白虎通．五行》：「五行所以更王何？以其轉相生，故有終始也。……王所勝者死，勝王者囚，王所生者相，故王者休。木王、火相何？以知為臣。土所以死者，子為父報仇者也。」蕭吉《五行大義》卷二〈論相生．論四時休王〉：「凡當王之時，皆以子為相者，以其子方壯，能助治事也。」職是以推，水生木，「水王」則當「木相」，以「相」佐「王」，有「忠臣」之義；水因受土所剋，待木王而土死，乃「子為父報仇者也」，體現「孝子」之行。凡此，俱可基於《春秋繁露．五行之義》：「故五行者，忠臣孝子之行也」推衍而得。

〔三〕王先謙《漢書補注》：「班從歆說，以羸蟲孽入〈思心傳〉，故此無證。」書豪案，此處言「草妖」，尚未及「蟲孽」，歆說和史例並不相應。進而觀本傳「草妖」（例4）到（例8）的西漢諸例，均不著明「劉歆以為」，也不與〈視傳〉相應，知此為班固因諸例均涉植物災異，故附於「草妖」之下，此其一。進而知劉歆《洪範五行傳記》原書，於此例下當逕接〈羽蟲之孽〉的「有鸜鵒來巢」一例，此其二。又可知「劉歆以為庶徵皆以蟲為孽，〈思心〉，羸蟲孽也」一語，未必出自劉歆《洪範五行傳記》，當是班固作〈志〉案語，以標誌劉歆分類異於群儒，此其三。在此〈視傳〉從劉歆〈羽蟲之孽〉而非原本的〈蠃蟲之孽〉，亦可明班固作〈志〉時，當先統合西漢災異書籍，再於相應類別下，補充群儒未及推說的西漢史事，此其四。

4 惠帝五年十月，桃李華，棗實。〔一〕昭帝時，上林苑中大柳樹斷仆地，一朝起立，生枝葉，有蟲食其葉，成文字，曰「公孫病已立」。又昌邑王國社有枯樹復生枝葉。眭孟以為木陰類，下民象，當有故廢之家公孫氏從民間受命為天子者。〔二〕昭帝富於春秋，霍光秉政，以孟妖言，誅之。後昭帝崩，無子，徵昌邑王賀嗣位，狂亂失道，光廢之，更立昭帝兄衛太子之孫，是為宣帝。帝本名病已。

《京房易傳》曰：「枯楊生稊，〔三〕枯木復生，人君亡子。」

〔一〕書豪案，《漢書・高后紀》：「元年……秋，桃李華。」又《漢書・文帝紀》：「六年冬十月，桃李華。」〈志〉闕。

〔二〕書豪案，參見《漢書・眭弘傳》、〈五行志中之上〉的〈言傳〉「白眚白祥」（例3）。史珥《四史勦說》：「按是時昭帝盛年，何繇知有中絕之事，且樹生昌邑國社，安知非即昌邑二十七日天位之祥，何必定歸宣帝？孟占太顯，既疑後事附會，或即欲漢帝求賢即禪位張本耳。」

〔三〕師古曰：「〈大過〉九二爻辭也。」書豪案，「枯楊生稊」是〈大過䷛〉九二爻辭。「稊」，王弼《注》：「楊之秀也。」即楊樹新生的枝葉。此卦兌上巽下，〈說卦傳〉：「巽為木。」又云：「兌為澤。」二至四爻，京房互體可得乾象，虞翻云：「乾為老」，老木曰「枯」，枯木得雨澤而再生稊，故云「枯木復生」。《開元占經》卷百十二〈竹木草藥占〉引《京房易傳》：「枯楊生華，國后當之。」「枯楊生華」為〈大過䷛〉九五爻辭。其九二爻辭又言：「老夫得其女妻」，九五爻辭則曰：「老婦得其士夫」，故「老夫」應「人君」災異，「老婦」則「國后當之」。

5　元帝初元四年，皇后曾祖父濟南東平陵王伯墓門梓柱卒生枝葉，上出屋。劉向以為王氏貴盛將代漢家之象也。後王莽簒位，自說之曰：「初元四年，莽生之歲也，當漢九世火德之厄，而有此祥興於高祖考之門。門為開通，梓猶子也，言王氏當有賢子開通祖統，起於柱石大臣之位，受命而王之符也。」〔一〕

〔一〕《漢書・劉向傳》記劉向奏疏曰：「而孝宣帝即位，今王氏先祖墳墓在濟南者，其梓柱生枝葉，扶疏上出屋，根矚地中，雖立石起柳，無以過此之明也。事勢不兩大，王氏與劉氏亦且不並立，如下有泰山之安，則上有累卵之危。」

6 建昭五年，兗州刺史浩賞禁民私所自立社。山陽橐茅鄉社有大槐樹，吏伐斷之，其夜樹復立其故處。成帝永始元年二月，河南街郵樗樹生支如人頭，眉目須皆具，亡髮耳。哀帝建平三年十月，汝南西平遂陽鄉柱仆地，生支如人形，身青黃色，面白，頭有頿髮，稍長大，凡長六寸一分。

《京房易傳》曰：「王德衰，下人將起，則有木生為人狀。」

7 哀帝建平三年，〔一〕零陵有樹僵地，圍丈六尺，長十丈七尺。民斷其本，長九尺餘，皆枯。三月，樹卒自立故處。

《京房易傳》曰：「棄正作淫，厥妖木斷自屬。妃后有顓，木仆反立，斷枯復生。天辟惡之。」〔二〕

〔一〕　劉知幾《史通・五行志錯誤》：「夫人君改元，肇自劉氏。史官所錄，須存凡例。案斯〈志〉之記異也，首列元封年號，不詳漢代何君；次言地節、河平，具述宣、成二帝。武稱元鼎，每歲皆書；哀曰建平，同年必錄。此所謂標舉年號，詳略無準者也。」王先謙《漢書補注》引蘇輿曰：「案上已云哀帝建平三年，劉知幾所謂『哀曰建平，同年必錄』者也。但中廁《京房易傳》，竝非連文，劉氏所譏，無害宏旨。」

〔二〕　王先謙《漢書補注》引蘇輿曰：「《左・昭七年傳》：『魯、衛惡之』，杜《注》：

『受其凶惡』，此云：『天辟惡之』，語意一例。又〈天文志〉：『入又復出，人君惡之』義同。」

8 元帝永光二年八月，天雨草，而葉相摎結，大如彈丸。平帝元始三年正月，天雨草，狀如永光時。〔一〕

《京房易傳》曰：「君吝於祿，信衰賢去，〔二〕厥妖天雨草。」

〔一〕書豪案，《漢紀‧孝元皇帝紀中》：「（永光）二年八月，天雨草如莎，相摎結如彈丸。」《漢紀‧孝平皇帝紀》：「（元始）三年秋八月，天雨草，狀如莎，相樛結如彈丸。」

〔二〕周壽昌《漢書注校補》：「此即前所云：『祿不遂行』也。」

羽蟲之孽　史例共7條

1 昭公二十五年「夏，有鸜鵒來巢」。〔一〕劉歆以為羽蟲之孽，其色黑，又黑祥也，視不明聽不聰之罰也。劉向以為有蜚有蜮不言來者，氣所生，所謂眚也；〔二〕鸜鵒言來者，氣所致，所謂祥也。鸜鵒，夷狄穴藏之禽，來至中國，不穴而巢，陰居陽位，〔三〕象季氏將逐昭公，去宮室而居外野也。鸜鵒白羽，旱之祥也；穴居而好水，黑色，為主急之應也。天戒若曰，既失衆，不可急暴；急暴，陰將持節陽以逐爾，去宮室而居外野矣。昭不寤，而舉兵圍季氏，為季氏所敗，出犇于齊，遂死于外野。董仲舒指略同。〔四〕

〔一〕《公羊傳・昭公二十五年》何休《注》：「非中國之禽而來居此國，國將危亡之象。鸜鵒猶權欲，宜穴又巢，此權臣欲國自下居上之徵也，其後卒為季氏所逐。」書豪案，《左傳・昭公二十五年》引文、成之世童謠曰：「鸜之鵒之，公出辱之」云云，以明「鸜鵒來巢」之災。《洪範五行傳》則一屬〈視傳〉「羽蟲之孽」，一為〈言傳〉「詩妖」，參見〈五行志中之上〉的〈言傳〉「詩妖」〔例3〕。

〔二〕師古曰：「此蜚，謂負蠜也，其為蟲臭。蜮，短弧，即今所謂水弩也。隱元年有蜚，莊十八年有蜮。」

〔三〕師古曰：「今之鸜鵒，中國皆有，依《周官》而言，但不踰濟水耳。《左氏》以為魯所常無，故異而書之。而此云夷狄禽，未喻其意。又此鳥本亦巢居，不皆穴處也。書巢者，著其居止字乳，不即去也。」

〔四〕書豪案，此言「董仲舒指略同」，當指劉向「鸜鵒，夷狄穴藏之禽，來至中國，不穴而巢，陰居陽位，象季氏將逐昭公，去宮室而居外野也」，以及「天戒若曰，既失衆，不可急暴；急暴，陰將持節陽以逐爾，去宮室而居外野矣」兩段。其餘言「眚」、「祥」者，則是劉向再據《洪範五行傳》推論，為董仲舒所未及。由此可見董仲舒以「陰陽」、「天譴」推說災異，亦有能和《洪範五行傳》融通之處。

2 景帝三年十一月，有白頸烏與黑烏羣鬭楚國呂縣，白頸不勝，墮泗水中，死者數千。劉向以為近白黑祥也。時楚王戊暴逆無道，刑辱申公，與吳王謀反。烏羣鬭者，師戰之象也。白頸者小，明小者敗也。墮於水者，將死水地。王戊不寤，遂舉兵應吳，與漢大戰，兵敗而走，至於丹徒，為越人所斬，墮死於水之效也。

《京房易傳》曰：「逆親親，厥妖白黑烏鬭於國。」

3 昭帝元鳳元年，有烏與鵲鬭燕王宮中池上，烏墮池死，近黑祥也。〔一〕時燕王旦謀為亂，遂不改寤，伏辜而死。楚、燕皆骨肉藩臣，以驕怨而謀逆，俱有烏鵲鬭死之祥，行同而占合，此天人之明表也。燕一烏鵲鬭於宮中而黑者死，楚以萬數鬭於野外而白者死，象燕陰謀未發，獨王自殺於宮，故一烏水色者死，楚炕陽舉兵，軍師大敗於野，故衆烏金色者死，天道精微之效也。

《京房易傳》曰：「專征劫殺，厥妖烏鵲鬭。」

〔一〕 凌稚隆《漢書評林》引劉奉世曰：「死于丹徒者，吳王濞耳，向說誤。」書豪案，《漢書・楚元王傳》：「漢絕吳楚糧道，士饑，吳王走，戊自殺，軍遂降漢。」凌說是。

4昭帝時有鵜鶘或曰禿鶖，集昌邑王殿下，王使人射殺之。劉向以為水鳥色青，青祥也。〔一〕時王馳騁無度，慢侮大臣，不敬至尊，有服妖之象，故青祥見也。野鳥入處，宮室將空。王不寤，卒以亡。〔二〕《京房易傳》曰：「辟退有德，厥咎狂，厥妖水鳥集于國中。」

〔一〕 王先謙《漢書補注》：「『青祥』互見。」

〔二〕 楊樹達《漢書窺管》：「按《論衡・遭虎篇》云：『昌邑王時，夷鴣鳥集宮殿下，王射殺之。以問郎中令龔遂。龔遂對曰：「夷鴣，野鳥，入宮，亡之應也。」』〈昌邑王傳〉云：『王以問郎中令遂，遂為言其故，語在〈五行志〉。』據此，野鳥句疑是遂答詞，而此不著，非此有奪文，即班失之檢校也。」

5成帝河平元年二月庚子，泰山山桑谷有鳶焚其巢。男子孫通等聞山中羣鳥鳶鵲聲，往視，見巢爇，盡墮地，中有三鳶鷇燒死。樹大四圍，巢去地五丈五尺。太守平以聞。鳶色黑，近黑祥，〔一〕貪虐之類也。《易》曰：「鳥焚其巢，旅人先笑後號咷。」〔二〕泰山，岱宗，五嶽之長，王者易姓告代之處也。天戒若曰：「勿近貪虐之人，聽其賊謀，將生焚巢自害其子絕世易姓之禍。」其後趙蜚燕得幸，立為皇后，弟為昭儀，姊妹專寵，聞後宮許美人、曹偉能生皇子也，昭儀大怒，令上奪取而殺之，皆并殺其母。成帝崩，昭儀自殺，事乃發覺，趙后坐誅。此焚巢殺子後號咷之應也。一曰，王莽貪虐而任社稷之重，卒成易姓之禍云。

《京房易傳》曰：「人君暴虐，鳥焚其舍。」

〔一〕王先謙《漢書補注》：「『黑祥』互見。」

〔二〕師古曰：「〈旅卦〉上九爻辭也。」

6　鴻嘉二年三月，博士行大射禮，有飛雉集于庭，歷階登堂而雊。後雉又集太常、宗正、丞相、御史大夫、大司馬車騎將軍之府，又集未央宮承明殿屋上。時大司馬車騎將軍王音、待詔寵等上言：「天地之氣，以類相應，譴告人君，甚微而著。雉者聽察，先聞雷聲，故〈月令〉以紀氣。〔一〕《經》載高宗雊雉之異，以明轉禍為福之驗。今雉以博士行禮之日大衆聚會，飛集於庭，歷階登堂，萬衆睢睢，驚怪連日。徑歷三公之府，太常宗正典宗廟骨肉之官，然後入宮。其宿留告曉人，具備深切，雖人道相戒，何以過是！」後帝使中常侍鼂閎詔音曰：「聞捕得雉，毛羽頗摧折，類拘執者，得無人為之？」音復對曰：「陛下安得亡國之語？不知誰主為佞讇之計，誣亂聖德如此者！左右阿諛甚衆，不待臣音復讇而足。公卿以下，保位自守，莫有正言。如令陛下覺寤，懼大禍且至身，深責臣下，繩以聖法，臣音當先受誅，豈有以自解哉！今即位十五年，繼嗣不立，日日駕車而出，泆行流聞，海內傳之，甚於京師。外有微行之害，內有疾病之憂，皇天數見災異，欲人變更，終已不改。天尚不能感動陛下，臣子何望？獨有極言待死，命在朝暮而已。如有不然，老母安得處所，尚何皇太后之有！高祖天下當以誰屬乎！〔二〕宜謀於賢知，克己復禮，以求天意，繼嗣可立，災變尚可銷也。」

〔一〕師古曰：「謂季冬之月云『雉雊雞乳』也。」

〔二〕如淳曰：「老母，音之老母也，當隨己受罪誅也。又謂己言深切，觸悟人主，積恚而死，必行之誅，不能復顧太后也。」師古曰：「如說非也。此言總屬於成帝耳。不然者，謂不如所諫而自修改也。老母，帝之母，即太后也。言帝不自修改，國家危亡，太后不知處所，高祖天下無所付屬也。」王念孫《讀書雜志》卷四之五：「案，師古以不然為不如所諫自脩改，非也。終已不改，已見上文，此言如有不然者，不然謂非常之變也，言漢家如有非常之變，則太后不知處所，高祖天下無所付屬也。古謂非常之變曰不然。《墨子・辭過篇》：『府庫實滿足，以待不然』，言足以待非常也。《漢書・司馬相如傳》：『發巴蜀之士各五百人，以奉幣衛使者不然』，張揖曰：『不然之變也』。」吳恂《漢書注商》：「不然，王說是也。老母，如注是也。此言國家有變，己母尚不能保，何暇顧及皇太后，而高祖基業將屬託誰乎？王音為元后從弟，於成帝為從舅，故敢發此奮慨之言，其所以私及己母者，恃外屬之尊耳，若以老母斥太后，豈合臣子進言之禮？起下文又何必更云『尚何皇太后之有』乎？玩其文義，居然可知。」

7 成帝綏和二年三月，天水平襄有燕生爵，哺食至大，俱飛去。

《京房易傳》曰：「賊臣在國，厥咎燕生爵，諸侯銷。」一曰，生非其類，子不嗣世。〔一〕

〔一〕王先謙《漢書補注》：「以上『羽蟲之孽』，又一條互見『草妖』下。」書豪案，「互見『草妖』下」者，即本傳「草妖」〔例2〕中《書序》的「有蜚雉登鼎耳而雊」部份。

羊禍　史例共1條

1 史記魯定公時，季桓子穿井，得土缶，中得蟲若羊，〔一〕近羊禍也。羊者，地上之物，幽於土中，象定公不用孔子而聽季氏，暗昧不明之應也。一曰，羊去野外而拘土缶者，象魯君失其所而拘於季氏，季氏亦將拘於家臣也。是歲季氏家臣陽虎囚季桓子。後三年，陽虎劫公伐孟氏，兵敗，竊寶玉大弓而出亡。〔二〕

〔一〕王先謙《漢書補注》引蘇輿曰：「〈魯語〉作『其中有羊焉』。」施之勉《漢書補注辨證》：「《史記・孔子世家》作：『若羊』，與此同。」

〔二〕師古曰：「寶玉謂夏后氏之璜，大弓謂封父之繁弱，皆魯始封之分器，所受於周也。定八年，陽虎作亂不克，竊之而入讙陽關以叛。」

赤眚赤祥　史例共3條

1　《左氏傳》魯襄公時，宋有生女子赤而毛，棄之隄下，宋平公母共姬之御者見而收之，因名曰棄。長而美好，納之平公，生子曰佐。後宋臣伊戾讒太子痤而殺之。〔一〕先是，大夫華元出奔晉，〔二〕華弱奔魯，〔三〕華臣奔陳，〔四〕華合比奔衛。〔五〕劉向以為時則火災赤眚之明應也。

《京房易傳》曰：「尊卑不別，厥妖女生赤毛。」

〔一〕師古曰：「事在襄二十六年。」

〔二〕師古曰：「華元奔在成十五年。」

〔三〕師古曰：「事在襄六年。」

〔四〕師古曰：「事在襄十七年。」

〔五〕師古曰：「事在昭六年。據今《春秋》，合比奔在殺太子痤後，而〈志〉總言先是，未詳其意。」劉知幾《史通・五行志雜駁》：「案災祥之作，將應後來；事迹之彰，用符前兆。如華元奔晉，在成十五年，參諸棄堤，實難符會。又合比奔衛，在昭六年，而與元奔，俱云『先是』。惟前與後，事並相違者焉。」

2 惠帝二年，天雨血於宜陽，〔一〕一頃所，劉向以為赤眚也。時又冬雷，桃李華，常奧之罰也。是時政舒緩，諸呂用事，讒口妄行，殺三皇子，建立非嗣，〔二〕及不當立之王，〔三〕退王陵、趙堯、周昌。〔四〕呂太后崩，大臣共誅滅諸呂，僵尸流血。

《京房易傳》曰：「歸獄不解，茲謂追非，厥咎天雨血；茲謂不親，民有怨心，不出三年，無其宗人。」又曰：「佞人祿，功臣僇，天雨血。」

〔一〕劉光蕡《前漢書校勘札記》：「〈惠紀〉宜陽雨血在四年。」書豪案，《漢紀・孝惠皇帝紀》：「四年……雨血于宜陽一頃。本〈志〉以為血者。《洪範》所謂赤祥也。一曰凡雨血有大誅。」

〔二〕師古曰：「三皇子，謂趙隱王如意、趙幽王友、趙恭王恢，皆高帝子也。建立非嗣，謂立後宮美人子為嗣。」

〔三〕孟康曰：「呂氏三王也。」書豪案，《漢書・外戚傳上》：「遂立周呂侯子台為呂王，台弟產為梁王，建城侯釋之子祿為趙王，台子通為燕王。」共四王。

〔四〕師古曰：「惠帝六年，王陵為右丞相。惠帝崩，呂后欲廢陵，遷為太傅，實奪之相權。高祖以趙堯為御史大夫，高后元年怨堯前定趙王如意之策，乃抵堯罪。周昌為趙相，趙王見鴆殺，昌謝病不朝見，三歲而薨。」

3 哀帝建平四年四月，山陽湖陵雨血，廣三尺，長五尺，大者如錢，小者如麻子。後二年，帝崩，王莽擅朝，誅貴戚丁、傅，大臣董賢等皆放徙遠方，與諸呂同象。誅死者少，雨血亦少。〔一〕

〔一〕王先謙《漢書補注》：「以上『赤眚赤祥』，又一條互見『草妖』下。」書豪案，「互見『草妖』下」者，見本傳「草妖」〔例2〕。

聽傳

《傳》曰：「聽之不聰，是謂不謀，厥咎急，厥罰恆寒，厥極貧。時則有鼓妖，時則有魚孽，時則有豕禍，時則有耳痾，時則有黑眚黑祥。惟火沴水。」

「聽之不聰，是謂不謀」，言上偏聽不聰，下情隔塞，則不能謀慮利害，失在嚴急，故其咎急也。盛冬日短，寒以殺物，政促迫，故其罰常寒也。寒則不生百穀，上下俱貧，故其極貧也。君嚴猛而閉下，臣戰栗而塞耳，則妄聞之氣發於音聲，故有鼓妖。〔一〕寒氣動，故有魚孽。雨以龜為孽，龜能陸處，非極陰也；魚去水而死，極陰之孽也。於《易》，〈坎〉為豕，〔二〕豕大耳而不聰察，聽氣毀，故有豕禍也。一曰，寒歲豕多死，及為怪，亦是也。及人，則多病耳者，故有耳痾。水色黑，故有黑眚黑祥。凡聽傷者病水氣，水氣病則火沴之。其極貧者，順之，其福曰富。劉歆〈聽傳〉曰：「有介蟲孽也。」〔三〕庶徵之恆寒，劉向以為《春秋》無其應，〔四〕周之末世舒緩微弱，政在臣下，奧煖而已，故籍秦以為驗。秦始皇帝即位尚幼，委政太后，太后淫於呂不韋及嫪毐，封毐為長信侯，以太原郡為毐國，宮室苑囿自恣，政事斷焉。故天冬雷，以見陽不禁閉，以涉危害，舒奧迫近之變也。始皇既冠，毐懼誅作亂，始皇誅之，斬首數百級，大臣二十人，皆車裂以徇，夷滅其宗，遷四千餘家於房陵。是歲四月，寒，民有凍死者。數年之間，緩急如此，寒奧輒應，此其效也。劉歆以為大雨雪，及未當雨雪而雨雪，及大雨雹，隕霜殺叔草，皆常寒之罰也。劉向以為常雨屬貌不恭。〔五〕

〔一〕《南齊書・五行志》：「〈聽傳〉曰：『不聽之象見，則妖生於耳，以類相動，故有鼓妖也。』一曰，聲屬鼓妖。」

〔二〕《周易・說卦傳》：「坎為豕。」

〔三〕《開元占經》卷五十三〈辰星占一〉引《鴻範五行傳》曰：「辰星者，北方水精也。於五常為智，揚擢貪道。於五事為聽，不惑是非。智虧聽失逆冬令，則辰星為變怪、為水災、為四時不和。」

〔四〕王先謙《漢書補注》：「劉歆一條互見〈貌傳〉。」書豪案，即〈五行志中之上〉的〈貌傳〉「恆雨」〔例1〕。

〔五〕王先謙《漢書補注》：「『貌不恭』互見。」

《京房易傳》曰：「有德遭險，茲謂逆命，厥異寒。誅過深，當奧而寒，盡六日，亦為雹。害正不誅，茲謂養賊，寒七十二日，殺蜚禽。道人始去茲謂傷，其寒物無霜而死，涌水出。戰不量敵，茲謂辱命，其寒雖雨物不茂。聞善不予，厥咎聾。」

恆寒 史例共18條

1 桓公八年「十月，雨雪」。〔一〕周十月，今八月也，未可以雪，劉向以為時夫人有淫齊之行，而桓有妬媢之心，〔二〕夫人將殺，其象見也。桓不覺寤，後與夫人俱如齊而殺死。凡雨，陰也，雪又雨之陰也，出非其時，迫近象也。董仲舒以為象夫人專恣，陰氣盛也。

〔一〕《公羊傳・桓公八年》：「何以書？記異也。何異爾？不時也。」何休《注》：「周之十月，夏之八月，未當雨雪，此陰氣大盛，兵象也。是後有郎師龍門之戰，沂血尤深。」《穀梁傳・桓公八年》范甯《注》：「《禮・月令》曰：『孟冬行秋令，則霜雪不時』。」

〔二〕周壽昌《漢書注校補》：「魯桓縱妻淫佚，失刑于之化，乃謂其有妬媢之心，必如何始謂之無妬媢耶？」書豪案，前文班固云：「庶徵之恆寒，劉向以為《春秋》無其應。」則「恆寒」於劉向《洪範五行傳論》當無《春秋》事例，故班氏所錄向說，應出自「（董仲舒劉向）《災異之記》」，仍從董仲舒，以陰陽推說，詳見本書〈前言〉。

2 僖公十年「冬，大雨雪」。〔一〕劉向以為先是僖公立妾為夫人，陰居陽位，陰氣盛也。《公羊經》曰「大雨雹」。〔二〕董仲舒以為公脅於齊桓公，立妾為夫人，不敢進羣妾，故專壹之象見諸雹，皆為有所漸脅也，行專壹之政云。

〔一〕《公羊傳・僖公十年》何休《注》：「夫人專愛之所生也。」

〔二〕劉知幾《史通・五行志錯誤》：「其述庶徵之恆寒也，先云『僖公十年冬，大雨雹』。隨載劉向之占，次云《公羊經》曰『大雨雹』，續書董生之解。案《公羊》所說，與上奚殊，而再列其辭，俱云『大雨雹』而已。又此科始言大雪與雹，繼言殞霜殺草，起自《春秋》，訖乎漢代。其事既盡，仍重敘雹災。分散相離，斷絕無趣。夫同是一類，而限成二條，首尾紛拏，而章句錯糅。此所謂科條不整，尋繹難知者也。」錢大昕《三史拾遺》卷三：「劉知幾譏此條，以為科條不整，尋繹難知。蓋知幾所見本誤『雪』為『雹』，因據誤文，妄生駁難，不知班史敘恆寒，以雪為首，而霜次之，雹又次之。『僖公十年冬大雨雪』，此《左氏》、《穀梁》經文，故引劉向說。次引《公羊經》作『大雨雹』，兼采董仲舒說。蓋以經有異文，特附出之。其餘書『大雨雹』者，別見於後。班史義例之精如此。今南、北監本俱作『大雨雪』，與《左》、《穀》經文正合，乃歎今本固有勝於古本者，而古人讀書粗率，轉或不如後人之精審也。」

3昭公四年「正月，大雨雪」。〔一〕劉向以為昭取於吳而為同姓，謂之吳孟子。君行於上，臣非於下。又三家已彊，皆賤公行，慢侮之心生。董仲舒以為季孫宿任政，陰氣盛也。〔二〕

〔一〕書豪案，《左傳・昭公四年》作：「大雨雹。」

〔二〕《公羊傳・昭公四年》何休《注》：「為季氏。」沈欽韓《漢書疏證》：「何休從董仲舒說。劉向以為取吳孟子，蓋約略昭公除喪後娶也。何休以為《十年・經》去『冬』，蓋昭公取吳孟子之年，尤妄誕。」書豪案，《左傳・昭公四年》則記申豐答季武子問禦雹之道。

4文帝四年六月，大雨雪。〔一〕後三歲，淮南王長謀反，發覺，遷，道死。《京房易傳》曰：「夏雨雪，戒臣為亂。」〔二〕

〔一〕史學海《漢書校證》：「此災異之至大者，而〈文紀〉不載，疎矣。」書豪案，《史記・秦始皇本紀》：「二十一年，大雨雪，深二尺五寸。」〈志〉闕。

〔二〕《開元占經》卷百一〈霜雪雹冰寒霧露霾曀霰霽蒙占〉引《京房易候》曰：「夏雨雪，國殃必有喪，司馬為亂。」

5 景帝中六年三月，雨雪。其六月，匈奴入上郡取苑馬，吏卒戰死者二千餘人。明年，條侯周亞夫下獄死。

6 武帝元狩元年十二月，大雨雪，民多凍死。是歲淮南、衡山王謀反，發覺，皆自殺。使者行郡國，治黨與，坐死者數萬人。

7 元鼎二年三月，雪，平地厚五尺。是歲御史大夫張湯有罪自殺，丞相嚴青翟坐與三長史謀陷湯，青翟自殺，三長史皆棄市。

8 元鼎三年三月水冰，四月雨雪，〔一〕關東十餘郡人相食。是歲，民不占緡錢有告者，以半畀之。

〔一〕王先謙《漢書補注》引蘇輿曰：「上文有元鼎二年，劉知幾所謂『武稱元鼎，每歲皆書』者也。然事各有指，文不相屬，與上哀帝建平三年正同。」史學海《漢書校證》：「〈武紀〉作『雨雹』。」

9 元帝建昭二年十一月，齊楚地大雪，深五尺。是歲魏郡太守京房為石顯所告，坐與妻父淮陽王舅張博、博弟光勸視淮陽王以不義，博要斬，光、房棄市，御史大夫鄭弘坐免為庶人。成帝即位，顯伏辜，淮陽王上書寃博，辭語增加，家屬徙者復得還。

10 建昭四年三月，〔一〕雨雪，燕多死。谷永對曰：「皇后桑蠶以治祭服，共事天地宗廟，正以是日疾風自西北，大寒雨雪，壞敗其功，以章不鄉。宜齊戒辟寢，以深自責，請皇后就宮，鬲閉門戶，毋得擅上。且令衆妾人人更進，以時博施。皇天說喜，庶幾可以得賢明之嗣。即不行臣言，災異俞甚，天變成形，臣雖欲復捐身關策，不及事已。」其後許后坐祝詛廢。

〔一〕王念孫《讀書雜志》卷四之五：「念孫案，『建昭四年』當為『成帝建始四年』，今本作『建昭』者，涉上文『元帝建昭二年』而誤，又脫『成帝』二字。據下文云：『其後許后坐祝詛廢』，則為成帝時事明矣。且下文『陽朔四年』，上無『成帝』二字，即蒙此文而省也。『三月』本作『四月』，後人以下文谷永對云：『皇后桑蠶，以治祭服，正以是日大寒雨雪』，故改『四月』為『三月』，不知漢時行親蠶禮，亦有用四月者。《續漢書・禮儀志》：『三月，皇后帥公卿諸侯夫人蠶』，注云：『案谷永對稱四月壬子，皇后桑蠶之日也，則漢桑亦用四月』。據此則〈志〉文本作『四月』明矣。〈成紀〉云：『建始四年夏四月雨雪』，此尤其明證。」

11 陽朔四年四月，雨雪，〔一〕燕雀死。後十六年，許皇后自殺。〔二〕

〔一〕史學海《漢書校證》：「〈成紀〉失載。」

〔二〕史學海《漢書校證》：「按〈成紀〉綏和元年冬十一月，廷尉孔光使持節賜貴人許氏藥，飲藥死。是賜死非自殺也；廢為貴人非皇后也；綏和元年在陽朔四年後十三年，非十六年也。此條全誤。」王先謙《漢書補注》：「以上『雪』。」

12 定公元年「十月，隕霜殺菽」。〔一〕劉向以為周十月，今八月也，消卦為〈觀〉，〔二〕陰氣未至君位而殺，誅罰不由君出，在臣下之象也。是時季氏逐昭公，公死于外，定公得立，故天見災以視公也。僖公二年「十月，隕霜不殺草」，〔三〕為嗣君微，失秉事之象也。〔四〕其後卒在臣下，則災為之生矣。異故言草，災故言菽，重殺穀。一曰菽，草之難殺者也，言殺菽，知草皆死也；言不殺草，知菽亦不死也。董仲舒以為菽，草之彊者，天戒若曰，加誅於彊臣。言菽，以微見季氏之罰也。

〔一〕《公羊傳・定公元年》何休《注》：「異者，所以為人戒也。重異不重災，君子所以貴教化而賤刑罰也。周十月，夏八月，微霜用事，未可殺菽。菽者，少類，為稼強，季氏象也。是時定公喜於得位，而不念父黜逐之恥，反為淫祀，立煬宮，故天示以當早誅季氏。」

〔二〕師古曰：「坤下巽上也。」書豪案，此亦據「十二消息卦」，見〈五行志中之上〉的〈言傳〉「白眚白祥」〔例3〕註二。

〔三〕史學海《漢書校證》：「此條年、月俱誤。〈僖公三十有三年〉：『隕霜不殺草』，杜《注》：『周十一月，今九月，霜當微而重，重而不能殺草，所以為災。』孔《疏》：『此在十二月，下杜以《長歷》校之，謂《經》十二月為誤，遂以此《經》四事皆為十一月。』何休《公羊傳注》竟作『十二月』，解曰：『周之十二月，夏之十月也。』」書豪案，《公羊傳・僖公三十三年》：「十有二月，霣霜不殺草。」何休《注》：「周之十二月，夏之十月也。《易中孚記》曰：『陰假陽威之應也。』早霣霜而不殺萬物，至當霣霜之時，根生之物復榮不死，斯陽假與陰威，陰威列索，故陽自霣霜而反不能殺也。此祿去公室，政在公子遂之應也。」《穀梁傳・僖公三十三年》范甯《注》：「《京房易傳》曰：『君假與臣權，隕霜不殺草』。」

〔四〕師古曰：「謂襄仲專權，殺嫡立庶，公室遂弱。」史學海《漢書校證》：「僖公二十六年公子遂如楚乞師，襄仲之名始見於《經》。其後入杞、如齊、如京師、再如晉伐邾，連年屢書，此其專權之漸。至殺嫡立庶，在文公十八年。『專權』下當有『其後』二字。」

13 武帝元光四年四月，隕霜殺草木。先是二年，遣五將軍三十萬衆伏馬邑下，欲襲單于，單于覺之而去。自是始征伐四夷，師出三十餘年，天下戶口減半。《京房易傳》曰：「興兵妄誅，茲謂亡法，厥災霜，夏殺五穀，冬殺麥。誅不原情，茲謂不仁，其霜，夏先大雷風，冬先雨，乃隕霜，有芒角。賢聖遭害，其霜附木不下地。佞人依刑，茲謂私賊，其霜在草根土隙間。不教而誅茲謂虐，其霜反在草下。」〔一〕

〔一〕史珥《四史勦說》：「以四法辨霜細密，然亦是想當然耳，不然於古無考，京生何自知之。」

14 元帝永光元年三月，隕霜殺桑；九月二日，隕霜殺稼，〔一〕天下大飢。是時中書令石顯用事專權，與《春秋》定公時隕霜同應。成帝即位，顯坐作威福誅。〔二〕

〔一〕王先謙《漢書補注》：「〈晉〉、〈宋志〉云：『班固書九月二日，明未可以傷穀也』。」書豪案，《漢書・元帝紀》只記三月「隕霜殺桑」，未見九月「隕霜殺稼」。

〔二〕王先謙《漢書補注》：「以上『霜』。」

15 僖公二十九年「秋，大雨雹」。〔一〕劉向以為盛陽雨水，溫煖而湯熱，陰氣脅之不相入，則轉而為雹；盛陰雨雪，凝滯而冰寒，陽氣薄之不相入，則散而為霰。故沸湯之在閉器，而湛於寒泉，則為冰，及雪之銷，亦冰解而散，此其驗也。故雹者陰脅陽也，霰者陽脅陰也，《春秋》不書霰者，猶月食也。僖公末年信用公子遂，遂專權自恣，將至於殺君，故陰脅陽之象見。僖公不寤，遂終專權，後二年殺子赤，立宣公。〔二〕《左氏傳》曰：「聖人在上無雹，雖有不為災。」說曰：凡物不為災不書，書大，言為災也。凡雹，皆冬之愆陽，夏之伏陰也。〔三〕

〔一〕《公羊傳・僖公二十九年》何休《注》：「夫人專愛之所生。」《穀梁傳・僖公二十九年》范甯《注》：「雹者，陰脅陽、臣侵君之象。陽氣之在水雨則溫熱，陰氣薄而脅之不相入，轉而成雹。」

〔二〕劉知幾《史通・五行志雜駁》：「案遂之立宣殺子赤也，此乃文公末代。輒謂僖公暮年，世寔懸殊，言何倒錯？」史學海《漢書校證》：「殺赤立宣與上『秋大雨雹』應，雨雹在二十九年，此言後，當自僖三十年起至文十八年，凡二十二年。」

〔三〕劉文淇《春秋左氏傳舊注疏證》：「此別題『《左氏傳》』，則劉歆之說也。其引《左氏傳》，今《傳》文不見，蓋先儒說《左氏》古義亦題『傳』矣。」書豪案，此乃《左傳・昭公四年》申豐所云禦雹之道，非如劉氏所言「今《傳》文不見」。「說曰」：「凡雹，皆冬之愆陽，夏之伏陰也」一語，即由申豐所謂「其藏之也周，其用之也遍，則冬無愆陽，夏無伏陰」而來。至於「說曰」：「凡物不為災不書」，則見《左傳・莊公二十九年》。雜引《左傳》相關釋「雹」段落以發明經文，此當即劉歆《春秋左氏傳章句》逸文。

16 昭公三年，「大雨雹」。〔一〕是時季氏專權，脅君之象見。昭公不寤，後季氏卒逐昭公。

〔一〕《公羊傳・昭公三年》何休《注》：「為季氏。」書豪案，《左氏經・昭公四年》：「春王正月，大雨雹。」《左傳・昭公四年》亦有，即申豐暢論禦雹之道一段，此闕。

17 元封三年十二月，〔一〕雷雨雹，大如馬頭。宣帝地節四年五月，山陽濟陰雨雹如雞子，深二尺五寸，殺二十人，蜚鳥皆死。其十月，大司馬霍禹宗族謀反，誅，霍皇后廢。〔二〕

〔一〕王先謙《漢書補注》引蘇輿曰：「元封上當有『武帝』二字，劉知幾所謂『首列元封年號，不詳漢代何君』者也。然此文偶脫耳，劉用為譏，適以自形其淺陋。」書豪案，《史記・孝景本紀》：「二年秋，衡山雨雹，大者五寸，深者二尺。」又「中元年，衡山、原都雨雹，大者尺八寸。」又「中六年，三月，雨雹。」〈志〉闕。

〔二〕王念孫《讀書雜志》卷四之五：「念孫案，『十月』當為『七月』，〈宣紀〉、〈百官表〉及《漢紀》、《通鑑》載誅霍禹事，皆在七月。《太平御覽・咎徵部五》引此〈志〉亦作七月。其『霍皇后廢』上原有『八月』二字，後人以八月不當在十月後，故刪此二字，而不知『十月』為『七月』之譌也。〈宣紀〉及《漢紀》、《通鑑》載廢霍后事皆在八月，《太平御覽》引此〈志〉亦云：『八月，霍皇后廢』。」

18 **成帝河平二年四月，楚國雨雹，大如斧，蜚鳥死。**〔一〕

〔一〕王先謙《漢書補注》：「此未終言之，疑奪文。以上『雹』，總曰『恆寒』。」

鼓妖　史例共3條

1 **《左傳》曰僖公三十二年十二月己卯，晉文公卒，庚辰，將殯于曲沃，出**

絳，樞有聲如牛。劉向以為近鼓妖也。喪，凶事；聲如牛，怒象也。將有急怒之謀，以生兵革之禍。是時，秦穆公遣兵襲鄭而不假道，還，晉大夫先軫謂襄公曰，秦師過不假塗，請擊之。遂要崤阨，以敗秦師，匹馬觭輪無反者，操之急矣。晉不惟舊，而聽虐謀，結怨彊國，四被秦寇，禍流數世，凶惡之效也。〔一〕

〔一〕師古曰：「舊者，謂晉襄之父文公本為秦所納而得國，是舊恩也。虐謀，先軫之計也。四被秦寇，謂魯文二年秦孟明視帥師伐晉，三年秦伯伐晉濟河焚舟取王官及郊，十年秦伯伐晉取北徵，十二年秦伯伐晉取羈馬。禍流，謂自襄公至厲公，凡五君與秦構難也。」

2 哀帝建平二年四月乙亥朔，御史大夫朱博為丞相，〔一〕少府趙玄為御史大夫，〔二〕臨延登受策，有大聲如鍾鳴，〔三〕殿中郎吏陛者皆聞焉。上以問黃門侍郎揚雄、李尋，尋對曰：「《洪範》所謂『鼓妖』者也。師法以為人君不聰，為眾所惑，空名得進，則有聲無形，不知所從生。〔四〕其《傳》曰：『歲月日之中，則正卿受之。』今以四月日加辰巳有異，是為中焉。正卿謂執政大臣也。宜退丞相、御史，以應天變。然雖不退，不出期年，其人自蒙其咎。」揚雄亦以為鼓妖，聽失之象也。朱博為人彊毅多權謀，宜將不宜相，恐有凶惡亟疾之怒。八月，博、玄坐為姦謀，博自殺，玄減死論。

《京房易傳》曰：「令不修本，下不安，金毋故自動，若有音。」

〔一〕錢大昭《漢書辨疑》：「〈公卿表〉作『乙未』。」施之勉《漢書補注辨證》：「〈公卿表〉：『四月戊午，大司空博為御史大夫，乙亥遷。』則乙亥是也。《漢紀》正作『乙亥』，與〈志〉同。」史學海《漢書校證》：「『朔』字疑誤。〈百官表〉四月戊午大司空博為御史大夫，乙亥遷中尉趙玄為御史大夫，是戊午在乙亥之前，安得為朔乎？使四月朔實係乙亥，則戊午為三月十四日矣。〈表〉言『乙亥遷』，遷為丞相也，與此〈志〉合。」書豪案，錢氏亦據《漢書・百官公卿表下》：「四月乙未，丞相光免。御史大夫朱博為丞相。」是〈公卿表〉本有二說。惟《漢紀・孝哀皇帝紀上》：「建平二年夏四月戊午，大司空博為御史大夫。……乙亥，丞相孔光免，議太后失旨也。御史大夫朱博為丞相，少傅趙玄為御史大夫。」與施氏所據〈公卿表〉同，是荀悅已統一改「乙未」為「乙亥」，但仍未能合於〈志〉云：「四月乙亥朔」，史說是。

〔二〕錢大昭《漢書辨疑》：「〈公卿表〉玄由中尉遷，非少府也。」史學海《漢書校證》：「趙玄官此作『少府』，〈表〉作『中尉』，未知孰是。」

〔三〕楊樹達《漢書窺管》：「〈王莽傳〉引《書・嘉禾》篇云：『周公奉鬯，立於阼階，延登。』此『延登』二字之所本。」

〔四〕史珥《四史勦說》：「占法明捷，最為近理。」沈欽韓《漢書疏證》：「《鴻範傳》：『凡六沴之作，歲之朝、月之朝、日之朝，則后王受之；歲之中、月之中、日之中，則正卿受之；歲之夕、月之夕、日之夕，則庶民受之。』按此為四月乙亥朔，實歲、月、日之朝，李尋所對，猶未敢正言哀帝之咎耳。」書豪案，李尋引《洪範傳》「鼓妖」、「歲月日之中，則正卿受之」云云，並標舉「師法」，說明「貌、言、視、聽、思心、皇極」為正統《尚書》洪範五行說。對照另一段《漢書・溝渠志》李尋推說云：「陰氣盛則水為之長，故一日之間，晝減夜增，江河滿溢，所謂『水不潤下』，雖常於卑下之地，猶日月變見於朔望，明天道有因而作也。」徵引〈水傳〉「水不潤下」只言「所謂」，知「木、火、土、金、水」諸篇雖早於李尋，卻未必是家學所傳。據筆者考證，「五行」諸篇實出自董仲舒，待劉向作《洪範五行傳論》，方合「五事」、「皇極」與「五行」兩個系統，即《漢書・劉向傳》所言的「凡十一篇」，詳見本書〈前言〉。

3 史記秦二世元年，天無雲而雷。劉向以為雷當託於雲，猶君託於臣，陰陽之合也。二世不恤天下，萬民有怨畔之心。是歲陳勝起，天下畔，趙高作亂，秦遂以亡。〔一〕一曰，《易》震為雷，〔二〕為貌不恭也。〔三〕

〔一〕《開元占經》卷一百二〈雷〉引《洪範五行傳》曰：「秦二世元年，無雲而雷。雷，陽也；雲，陰也。有雲然後有雷，有臣然後有君也。無雲而雷，示君獨處，無人民也。」

〔二二〕《周易・說卦傳》：「〈震〉為雷。」

〔二三〕王先謙《漢書補注》：「以上『鼓妖』。此條應在《左傳》後，哀帝前，蓋誤倒。又『貌不恭』互見。」

魚孽　史例共3條

1 史記秦始皇八年，河魚大上。〔一〕劉向以為近魚孽也。是歲，始皇弟長安君將兵擊趙，反，死屯留，軍吏皆斬，遷其民於臨洮。明年有嫪毐之誅。魚陰類，民之象，逆流而上者，民將不從君令為逆行也。其在天文，魚星中河而處，車騎滿野。〔二〕至于二世，暴虐愈甚，終用急亡。《京房易傳》曰：「衆逆同志，厥妖河魚逆流上。」

〔一〕史珥《四史勦說》：「魚陰類，民之象，逆流而上者，民將不從君令，為逆行也。魚為民象，本〈無羊〉之詩。」書豪案，《毛詩・小雅・無羊》：「眾維魚矣。」

〔二〕《開元占經》卷六十八〈魚星占八〉引《石氏》曰：「魚一星在尾後河中。」又引《黃帝占》曰：「魚星常居河旁，中河而處則兵起。」

2武帝元鼎五年秋，蛙與蝦蟇羣鬭。是歲，四將軍衆十萬征南越，〔一〕開九郡。〔二〕

〔一〕師古曰：「謂伏波將軍路博德出桂陽下皇水，樓船將軍楊僕出豫章下湞水，歸義越侯嚴為戈船將軍出零陵下離水，田甲為下瀨將軍下蒼梧。」史學海《漢書校證》：「〈武紀〉元鼎五年單書『甲為下瀨將軍下蒼梧』，無『田』字，服虔、臣瓚《注》亦不言甲姓田，〈南粵傳〉并不見甲名。」

〔二〕師古曰：「謂得越地以為南海、蒼梧、鬱林、合浦、交趾、九真、日南、珠崖、儋耳郡也。」

3成帝鴻嘉四年秋，雨魚于信都，長五寸以下。成帝永始元年春，北海出大魚，長六丈，高一丈，四枚。哀帝建平三年，東萊平度出大魚，長八丈，高丈一尺，七枚，皆死。

《京房易傳》曰：「海數見巨魚，邪人進，賢人疎。」

介蟲之孽　史例共19條

1 桓公五年「秋，螽」。〔一〕劉歆以為貪虐取民則螽，介蟲之孽也，與魚同占。劉向以為介蟲之孽屬言不從。〔二〕是歲，公獲二國之聘，取鼎易邑，〔三〕興役起城。〔四〕諸螽略皆從董仲舒說云。〔五〕

〔一〕《公羊傳‧桓公五年》何休《注》：「螺者，煩擾之所生，與上旱同說。」《穀梁傳‧桓公五年》范甯《注》：「蜙蝑之屬，《禮‧月令》曰：『仲冬行春令，則蟲蝗為敗』。」

〔二〕王先謙《漢書補注》：「〈言傳〉互見。」又曰：「『介蟲之孽』，劉歆以為與魚同占，班氏從之。」書豪案，劉向《洪範五行傳論》中，〈聽傳〉：「時則有魚孽」，「介蟲之孽」屬〈言傳〉；劉歆〈聽傳〉則謂：「有介蟲孽也」。班固於〈聽傳〉兼收「魚孽」、「介蟲之孽」，有自亂體例之嫌。

〔三〕師古曰：「二國，宋、鄭也。宋以郜鼎賂公，鄭以泰山之田易許田也。」史學海《漢書校證》：「是歲承上桓公五年言之，然《春秋左傳》不見有宋、鄭二國來聘事，惟三年冬書齊侯使其弟年來聘，取郜鼎在二年，易許田在元年，皆非五年事。」

〔四〕師古曰：「謂五年夏，城祝丘也。」書豪案，事據《春秋經》。

〔五〕王先謙《漢書補注》：「以上『螽』，向說即董說也，不同則出董。」

2莊公二十九年「有蜚」。〔一〕劉歆以為負蠜也，〔二〕性不食穀，食穀為災，介蟲之孽。劉向以為蜚色青，近青眚也，〔三〕非中國所有。南越盛暑，男女同川澤，淫風所生，為蟲臭惡。〔四〕是時莊公取齊淫女為夫人，既入，淫於兩叔，故蜚至。天戒若曰，今誅絕之尚及，不將生臭惡，聞於四方。莊不寤，其後夫人與兩叔作亂，二嗣以殺，〔五〕卒皆被辜。董仲舒指略同。

〔一〕《公羊傳·莊公二十九年》何休《注》：「蜚者，臭惡之蟲也，象夫人有臭惡之行。言有者，南越盛暑所，生非中國之所有。」《穀梁傳·莊公二十九年》范甯《注》：「《穀梁》說曰：『蜚者，南方臭惡之氣所生也，象君臣淫泆有臭惡之行』。」

〔二〕沈欽韓《漢書疏證》：「〈釋蟲〉：『草蟲負蠜』，郭謂常羊，陸璣云：『小大長短如蝗，奇音，青色，好在草茅中。』然則非蜚也。羅願《爾雅翼》云：『蜚者負盤臭蟲也，亦作蜰，如䗪蟲，輕小而能非，生草中，八月九月知寒，多入人屋裏逃。』劉向所說蜚誠臭蟲，然今所在有之閒之物，不必皆因男女同濫而生也。歆言性不食穀者，亦為未當，今負盤好以清，且集稻上食稻花，田家率蚤作掇拾置它所，至日出則皆散去，不可得矣。既食稻花，又其氣臭惡能熯稻使不蕃，《春秋》書之，當由此爾。今人謂之蜚盤蟲，亦曰香娘子。按何休、范甯并從劉向之說。」

〔三〕王先謙《漢書補注》：「『青眚』互見。」

〔四〕師古曰：「蜚者，中國所有，非南越之蟲，未詳向所說。」王先謙《漢書補注》：「春秋南越未入版圖，故云非中國，顏說誤。」

〔五〕師古曰：「二嗣，謂子般及閔公也。」書豪案，「淫於兩叔」云云，據《公羊傳・莊公二十七年》：「公子慶父、公子牙通乎夫人以脅公。」《左傳・閔公二年》僅云：「共仲通於哀姜。」

3 僖公十五年「八月，螽」。〔一〕劉向以為先是僖有鹹之會，後城緣陵，〔二〕是歲復以兵車為牡丘會，使公孫敖帥師，及諸侯大夫救徐，〔三〕兵比三年在外。

〔一〕《公羊傳・僖公十五年》何休《注》：「公久出煩擾之所生。」

〔二〕師古曰：「僖十三年，公會齊侯、宋公、陳侯、衛侯、鄭伯、許男、曹伯于鹹。鹹，衛地。十四年而與諸侯城緣陵。緣陵，杞邑也。」書豪案，事據《春秋經》。

〔三〕師古曰：「十五年公會齊侯、宋公、陳侯、衛侯、鄭伯、許男、曹伯，盟于牡丘，遂次于匡。公孫敖帥師，及諸侯之大夫救徐。公孫敖，孟穆伯也。諸侯之大夫，即所與會諸侯也。時楚伐徐，故救之。」書豪案，事據《春秋經》。

4 文公三年「秋，雨螽于宋」。〔一〕劉向以為先是宋殺大夫而無罪，〔二〕有暴虐賦斂之應。〔三〕《穀梁傳》曰上下皆合，言甚。〔四〕董仲舒以為宋三世內取，〔五〕大夫專恣，殺生不中，故螽先死而至。劉歆以為螽為穀災，卒遇賊陰，墜而死也。〔六〕

〔一〕《公羊傳・文公三年》：「雨螽者何？死而墜也。」何休《注》：「螽猶眾也，眾死而墜者，羣臣將爭彊相殘賊之象，是後大臣比爭鬬相殺，司城驚逃，子哀奔亡，國家廓然無人，朝廷久空，蓋由三世內娶，貴近妃族，禍自上下故異之云爾。」

〔二〕師古曰：「謂《僖二十五年・經》書『宋殺其大夫』，不書名，以其無罪。」

〔三〕師古曰：「謂宋昭公也。」

〔四〕《穀梁傳・文公三年》：「外災不志，此何以志也？曰：災甚也。其甚奈何？茅茨盡矣。著於上見於下謂之雨。」

〔五〕師古曰：「三世，謂襄公、成公、昭公也。內取於國之大夫也。事見《公羊傳》。」王先謙《漢書補注》引葉德輝曰：「《公羊・僖二十五年傳》：『宋殺其大夫，何以不名？宋三世無大夫，三世內娶也』，何休《注》：『三世，謂慈父、王臣、處臼也，內娶大夫女也。言無大夫者，禮不臣妻之父母，國內皆臣，無娶道，故絕大夫名，正其義也。外小惡，正之者，宋以內娶，故公族以弱，妃黨益彊。』」沈欽韓《漢書疏證》：「按此乃鄉壁虛造之言，何休襲其謬，於〈僖二十五年〉『宋殺其大夫』，云：『宋以內取，故公族以弱，妃黨益強』，於此年云：『蓋由三世內取，貴近妃族，禍自上下』。齊召南曰：『以事實核之，宋桓公之夫人，衛女也。〈國風〉有〈河廣〉之詩。襄公之夫人，王姬也，後遂昭公而立文公，此二世皆外娶矣。且宋之患，正在戴、桓諸族世卿執政耳，何謂公族以弱乎？』」

〔六〕劉文淇《春秋左氏傳舊注疏證》：「〈五行志〉引《洪範傳》：『聽之不聰，厥罰恆寒。』又云：『凡聽傷者，皆賊陰義也。』《傳》云：『隊而死。』歆用《傳》義。」

5 八年「十月，螽」。〔一〕時公伐邾取須朐，城郚。〔二〕

〔一〕《公羊傳·文公八年》何休《注》：「先是，公如晉，公子遂、公孫敖比出不可使，勢奪於大夫煩擾之應。」

〔二〕師古曰：「須朐，邾邑；郚，魯邑也。事並在文七年。」書豪案，事據《公羊傳》。「須朐」，《左傳》、《穀梁傳》作：「須句」。

6 宣公六年「八月，螽」。劉向以為先是時宣伐莒向，〔一〕後比再如齊，謀伐萊。〔二〕

〔一〕師古曰：「事在四年。」王先謙《漢書補注》引蘇輿曰：「案『向』上當有『取』字，

〔二〕《公羊》何休《注》：『先是，宣公伐莒取向，公比如齊所致』，即本於此。」

〔三〕師古曰：「謂四年秋及五年春公如齊，七年公會齊侯伐萊是也。」書豪案，事據《春秋經》。

7 十三年「秋，螽」。〔一〕公孫歸父會齊伐莒。〔二〕

〔一〕《公羊傳・宣公十三年》何休《注》：「先是，歲饑而使歸父會齊人伐莒，賦斂不足，國家遂虛，下求不已之應。」

〔二〕師古曰：「事在十一年。」書豪案，事據《春秋經》。

8 十五年「秋，螽」。〔一〕宣亡熟歲，數有軍旅。

〔一〕《公羊傳・宣公十五年》何休《注》：「從十三年之後，上求未已，而又歸父比年再出，會內議稅畝，百姓動擾之應。」

9 襄公七年「八月，螽」。〔一〕劉向以為先是襄興師救陳，〔二〕滕子、郯子、小邾子皆來朝。〔三〕夏，城費。〔四〕

〔一〕《公羊傳・襄公七年》何休《注》：「先是，郯、小邾婁來朝，有賓主之賦，加以城費、季孫宿如衛，煩擾之應。」

〔二〕師古曰：「謂五年楚伐陳，公會晉侯、宋公、衛侯、鄭伯、齊太子光救陳也。」書豪案，事據《春秋經》。

〔三〕師古曰：「六年滕子來朝，七年郯子、小邾子來朝。」書豪案，事據《春秋經》。

〔四〕師古曰：「亦七年之夏。」書豪案，事據《春秋經》。

10 哀公十二年「十二月，螽」。〔一〕是時哀用田賦。劉向以為春用田賦，冬而螽。

〔一〕《公羊傳・哀公十二年》何休《注》：「螽者，與陰殺俱藏。周十二月，夏之十月，不當見，故為異。比年再螽者，天不能殺，地不能理，自是之后，天下大亂，莫能相禁，宗國以亡，齊并於陳氏，晉分為六卿。」

11 十三年「九月，螽；十二月，螽」。〔一〕比三螽，虐取於民之效也。劉歆以為周十二月，夏十月也，火星既伏，蟄蟲皆畢，天之見變，因物類之宜，不得以螽，是歲再失閏矣。周九月，夏七月，故《傳》曰：「火猶西流，司曆過也」。

〔二〕

〔一〕《公羊傳・哀公十三年》何休《注》：「先是用田賦，又有會吳之費。」又云：「黃池之會費重煩之所致。」

〔二〕書豪案，此為《左傳・哀公十二年》孔子語。引彼處之文以解此，當亦劉歆《春秋左氏傳章句》逸文。

12 宣公十五年「冬，蝝生」。〔一〕劉歆以為蝝，螕蠹之有翼者，〔二〕食穀為災，黑眚也。〔三〕董仲舒、劉向以為蝝，螟始生也，一曰蝗始生。是時民患上力役，解於公田。宣是時初稅畝。稅畝，就民田畝擇美者稅其什一，亂先王制而為貪利，〔四〕故應是而蝝生，屬蠃蟲之孽。〔五〕

〔一〕書豪案，此為《左傳・宣公十五年》文，本是前文〔例8〕《春秋・宣公十五年》：「秋，螽」之《傳》，今班固視「螽」、「蝝」為同類異物，故附「蝝」於「螽」後，而「宣公十五年」前當加「《左氏傳》」。

〔二〕沈欽韓《漢書疏證》：「《說苑・說叢篇》：『蠹蝝仆柱梁，蚊虻走牛羊。』劉歆以為飛蟻者是矣。《爾雅翼》云：『螱，飛螘，蓋柱中白蟻之所化。白螘狀如蟻卵，凡斬木不以時，木未及燥而作，至或柱礎去地不高，則是物生其中，以泥為房，屈曲而上，往往變化生羽。遇天晏溫，羣隊而出，飛亦不能高，尋則脫翼，藉藉在地而死矣。魯宣公十五年冬蝝生，劉歆謂即是物，又董仲舒說蝗子也。說者亦多以蝝為螽螟之類，失之愈遠。』按〈魯語〉：『蟲舍蚔蝝』，蚔是蟻子，則蝝是蟻類可知。」

〔三〕王先謙《漢書補注》：「此〈傳〉『黑眚黑祥』無證，劉歆以蝝生當之，唐以前史志皆言黑氣，宋明史志有黑眚則物蒙黑氣也。又『黑祥』四條互見〈視傳〉下，一條互見〈皇極傳〉下。」書豪案，分別為本卷〈視傳〉「羽蟲之孽」〔例1〕、〔例2〕、〔例3〕、〔例5〕，以及〈五行志下之上〉的〈皇極傳〉「射妖」〔例2〕。

〔四〕《公羊傳・宣公十五年》：「稅畝者？何履畝而稅也。」何休《注》：「時宣公無恩信於民，民不肯盡力於公田，故履踐案行，擇其善畝穀最好者稅取之。」

〔五〕王先謙《漢書補注》：「贏蟲孽見〈思心傳〉。」

13 **景帝中三年秋，蝗。〔一〕先是匈奴寇邊，中尉不害將車騎材官士屯代高柳。〔二〕**

〔一〕書豪案，《史記・秦始皇本紀》：「四年，……十月庚寅，蝗蟲從東方來，蔽天。」《漢書・文帝紀》：「後六年夏四月，大旱，蝗。」〈志〉闕。

〔二〕師古曰：「魏不害。」史學海《漢書校證》：「此事〈景紀〉、〈匈奴傳〉皆不載，顏

《注》以不害為姓魏，疑誤〈功臣表〉征和二年十一月魏不害封當塗侯，是特圉守尉耳。且去景帝中三年已五十七年，非一人明矣。〈百官表〉孝景中二年中尉失載姓名，豈即不害歟？此言屯高柳在中三年之前，則年數亦合。」

14 **武帝元光五年秋，螟；**〔一〕**六年夏，蝗。先是，五將軍衆三十萬伏馬邑，欲襲單于也。是歲，四將軍征匈奴。**〔二〕

〔一〕書豪案，《漢書・景帝紀》：「中四年，……夏，蝗。」〈武帝紀〉：「建元五年，……五月，大蝗。」〈志〉闕。

〔二〕師古曰：「謂車騎將軍衛青出上谷，騎將軍公孫敖出代，輕車將軍公孫賀出雲中，驍騎將軍李廣出雁門也。」

15 **元鼎五年秋，蝗。是歲，四將軍征南越及西南夷，開十餘郡。**〔一〕

〔一〕師古曰：「定越地為九郡，定西南夷為武都、牂柯、越嶲、沈黎、汶山郡，凡十四郡。」書豪案，此災《漢書・武帝紀》未載。

16 **元封六年秋，蝗。先是，兩將軍征朝鮮，**〔一〕**開三郡。**〔二〕

〔一〕師古曰：「二年，樓船將軍楊僕、左將軍荀彘將應募罪人擊之。」

〔二〕師古曰：「〈紀〉云：『以其地為樂浪、臨屯、玄菟、真番郡』，是四郡也，而此云『三』，蓋傳寫〈志〉者誤。」

17太初元年夏，蝗從東方蜚至敦煌；三年秋，復蝗。〔一〕元年貳師將軍征大宛，天下奉其役連年。

〔一〕劉光蕡《前漢書校勘札記》：「〈武紀〉及《通鑑》是年無秋蝗文，秋蝗在太初二年，此恐誤。」

18征和三年秋，蝗；四年夏，蝗。先是一年，三將軍衆十餘萬征匈奴。〔一〕征和三年，貳師七萬人沒不還。

〔一〕師古曰：「謂三年貳師將軍廣利將七萬人出五原，御史大夫商丘成二萬人出西河，重合侯馬通四萬騎出酒泉。」書豪案，「四年夏，蝗」，《漢書・武帝紀》未載。

19平帝元始二年秋，蝗，徧天下。是時王莽秉政。

豕禍

史例共2條

1 《左氏傳》曰莊公八年齊襄公田于貝丘，見豕。從者曰：「公子彭生也。」公怒曰：「射之！」豕人立而嘑，公懼，墜車，傷足喪屨。劉向以為近豕禍也。先是，齊襄淫於妹魯桓公夫人，使公子彭生殺桓公，又殺彭生以謝魯。公孫無知有寵於先君，襄公絀之，〔一〕無知帥怨恨之徒攻襄於田所，〔二〕襄匿其戶間，足見於戶下，遂殺之。傷足喪屨，卒死於足，虐急之效也。

〔一〕師古曰：「無知，僖公弟，夷仲年之子也，於襄公從父昆弟。先君即僖公。」

〔二〕師古曰：「怨恨之徒，謂連稱、管至父久戍葵丘也。」書豪案，事據《左傳・莊公八年》。

2 昭帝元鳳元年，燕王宮永巷中豕出圂，壞都竈，銜其鬴六七枚置殿前。〔一〕劉向以為近豕禍也。時燕王旦與長公主、左將軍謀為大逆，誅殺諫者，暴急無道。竈者，生養之本，豕而敗竈，陳鬴於庭，鬴竈將不用，宮室將廢辱也。燕王不改，卒伏其辜。

《京房易傳》曰：「衆心不安君政，厥妖豕入居室。」

〔一〕書豪案，《漢書・武五子傳》記燕王旦：「廁中豕羣出，壞大官竈。」

火沴水 史例共2條

1史記魯襄公二十三年，穀、洛水鬭，將毀王宮。劉向以為近火沴水也。周靈王將擁之，有司諫曰：〔一〕「不可。長民者不崇藪，不墮山，不防川，不竇澤。今吾執政毋乃有所辟，而滑夫二川之神，使至于爭明，以防王宮室，王而飾之，毋乃不可乎！懼及子孫，王室愈卑。」王卒擁之。以《傳》推之，以四瀆比諸侯，〔二〕穀、洛其次，卿大夫之象也，為卿大夫將分爭以危亂王室也。是時世卿專權，儋括將有篡殺之謀，〔三〕如靈王覺寤，匡其失政，懼以承戒，則災禍除矣。不聽諫謀，簡嫚大異，〔四〕任其私心，塞埤擁下，以逆水勢而害鬼神。後數年有黑如日者五。是歲蚤霜，靈王崩。景王立二年，儋括欲殺王，而立王弟佞夫。佞夫不知，景王并誅佞夫。〔五〕及景王死，五大夫爭權，或立子猛，或立子朝，王室大亂。〔六〕

《京房易傳》曰：「天子弱，諸侯力政，厥異水鬭。」

〔一〕沈欽韓《漢書疏證》：「按《外傳》，是太子晉諫，而云有司，非也。〈周本紀〉無其事，益明『史記』為別有所據，非遷書矣。」書豪案，參見《國語・周語下》。

〔二〕《禮記・王制》：「天子祭天下名山大川：五嶽視三公，四瀆視諸侯。」鄭玄《注》：「視，視其牲器之數。」書豪案，〈王制〉原是規定尊卑禮數的等差，此則視作災異對應的象徵。

〔三〕師古曰：「儋括，儋季之子，簡王之孫也。篡殺之謀，謂除喪服，將見靈王，過庭而歎曰『嗚呼，必有此夫！』」

〔四〕師古曰：「諫謀，謂單公子愆旗聞儋括之言，恐必為害，請殺之，王不聽也。簡嫚大異，謂不憂穀、洛。」

〔五〕師古曰：「事在襄三十年。」書豪案，事據《左傳》。

〔六〕師古曰：「五大夫，謂劉子、單子、尹氏、召伯、毛伯也。已解於上。」

2 史記曰，秦武王三年渭水赤者三日，昭王三十四年渭水又赤三日。劉向以為近火沴水也。秦連相坐之法，棄灰於道者黥，〔一〕罔密而刑虐，加以武伐橫出，殘賊鄰國，至於變亂五行，氣色謬亂。天戒若曰，勿為刻急，將致敗亡。秦遂不改，至始皇滅六國，二世而亡。昔三代居三河，河洛出圖書，秦居渭陽，而渭水數赤，瑞異應德之效也。

《京房易傳》曰：「君湎于酒，淫于色，賢人潛，國家危，厥異流水赤也。」

〔一〕孟康曰：「商鞅為政，以棄灰於道必坋人，坋人必鬭，故設黥刑以絕其原也。」楊樹達《漢書窺管》：「孟說本《韓非子》。」書豪案，《韓非子・內儲說上》：「殷之法刑棄灰於街者。」又曰：「殷之法，棄灰于公道者斷其手。」與「秦連相坐之法，棄灰於道者黥」略異。

五行志第七下之上

思心傳

《傳》曰：「思心之不容，是謂不聖，厥咎霿，厥罰恆風，厥極凶、短、折。時則有脂夜之妖，時則有華孽，時則有牛禍，時則有心腹之痾，時則有黃眚黃祥，時則有金、木、水、火沴土。」

「思心之不容，是謂不聖。」思心者，心思慮也；容，寬也。孔子曰：「居上不寬，吾何以觀之哉！」〔一〕言上不寬大包容臣下，則不能居聖位。貌、言、視、聽，以心為主，四者皆失，則區霿無識，故其咎霿也。雨旱寒奧，亦以風為本，四氣皆亂，故其罰常風也。常風傷物，故其極凶、短、折也。〔二〕傷人曰凶，禽獸曰短，屮木曰折。一曰，凶，夭也；兄喪弟曰短，父喪子曰折。在人腹中，肥而包裹心者脂也，心區霿則冥晦，故有脂夜之妖。〔三〕一曰，有脂物而夜為妖，若脂水夜汙人衣，淫之象也。一曰，夜妖者，雲風並起而杳冥，故與常風同象也。溫而風則生螟螣，有裸蟲之孽。〔四〕劉向以為於《易》，〈巽〉為風為木，卦在三月四月，〔五〕繼陽而治，主木之華實。風氣盛，至秋冬木復華，故有華孽。一曰，地氣盛則秋冬復華。一曰，華者色也，土為內事，為女孽也。於《易》，〈坤〉為土為牛，〔六〕牛大心而不能思慮，思心氣毀，故有牛禍。一曰，牛多死及為怪，亦是也。〔七〕及人，則多病心腹者，故有心腹之痾。土色黃，故有黃眚黃祥。凡思心傷者病土氣，土氣病則金、木、水、火沴之，故曰「時則有金、木、水、火沴土」。不言「惟」而獨曰「時則有」者，非一衝氣所沴，明其異大也。其極曰凶、短、折，順之，其福曰考終命。劉歆〈思心傳〉曰：「時則有臝蟲之孽」，謂螟螣之屬也。〔八〕庶徵之常風，劉向以為《春秋》無其應。〔九〕

〔一〕師古曰：「《論語》載孔子之言。」書豪案，見《論語・八佾》。

〔二〕鄭玄《尚書大傳注》：「殖氣失，則於人曰凶、短、折。未齔曰凶，未冠曰短，未昏曰折。」

〔三〕師古曰：「脂妖及夜妖。」沈欽韓《漢書疏證》：「〈洪範注〉：『夜讀曰液，以脂液汙人也。』〈志〉於後『一曰夜妖者』，方讀作夜。」

〔四〕師古曰：「『裸』亦『臝』字也。」

〔五〕錢大昕《廿二史考異》卷七：「《易乾鑿度》：『〈巽〉位在四月』，又云：『〈巽〉漸三月』，蓋立夏〈巽〉始用事，在三月、四月之間。」書豪案，《周易‧說卦傳》：「〈巽〉為木，為風。」

〔六〕《周易‧說卦傳》：「〈坤〉為地。」又曰：「〈坤〉為牛。」

〔七〕《魏書‧靈徵志上》：「轉輸煩則牛生禍。」《新唐書‧五行志二》引《京房易傳》曰：「『牛少者，穀不成』，又占曰：『金革動』。」

〔八〕《開元占經》卷三十八〈填星占一〉引《五行傳》曰：「填星，於五常為信，言行不二。於五事為思心，寬容受諫。若五常、五事皆失，填星為變動、為土功、為女主、為山崩、為地動。」

〔九〕劉知幾《史通‧五行志錯誤》：「案舊史稱劉向學《穀梁》，歆學《左氏》。既祖習各異，而聞見不同，信矣。而周木斯拔，鄭車僨濟，風之為害，備於《尚書》、《春秋》。向則略而不言，歆則知而不傳。又詳言眾怪，歷敘羣妖。述雨氂為災，而不錄趙毛生地；書異鳥相育，而不載宋雀生鸇。斯皆見小忘大，舉輕略重。蓋學有不同，識無通鑒故也。且當炎漢之代，厥異尤奇。若景帝承平，赤風如血；于公在職，亢陽為旱。惟紀與傳，各具其詳，在於〈志〉中，獨無其說者，何哉？此所謂博引前書，網羅不盡也。」

恆風　史例共5條

1 僖公十六年「正月，六鷁退蜚，過宋都」。〔一〕《左氏傳》曰「風也」。劉歆以為風發於它所，至宋而高，鷁高蜚而逢之，則退。《經》以見者為文，故記退蜚；《傳》以實應著，言風，常風之罰也。〔二〕象宋襄公區霿自用，不容臣下，逆司馬子魚之諫，而與彊楚爭盟，〔三〕後六年為楚所執，〔四〕應六鷁之數云。〔五〕

《京房易傳》曰：「潛龍勿用，〔六〕衆逆同志，至德乃潛，厥異風。其風也，行不解物，不長，雨小而傷。政悖德隱茲謂亂，厥風先風不雨，大風暴起，發屋折木。守義不進茲謂耄，厥風與雲俱起，折五穀莖。臣易上政，茲謂不順，厥風大焱發屋。賦斂不理茲謂禍，厥風絕經緯，止即溫，溫即蟲。侯專封茲謂不統，厥風疾，而樹不搖，穀不成。辟不思道利，茲謂無澤，厥風不搖木，旱無雲，傷禾。公常於利茲謂亂，厥風微而溫，生蟲蝗，害五穀。棄正作淫茲謂惑，厥風溫，螟蟲起，害有益人之物。侯不朝茲謂叛，厥風無恆，地變赤而殺人。」〔七〕

〔一〕繆祐孫《漢書引經異文錄證》：「今《經》、《傳》『鷁』作『鶂』，『蜚』作

『飛』。」《公羊傳・僖公十六年》何休《注》：「王者之後有亡徵，非新王安存之象，故重錄為戒，記災異也。石者，陰德之專者也；鷁者，鳥中之耿介者，皆有似宋襄公之行。襄欲行霸事，不納公子目夷之謀，事事耿介自用，卒以五年見執，六年終敗，如五石、六鷁之數。天之與人，昭昭著明，甚可畏也。於晦朔者，示其立功善，甫始而敗，將不克終，故詳錄天意也。」《穀梁傳・僖公十六年》范甯《注》：「是月，隕石之月。劉向曰：『鶂，陽也；六，陰數也。象陽而陰行，必衰退』。」

〔二〕書豪案，班固前言：「庶徵之常風，劉向以為《春秋》無其應。」此處班固從劉歆之說，而立「恆風」一項。至於董仲舒、劉向，則與「隕石于宋」合論，詳見〈五行志下之下〉的〈皇極傳〉「星辰逆行」〔例15〕。再案，劉歆引《左傳》以解《春秋》，即《漢書・劉歆傳》所謂「引傳文以解經，轉相發明」是也。此當亦劉歆《春秋左氏傳章句》逸文。

〔三〕師古曰：「子魚，公子目夷也，桓公之子，而為司馬。爭盟，謂為鹿上之盟，以求諸侯於楚。子魚諫曰：『小國爭盟，禍也。』公不聽之。」書豪案，事據《左傳・僖公二十一年》。

〔四〕師古曰：「僖二十一年，楚執宋公以伐宋，距六鶂退飛凡六年。」書豪案，事據《春秋經》。

〔五〕劉知幾《史通・五行志錯誤》：「當春秋之時，諸國賢俊多矣。如沙鹿其壞，梁山云崩，鷁退蜚於宋都，龍交鬥於鄭水。或伯宗、子產，具述其非妖；或卜偃、史過，盛言其必應。蓋於時有識君子，以為美談。故《左氏》書之不利，貽厥來裔。既而古今路阻，聞見壞隔，至漢代儒者董仲舒、劉向之徒，始別構異聞，輔申它說。以茲後學，陵彼先賢，蓋今諺所謂『季與厥昆，爭知嫂諱』者也。而班〈志〉尚舍長用短，捐舊習新，苟出異同，自矜魁博，多見其無識者矣。此所謂不循經典，自任胸懷也。」

〔六〕師古曰：「〈乾〉初九爻辭。」書豪案，李鼎祚《周易集解》引干寶《注》云：「陽在初九，十一月之時，自〈復〉來也。」此據孟喜「十二消息卦」立說，惠棟《周易述》卷一：「消息十二卦實〈乾〉、〈坤〉十二爻」也。就〈復卦䷗〉而言，坤上震下，〈說卦傳〉：「坤為眾。」是以惠棟《易漢學》卷五釋曰：「〈坤〉亂于上，故衆逆同志；〈乾〉陽隱初，故至德乃潛。」知京房非逕取〈乾卦䷀〉初九，而是就〈復卦䷗〉群陰乘上，一陽隱下的卦象以論。惠棟《易漢學》卷五復云：「〈坤〉為土，風屬土，故厥異風。」但〈說卦傳〉明言：「巽為風。」兩者有所齟齬。案〈思心傳〉：「思心之不容，是謂不聖，……厥罰恆風，……時則有木、金、水、火沴土。」《尚書・洪範》孔穎達《正義》：「如彼《五行傳》言，……風屬土。」然則京房亦採洪範五行說的義理內容。

〔七〕書豪案，《晉書・五行志下》作：「地變赤，雨殺人。」《宋書・五行志五》同。

2 文帝二年六月，淮南王都壽春大風毀民室，殺人。劉向以為是歲南越反，攻淮南邊，淮南王長破之，後年入朝，殺漢故丞相辟陽侯，上赦之，歸聚姦人謀逆亂，自稱東帝，〔一〕見異不寤，後遷于蜀，道死廱。〔二〕

〔一〕書豪案，《漢書・淮南厲王傳》載張蒼等人奏議曰：「長廢先帝法，不聽天子詔，居處無度，為黃屋蓋儗天子，擅為法令，不用漢法。」即所謂「自稱東帝」。

〔二〕書豪案，《史記・項羽本紀》：「楚又追擊至靈壁東睢水上。漢軍卻，為楚所擠，多殺，漢卒十餘萬人皆入睢水，睢水為之不流。圍漢王三帀。於是大風從西北而起，折木發屋，揚沙石，窈冥晝晦，逢迎楚軍。楚軍大亂，壞散，而漢王乃得與數十騎遁去。」《漢書・高帝紀上》亦同。此風救漢阻楚，對劉邦來說得以逃離項羽追擊，故不視作災異。然亦可明本朝之災異，即新朝之祥瑞。

3 文帝五年，吳暴風雨，壞城官府民室。時吳王濞謀為逆亂，天戒數見，終不改寤，後卒誅滅。

4 五年十月，楚王都彭城大風從東南來，毀市門，殺人。是月王戊初嗣立，〔一〕後坐淫削國，與吳王謀反，刑僇諫者。吳在楚東南，天戒若曰，勿與吳為惡，將敗市朝。王戊不寤，卒隨吳亡。

〔一〕書豪案，查《史記・漢興以來諸侯王年表》、《漢書・諸侯王表》，楚王戊嗣立當在文帝六年，此作「五年」，誤。

5 昭帝元鳳元年，燕王都薊大風雨，拔宮中樹七圍以上十六枚，壞城樓。燕王旦不寤，謀反發覺，卒伏其辜。〔一〕

〔一〕書豪案，《史記・孝景本紀》：「江都大暴風從西方來，壞城十二丈。」《漢書・武帝紀》：「建元四年夏，有風赤如血。」又「元光五年秋七月，大風拔木。」又「征和二年夏四月，大風發屋折木。」〈成帝紀〉：「建始元年十二月，作長安南北郊，罷甘泉、汾陰祠。是日大風，拔甘泉畤中大木十韋以上。」〈平帝紀〉：「元始四年冬，大風吹長安城東門屋瓦且盡。」〈志〉闕。

脂夜之妖　史例共1條

1 僖公十五年「九月己卯晦，震夷伯之廟」。〔一〕劉向以為晦，暝也；震，雷也。夷伯，世大夫，正晝雷，其廟獨冥。天戒若曰：「勿使大夫世官，將專事暝晦。」明年，公子季友卒，果世官，政在季氏。〔二〕至成公十六年「六月甲午晦」，〔三〕正晝皆暝，陰為陽，臣制君也。成公不寤，其冬季氏殺公子偃。季氏萌於僖公，大於成公，此其應也。董仲舒以為夷伯，季氏之孚也，〔四〕陪臣不當有廟。震者雷也，晦暝，雷擊其廟，明當絕去僭差之類也。向又以為此皆所謂夜妖者也。劉歆以為《春秋》及朔言朔，及晦言晦，人道所不及，則天震之。展氏有隱慝，〔五〕故天加誅於其祖夷伯之廟以譴告之也。成公十六年「六月甲午晦，晉侯及楚子、鄭伯戰于鄢陵」。皆月晦云。〔六〕

〔一〕《公羊傳・僖公十五年》何休《注》：「此象桓公德衰，彊楚以邪勝正，僖公蔽於季氏，季氏蔽於陪臣，陪臣見信得權，僭立大夫廟。天意若曰：『蔽公室者，是人也，當去之』。」沈欽韓《漢書疏證》：「二傳並以為晦冥，《左傳》以為晦日。《正義》云：『杜預以《長歷》推己卯晦九月三十日，《春秋》值朔書朔，值晦書晦，無義例也』，按董仲舒以夷伯為陪臣，劉向以當夜妖，皆鄉壁虛造之言。」周壽昌《漢書注校補》：「《左氏》謂展氏有隱慝。劉向以為公子季友世官之應。董子以為陪臣不當有廟之應，皆與《左氏》異。劉歆則主《左氏》說。晦，劉向以為正晝皆暝，劉歆則以為《春秋》及朔言朔，及晦言晦，且引〈成公十六年〉『六月甲午晦』為證，與其父向所說異。壽昌案，應如歆說，若正晝而暝，當書『晝晦』矣。又考《成十六年・經》書

「六月丙寅朔月晦』，當是『乙未』。《春秋釋例・經傳長厤》云：『六月小，七月乙未朔，故歆云六月為甲午晦也』。」朱一新《漢書管見》：「劉中壘以晦為晝冥，蓋《穀梁》之說，《公羊》亦同，中壘本治《穀梁》也。」又云：「歆說本《左傳》，其晦朔之說，則為杜征南《注》所本。蓋歆治《左氏》也。」

〔二〕《開元占經》卷一百二〈雷霆占〉引《洪範五行傳》曰：「雷者諸侯之象也。」

〔三〕《公羊傳・成公十六年》何休《注》：「此王公失道，臣代其治，故陰代陽。」沈欽韓《漢書疏證》：「《公羊》仍以為晦冥，果若白日晦冥，則不能克期戰。《左傳》云：『陳不違晦』，明晦日矣。坐井觀天之徒，可哀也。」

〔四〕書豪案，此《公羊傳・僖公十五年》語，何休《注》：「孚，信也。季氏所信任臣。」

〔五〕書豪案，此《左傳・僖公十五年》語，杜預《注》：「隱惡非法，所得尊貴，罪所不加，是以聖人因天地之變、自然之妖以感動之。知達之主則識先聖之情以自厲，中下之主亦信妖祥以不妄。神道助教唯此為深。」

〔六〕史珥《四史勦說》：「僖公十五年九月晦、成公十六年六月晦，劉歆謂皆月晦最是，子政以為晝晦，則附會失實。於鄢陵之戰晨壓晉軍者，尤不可通。」書豪案，《穀梁傳・成公十六年》：「甲午晦，晉侯及楚子、鄭伯戰于鄢陵。楚子、鄭師敗績。日事遇晦曰晦。」由此知《春秋・成公十六年》：「六月甲午晦」一語，《左傳》、《穀梁》均視作為鄢陵之戰記時，《公羊》則另作一事。與本例〈僖公十五年〉「九月己卯晦」並觀，《春秋經》兩處言「晦」，《左傳》俱以為記日，《公羊》咸視作暝晦，《穀梁》則一暝晦一記日。劉向所治《穀梁》，於三傳中最不一致；若用《左傳》義，則無暝晦，將導致「脂夜之妖」闕乏史例對應；故全採《公羊》說，將「晦」釋作「暝」，以統一傳義。再案，「劉歆以為《春秋》及朔言朔，及晦言晦」，正是歸納《左傳》義例，當亦其《春秋左氏傳章句》逸文。

蠃蟲之孽　史例共4條

1 隱公五年「秋，螟」。〔一〕董仲舒、劉向以為時公觀漁于棠，貪利之應也。〔二〕劉歆以為又逆臧僖伯之諫，貪利區霿，以生蠃蟲之孽也。

〔一〕《公羊傳・隱公五年》何休《注》：「先是隱公張百金之魚，設苛令急法以禁民之所致。」《穀梁傳・隱公五年》范甯《注》：「《禮・月令》曰：『仲春行夏令，則蟲螟為害』。」書豪案，班固於此從劉歆立「蠃蟲之孽」一類，不採劉向「華孽」之說。

〔二〕沈家本《漢書瑣言》：「按公觀漁于棠，《左傳》曰：『非禮也，且言地遠也。』是蓋盤于游佃之一端，非貪利之事。」

2 八年「九月，螟」。〔一〕時鄭伯以邴將易許田，〔二〕有貪利心。《京房易傳》曰：「臣安祿茲謂貪，厥災蟲，蟲食根。德無常茲謂煩，蟲食葉。不絀無德，蟲食本。與東作爭，茲謂不時，蟲食節。蔽惡生孽，蟲食心。」〔三〕

〔一〕《公羊傳・隱公八年》何休《注》：「先是有狐壤之戰、中丘之役，又受邴田煩擾之應。」

〔二〕師古曰：「邴，鄭祀泰山之邑也。」書豪案，此據《公》、《穀》二傳。「邴」，《左傳》作「祊」。

〔三〕王先謙《漢書補注》引葉德輝曰：「《爾雅・釋蟲》：『食苗心螟，食葉蟘，食節賊，食根蟊』，孫炎《注》：『皆政貪所致，因以為名』，義本此。」

3 莊公六年「秋，螟」。〔一〕董仲舒、劉向以為先是衛侯朔出奔齊，齊侯會諸侯納朔，〔二〕許諸侯賂。齊人歸衛寶，魯受之，〔三〕貪利應也。

〔一〕《公羊傳・莊公六年》何休《注》：「先是伐衛納朔，兵歷四時，及反民煩擾之所生。」

〔二〕師古曰：「朔謂惠公也。桓十六年，以左公子泄、右公子職立公子黔牟，故惠公奔齊。

至莊五年，會齊人、宋人、蔡人伐衛而納惠公也。」書豪案，顏氏據《左傳》。然《春秋經・桓公十六年》：「衛侯朔出奔齊。」《公羊傳・莊公五年》：「冬，公會齊人、宋人、陳人、蔡人，伐衛。此伐衛何？納朔也。曷為不言納衛侯朔？辟王也。」《穀梁傳・莊公六年》：「夏，六月，衛侯朔，入于衛。其不言伐衛納朔，何也？不逆天王之命也。」董、劉當據《公》、《穀》二傳。

〔三〕朱一新《漢書管見》：「『衛寶』亦《公》、《穀》說，《左氏》作『俘』。」施之勉《漢書補注辨證》：「按《釋例》云：『齊人來歸衛寶，《公羊》、《穀梁》經傳及《左氏傳》皆同，惟《左氏經》獨言『衛俘』。考三家經傳有六，而五皆言寶，此必《左氏經》之獨誤也。』《正義》：『《說文》：保，從人，呆省聲。古文保，不省。』《易・繫辭傳》：『聖人之大寶曰位。』《釋文》：『「寶」，孟喜作「保」。』《史記・周本紀》：『令南宮括、史佚展九鼎寶玉。』《集解》：『徐廣曰：「保」一作「寶」。』是『保』古與『寶』通。篆體『保』與『俘』相似，故《左氏經》誤為『俘』也」。

4 文帝後六年秋，螟。是歲匈奴大入上郡、雲中，烽火通長安，遣三將軍屯邊，三將軍屯京師。〔一〕

〔一〕王先謙《漢書補注》：「以上『贏蟲孽』，又一條互見〈皇極傳〉下。」書豪案，即本卷〈皇極傳〉「下人伐上之痾」〔例1〕。再案，《漢書・武帝紀》：「元光五年八月，螟。」〈志〉闕。

牛禍

史例共3條

1 宣公三年，「郊牛之口傷，改卜牛，牛死」。劉向以為近牛禍也。是時宣公與公子遂謀共殺子赤而立，又以喪娶，〔一〕區霿昏亂。亂成於口，幸有季文子得免於禍，天猶惡之，生則不饗其祀，死則災燔其廟。〔二〕董仲舒指略同。〔三〕

〔一〕師古曰：「宣元年正月，公子遂如齊逆女。三月，遂以夫人婦姜至自齊，時文公喪制未除。」書豪案，《左傳・宣公元年》：「三月，遂以夫人婦姜至自齊。尊夫人也。」《公羊傳・宣公元年》：「夫人何以不稱姜氏？貶。曷為貶？譏喪娶也。喪娶者公也，則曷為貶夫人？內無貶于公之道也。內無貶于公之道，則曷為貶夫人？夫人與公一體也。」《穀梁傳・宣公元年》：「其不言氏，喪未畢，故略之也。」雖杜預《注》云：「不譏喪娶者，不待貶責而自明也。」然《左傳》終究無明文譏刺，是「譏喪娶」為《公》、《穀》義。

〔二〕師古曰：「成三年，新宮災。新宮者，宣之廟也，以其新成，故謂之新宮。」書豪案，「新宮災」事，參見〈五行志上〉的〈火傳〉〔例5〕。彼「一曰」言：「宣殺君而立，不當列於羣祖也」，合此「是時宣公與公子遂謀共殺子赤而立」。

〔三〕《春秋繁露・順命》：「至於祭天不享，其卜不從，使其牛口傷，鼷鼠食其角。或言食牛，或言食而死，或食而生，或不食而自死，或改卜而牛死，或卜而食其角。過有深淺薄厚，而災有簡甚，不可不察也。」

2 秦孝文王五年，斿朐衍，有獻五足牛者。〔一〕劉向以為近牛禍也。先是文惠王初都咸陽，〔二〕廣大宮室，南臨渭，北臨涇，思心失，逆土氣。足者止也，戒秦建止奢泰，將致危亡。秦遂不改，至於離宮三百，復起阿房，未成而亡。一曰，牛以力為人用，足所以行也。其後秦大用民力轉輸，起負海至北邊，天下叛之。〔三〕

《京房易傳》曰：「興繇役，奪民時，厥妖牛，生五足。」〔四〕

〔一〕錢大昕《廿二史考異》卷七：「此事不見《太史公書》。孝文王享國一年，無五年也。」齊召南《前漢書考證》：「按『斿』當作『遊』，傳寫訛耳。但孝文王即位祇一年遂卒，安得有五年也。此文可疑。」書豪案，《史記・秦始皇本紀》末載秦國世系：

「孝公享國二十四年。葬弟圉。生惠文王。其十三年，始都咸陽。」又云：「惠文王享國二十七年。葬公陵。生悼武王。」或劉向誤「惠文王」為「孝文王」所致。

〔二〕王念孫《讀書雜志》卷三之一：「按〈秦本紀〉，孝公『十二年，作為咸陽，築冀闕，秦徙都之。』是作為咸陽與徙都咸陽，皆十二年之事，非至十三年始徙都也。……此云十三年始都咸陽，『三』即『二』字之誤。」書豪案，《史記・秦始皇本紀》末載秦國世系：「孝公享國二十四年。葬弟圉。生惠文王。其十三年，始都咸陽。」或劉向誤讀「生惠文王。其十三年，始都咸陽。」一語所致。

〔三〕史珥《四史勦說》：「按牛以力為人用，而足所以行是矣。然只言秦用民力，似不見天戒之意。宜更云多足則牛不良於行，民力過用則民將不可用也，乃於文勢連屬，而義亦暢矣。」

〔四〕書豪案，此為京房沿襲其師焦延壽《易林》韻語形式，而略作改變。焦延壽《易林》全書均採四言韻文，錢鍾書《管錐編・焦氏易林》稱其「幾與《三百篇》並為四言詩矩矱焉。」（錢鍾書《管錐編》，第二冊，頁五三六）京房則變作三言，例如此句即脫胎自《焦氏易林》卷一〈否之艮〉：「興役不休，與民爭時；牛生五趾，行危為憂。」（詳見陳良運〈京房《易》與《焦氏易林》〉）

3 景帝中六年，梁孝王田北山，有獻牛，足上出背上。〔一〕劉向以為近牛禍。

先是孝王驕奢，起苑方三百里，宮館閣道相連三十餘里。納於邪臣羊勝之計，欲求為漢嗣，刺殺議臣爰盎，事發，負斧歸死。既退歸國，猶有恨心，內則思慮霿亂，外則土功過制，故牛旤作。足而出於背，下奸上之象也。猶不能自解，發疾暴死，又凶、短之極也。〔二〕

〔一〕《漢書・文三王傳》：「三十五年冬，復入朝。上疏欲留，上弗許。歸國，意忽忽不樂。北獵梁山，有獻牛，足上出背上，孝王惡之。六月中，病熱，六日薨。」

〔二〕王先謙《漢書補注》：「以上『牛旤』，又二條互見〈貌傳〉。」書豪案，當指〈五行志中之上〉的〈貌傳〉「青眚青祥」〔例1〕、〔例2〕、〔例3〕三則「鼷鼠食郊牛」事，非二條。

心腹之痾　史例共2條

1　《左氏傳》昭公二十一年春，周景王將鑄無射鍾，泠州鳩曰：「王其以心疾死乎！夫天子省風以作樂，小者不窕，大者不摦。摦則不容，心是以感，感實生疾。今鍾摦矣，王心弗堪，〔一〕其能久乎？」劉向以為是時景王好聽淫聲，適庶不明，〔二〕思心霿亂，明年以心疾崩，近心腹之痾，凶、短之極者也。〔三〕

〔一〕繆祐孫《漢書引經異文錄證》：「今《左氏・昭二十一年傳》作『王心弗堪』。」

〔二〕師古曰：「謂太子壽卒，王立子猛為嗣，後又欲立子朝也。」

〔三〕凌稚隆《漢書評林》：「以下屬《傳》語『厥極凶、短、折』。」書豪案，據《洪範五行傳》次序，「厥極凶、短、折」當置於「恆風」與「脂夜之妖」之間。且查其餘〈貌〉、〈言〉、〈視〉、〈聽〉、〈皇極〉諸傳，均未獨立設「六極」的史例項目。故本例及前文「牛禍」〔例3〕雖提到「凶、短之極」，但應分別歸入「牛禍」、「心腹之痾」為宜。然可知「六極」中，惟「凶、短、折」有證。

2　昭二十五年春，魯叔孫昭子聘于宋，元公與燕，飲酒樂，語相泣也。樂祈佐，告人曰：「今茲君與叔孫其皆死乎！吾聞之，哀樂而樂哀，皆喪心也。心之精爽，是謂魂魄；魂魄去之，何以能久？」冬十月，叔孫昭子死；十一月，宋元公卒。〔一〕

〔一〕王先謙《漢書補注》：「『五痾』，惟『心』有證。」

黃眚黃祥　史例共2條

1 昭帝元鳳元年九月，燕有黃鼠銜其尾舞王宮端門中，〔一〕往視之，鼠舞如故。王使夫人以酒脯祠，〔二〕鼠舞不休，夜死。〔三〕黃祥也。時燕刺王旦謀反將敗，死亡象也。其月，發覺伏辜。《京房易傳》曰：「誅不原情，厥妖鼠舞門。」

〔一〕齊召南《前漢書考證》：「按此事已見於中上卷內，引《京房易傳》亦同，此一事重見，未及刊除者也。」書豪案，參見〈五行志中之上〉的〈貌傳〉「青眚青祥」〔例4〕。

〔二〕王念孫《讀書雜志》卷四之五：「案『夫人』二字有誤，夫人當在宮中，不當使至端門祠鼠。上文記此事云：『王使吏以酒脯祠鼠』，『吏』字是也。」陳直《漢書新證》：「上文作『王使吏以酒脯祠鼠』，與本文異。是根據材料之來源不同，似不必如王念孫說，『夫人』二字有誤字。」

〔三〕錢大昕《三史拾遺》卷三：「《搜神記》載此事云：『一日一夜死』，此當有脫字。」書豪案，〈五行志中之上〉的〈貌傳〉「青眚青祥」〔例4〕亦作「一日一夜死」，錢說是。

2 成帝建始元年四月辛丑夜，西北有如火光。壬寅晨，大風從西北起，雲氣赤黄，四塞天下，終日夜下著地者黄土塵也。是歲，帝元舅大司馬大將軍王鳳始用事；又封鳳母弟崇為安成侯，食邑萬戶；庶弟譚等五人賜爵關內侯，食邑三千戶。〔一〕復益封鳳五千戶，悉封譚等為列侯，是為五侯。哀帝即位，封外屬丁氏、傅氏、周氏、鄭氏凡六人為列侯。〔二〕楊宣對曰：「五侯封日，天氣赤黄，丁、傅復然。此殆爵土過制，傷亂土氣之祥也。」

《京房易傳》曰：「《經》稱『觀其生』，〔三〕言大臣之義，當觀賢人，知其性行，推而貢之，否則為聞善不與，茲謂不知，厥異黄，厥咎聾，厥災不嗣。黄者，日上黄光不散如火然，有黄濁氣四塞天下。蔽賢絕道，故災異至絕世也。《經》曰『良馬逐』。〔四〕逐，進也，言大臣得賢者謀，當顯進其人，否則為下相攘善，茲謂盜明，厥咎亦不嗣，至於身僇家絕。」〔五〕

〔一〕師古曰：「譚、商、音、根、逢時凡五人。」陳景雲《兩漢訂誤》：「按五侯已見本卷上顏《注》，此《注》惟以『立』為『音』，餘悉同也。『音』當從前注作『立』為是，蓋轉寫微誤耳。音乃鳳從弟，非庶弟也。」書豪案，見〈五行志上〉的〈火傳〉〔例20〕註五。

〔二〕師古曰：「〈外戚傳〉傅太后弟子喜封高武侯，晏封孔鄉侯，商封汝昌侯，同母弟子鄭業為陽信侯，丁太后兄明封陽安侯，子滿封平周侯。傅氏、鄭氏侯者四人，丁氏侯者二人。今此言六人為列侯，其數是也。傅氏、丁氏、鄭氏則有之，而不見周氏所出。〈志〉、〈傳〉不同，未詳其意。」周壽昌《漢書注校補》：「《注》所引傅氏封三人、鄭氏封一人，丁氏封二人，已是六人。當時外戚並無周氏，或因丁明子丁滿封平周侯，『周』字誤衍『周氏』兩字也。《晉書・五行志》引此無周氏，並無鄭氏。」史學海《漢書校證》：「按，顏《注》誤。〈外戚孝元傳昭儀傳〉傳太后父同產弟四人，曰：子孟、中叔、子元、幼君。子孟子喜，封高武侯；中叔子晏，封孔鄉侯；幼君子商，封汝昌侯。是子孟、中叔、幼君皆傅太后叔父，喜、晏、商為傅太后從父弟，非弟子也。〈傅喜傳〉及〈外戚傳喜傳商表〉皆云太后從父弟。」

〔三〕師古曰：「《易・觀卦》上九爻辭。」書豪案，「觀其生」是〈觀卦䷓〉上九爻辭。曹元弼《周易集解補釋》卷五以為，京氏讀「生」作「性」，取德性義，故云「知其性行」；上九和六三相應，六三在下失位，當進觀君德，退而自修以求正，即六三爻辭曰：「觀我生」；九五居上觀六三性行，三陽位含章，升而從五，進賢從上之象，京房所謂「當觀賢人，推而貢之」是也。另外，〈觀卦䷓〉內坤外巽，惠棟《九經古義》卷一言：「京以〈觀〉之內象陰道已成，威權在臣，故有是象。」兩者併論，曹氏就爻象論君臣上下的應對道理，惠氏據卦象說小人蔽賢的失德狀況，一正一反，其義更顯。〈坤卦䷁〉六五：「黃裳元吉。」上六：「龍戰于野，其血玄黃。」〈坤・文言傳〉：「君子黃中通理，正位居體」、「夫玄黃者，天地之雜也：天玄而地黃」，因而「厥異黃」。

〔四〕師古曰：「此《易・大畜》九三爻辭。」書豪案，「良馬逐」是〈大畜☶〉九三爻辭，惠棟《周易述》卷四謂此爻「應在上，上尚賢，故三進、良馬逐之象也。」曹元弼《周易集解補釋》卷六釋云：「三與上合志，故良馬逐。逐，進也。……京氏謂大臣進賢，正三與上合志之義。」兩者俱認為九三剛健當位，與上同德，猶「大臣得賢者謀，當顯進其人」之象也。

〔五〕王先謙《漢書補注》：「以上『黃祥』，又一條互見〈皇極傳〉下。」書豪案，見本卷〈皇極傳〉「下人伐上之痾」〔例1〕。

金、木、水、火沴土　史例共11條

1 史記周幽王二年，周三川皆震。劉向以為金、木、水、火沴土者也。伯陽甫曰：「周將亡矣！天地之氣不過其序；若過其序，民亂之也。陽伏而不能出，陰迫而不能升，於是有地震。今三川實震，是陽失其所而填陰也。陽失而在陰，原必塞；原塞，國必亡。夫水，土演而民用也；土無所演，而民乏財用，不亡何待？昔伊雒竭而夏亡，河竭而商亡，今周德如二代之季，其原又塞，塞必竭；川竭，山必崩。夫國必依山川，山崩川竭，亡之徵也。若國亡，不過十年，數之紀也。」

是歲三川竭，岐山崩。劉向以為陽失在陰者，謂火氣來煎枯水，故川竭也。山川連體，下竭上崩，事勢然也。時幽王暴虐，妄誅伐，不聽諫，迷於褒姒，廢其正后，廢后之父申侯與犬戎共攻殺幽王。一曰，其在天文，水為辰星，辰星為蠻夷。〔一〕月食辰星，國以女亡。幽王之敗，女亂其內，夷攻其外。〔二〕

《京房易傳》曰：「君臣相背，厥異名水絕。」

〔一〕《史記・天官書》：「及秦并吞三晉、燕、代，自河山以南者中國。中國於四海內則在東南，為陽；陽則日、歲星、熒惑、填星；占於街南，畢主之。其西北則胡、貉、月氏諸衣旃裘引弓之民，為陰；陰則月、太白、辰星；占於街北，昴主之。故中國山川東北流，其維，首在隴、蜀，尾沒于勃、碣。是以秦、晉好用兵，復占太白，太白主中國；而胡、貉數侵掠，獨占辰星，辰星出入躁疾，常主夷狄：其大經也。」

〔二〕《開元占經》卷十七〈月占七〉引《甘氏星經》：「月行宿辰星而蝕，其國有女亂而亡國，期三年若五年。」

2　文公九年「九月癸酉，地震」。〔一〕劉向以為先是時，齊桓、晉文、魯僖二伯賢君新沒，周襄王失道，〔二〕楚穆王殺父，〔三〕諸侯皆不肖，權傾於下，天戒若曰，臣下彊盛者將動為害。後宋、魯、晉、莒、鄭、陳、齊皆殺君。〔四〕諸震，略皆從董仲舒說也。

《京房易傳》曰：「臣事雖正，專必震，其震，於水則波，於木則搖，於屋則瓦落。大經在辟而易臣，茲謂陰動，厥震搖政宮。大經搖政，茲謂不陰，厥震搖山，山出涌水。嗣子無德專祿，茲謂不順，厥震動丘陵，涌水出。」

〔一〕《左傳・文公九年》杜預《注》：「無傳。地道安靜以動為異，故書。」《公羊傳・文公九年》：「地震者何？動地也。何以書？記異也。」何休《注》：「天動地靜者，常也。地動者，象陰為陽行。是時魯文公制於公子遂，齊、晉失道，四方叛德，星孛之萌，自此而作，故下與北斗之變所感同也。」《穀梁傳・文公九年》：「震，動也。地不震者也，震，故謹而日之也。」范甯《注》：「《穀梁》說曰：『大臣盛，將動，有所變』。」

〔二〕師古曰：「謂避叔帶之難而出奔，失為君之道。」書豪案，《左傳・僖公十二年》：「王以戎難故，討王子帶。秋，王子帶奔齊。」《史記・周本紀》：「（周襄王）三年，叔帶與戎、翟謀伐襄王，襄王欲誅叔帶，叔帶犇齊。」則奔齊者為叔帶，非襄王，顏說誤。

〔三〕師古曰：「穆王，商臣也，殺其父成王也。」書豪案，《左傳・文公元年》：「冬十月丁未，楚世子商臣弑其君頵。」《公羊傳》、《穀梁傳》作：「楚世子商臣弑其君髠。」

〔四〕師古曰：「文十六年宋人殺其君杵臼，十八年襄仲殺惡，宣二年晉趙盾殺其君夷皋，文十八年莒弑其君庶其，宣四年鄭公子歸生弑其君夷，十年陳夏徵舒殺其君平國，文十八年齊人殺其君商人。」書豪案，「十八年襄仲殺惡」見《左傳》，餘皆據《春秋經》。

3　襄公十六年「五月甲子，地震」。〔一〕劉向以為先是雞澤之會，諸侯盟，大夫又盟。〔二〕是歲三月，諸侯為溴梁之會，而大夫獨相與盟，〔三〕五月地震矣。其後崔氏專齊，欒盈亂晉，良霄傾鄭，閽殺吳子，燕逐其君，楚滅陳、蔡。〔四〕

〔一〕《公羊傳．襄公十六年》何休《注》：「是時溴梁之盟，政在臣下。其後叛臣二，弑君五，楚滅舒鳩，齊侯襲莒，乖離出奔，兵事最甚。」

〔二〕師古曰：「雞澤，衛地也。襄三年，公會單子、晉侯、宋公、衛侯、鄭伯、莒子、邾子、齊世子光，己未，同盟于雞澤。陳侯使袁僑如會，戊寅，叔孫豹及諸侯大夫及陳袁僑盟也。」書豪案，事據《春秋經》。

〔三〕師古曰：「《經》書諸大夫盟，謂晉、宋、衛、鄭、曹、莒、邾、薛、杞、小邾之大夫。」書豪案，事據《春秋經》。

〔四〕師古曰：「崔氏，齊卿崔杼也。欒盈，晉大夫欒桓子之子懷子也，二十一年奔楚，二十三年復入于晉而作亂。良霄，鄭大夫伯有也。三十年，子晳以駟氏之甲伐而焚之，伯有奔雝梁，遂奔許，晨自墓門之瀆入，介于襄庫，以伐舊北門。駟帶率國人伐之，伯有死于羊肆。閽，守門者也。吳子，餘祭也。吳人伐越，獲俘焉，以為閽，使守舟。二十九年，餘祭觀舟，閽以刀殺之。燕，北燕國也。昭三年冬，燕大夫殺公之外嬖，公懼奔齊。昭八年，楚師滅陳。十一年，楚滅蔡也。」書豪案，事據《春秋經》。

4 昭公十九年「五月己卯，地震」。〔一〕劉向以為是時季氏將有逐君之變。其後宋三臣、曹會皆以地叛，〔二〕蔡、莒逐其君，吳敗中國殺二君。〔三〕

〔一〕《公羊傳・昭公十九年》何休《注》：「季氏稍盛，宋南里以叛，王室大亂，諸侯莫肯救，晉人圍郊，吳勝雞父，尹氏立王子之朝應。」

〔二〕師古曰：「二十年，宋華亥、向寧、華定出奔陳，二十一年自陳入于宋南里以叛。曹會，大夫公孫會也，二十年自鄸出奔宋。《穀梁傳》曰『自鄸者，專鄸也』。」書豪案，事據《春秋經》。「鄸」，《穀梁傳》作「夢」。

〔三〕師古曰：「昭二十一年，蔡人信費無極之言，出蔡侯朱，朱出奔楚。二十三年，莒子庚輿虐而好劍，國人患之。秋七月，烏存帥國人以逐之，庚輿出奔魯。戊辰，吳敗楚、頓、胡、沈、蔡、陳、許之師於雞父，胡子髡、沈子逞滅，是也。」書豪案，事據《春秋經》。

5 二十三年「八月乙未，地震」。〔一〕劉向以為是時周景王崩，劉、單立王子猛，尹氏立子朝。其後季氏逐昭公，黑肱叛邾，〔二〕吳殺其君僚，〔三〕宋五大夫、晉二大夫皆以地叛。〔四〕

〔一〕《公羊傳・襄公二十三年》何休《注》：「是時猛、朝更起，與王爭入，遂至數年，晉陵周竟，吳敗六國，季氏逐昭公，吳光弒僚滅徐，故日至三食，地為再動。」

〔二〕師古曰：「黑肱，邾大夫也。《三十一年・經》書『邾黑肱以濫來奔。』」

〔三〕師古曰：「二十七年，吳公子光使專設諸抽劍刺王是也。」書豪案，事據《春秋經》。

〔四〕師古曰：「定十年，宋公之弟辰暨仲它、石彄出奔陳。十一年春，辰及仲它、石彄、公子地自陳入於蕭以叛。秋，宋樂大心自曹入於蕭。十三年，晉荀寅、士吉射入朝歌以叛。」書豪案，事據《春秋經》。

6 哀公三年「四月甲午，地震」。〔一〕劉向以為是時諸侯皆信邪臣，莫能用仲尼，盜殺蔡侯，齊陳乞弒君。〔二〕

〔一〕《公羊傳・哀公三年》何休《注》：「此象季氏專政，蒯聵犯父命，是後蔡大夫專相，放盜殺蔡侯申，辟伯晉而京師楚，黃池之會，吳大為主。」

〔二〕師古曰：「《哀四年・經》書『盜殺蔡侯申』。《左氏傳》曰：『蔡昭侯將如吳，諸大夫恐其又遷也，公孫翩逐而射之，入於家人而卒。』陳乞，齊大夫陳僖子也。六年，乞殺其君荼。荼，景公之子安孺子也。」

7 惠帝二年正月，地震隴西，厭四百餘家。武帝征和二年八月癸亥，地震，厭殺人。宣帝本始四年四月壬寅，地震河南以東四十九郡，北海琅邪壞祖宗廟城郭，殺六千餘人。〔一〕元帝永光三年冬，地震。綏和二年九月丙辰，地震，〔二〕自京師至北邊郡國三十餘壞城郭，凡殺四百一十五人。〔三〕

〔一〕書豪案，《漢書・宣帝紀》作「夏四月壬寅，郡國四十九地震，或山崩水出。」

〔二〕史學海《漢書校證》：「按，〈哀紀〉詔曰：『郡國比比動地』，即指此也。〈志〉不言哀帝者，哀帝雖已即位，而綏和尚是成帝年號，故〈志〉於此條，不言帝歟。然下卷言文帝後七年九月『有星孛于西方』，是時景帝即位已閱四月，而後七年上冠以文帝，此條綏和上亦可以成帝冠之。」

〔三〕書豪案，《漢書・文帝紀》：「五年春二月，地震。」〈景帝紀〉：「後元年五月，地震。」〈武帝紀〉：「元光四年五月，地震。」又「後元元年秋七月，地震，往往湧泉出。」〈宣帝紀〉：「地節三年冬十月，詔曰：『乃者九月壬申地震，朕甚懼焉。』」〈元帝紀〉：「建昭二年冬十一月，齊楚地震。」〈成帝紀〉：「建始三年冬十二月戊申朔，日有蝕之。夜，地震未央宮殿中。」以上〈志〉闕。

8 僖公十四年「秋八月辛卯，沙麓崩」。〔一〕《穀梁傳》曰：「林屬於山曰麓，沙其名也。」劉向以為臣下背叛，散落不事上之象也。先是，齊桓行伯道，會諸侯，事周室。管仲既死，桓德日衰，天戒若曰：「伯道將廢，諸侯散落，政逮大夫，陪臣執命，臣下不事上矣。」桓公不寤，天子蔽晦。及齊桓死，天下散而從楚。王札子殺二大夫，晉敗天子之師，〔二〕莫能征討，從是陵遲。《公羊》以為沙麓，河上邑也。董仲舒說略同。一曰，河，大川象；齊，大國；桓德衰，伯道將移於晉文，故河為徙也。《左氏》以為沙麓，晉地；沙，山名也；地震而麓崩，不書震，舉重者也。伯陽甫所謂「國必依山川，山崩川竭，亡之徵也；不過十年，數之紀也。」至二十四年，晉懷公殺於高梁。〔三〕

《京房易傳》曰：「小人剝廬，〔四〕厥妖山崩，茲謂陰乘陽，弱勝彊。」

〔一〕《公羊傳・僖公十四年》何休《注》：「土地者，民之主，霸者之象也。河者，陰之精，為下所襲者。此象天下異。齊桓將卒，霸道毀，夷狄動。宋襄承其業，為楚所敗之應。而不繫國者，起天下異。」《穀梁傳・僖公十四年》范甯《注》：「劉向曰：『鹿在山下，平地臣象，陰位也。崩者，散落背叛，不事上之象。』」

〔二〕師古曰：「謂敗之於貿戎也。」書豪案，事據《春秋經・成公元年》。

〔三〕朱一新《漢書管見》：「此謂治《左氏》者之說耳，非《左氏》本文也。」書豪案，伯陽甫所云，出《國語・周語上》，亦可參見本傳「金、木、水、火沴土」〔例1〕。此引《春秋外傳》同類事例以解經，並據「不過十年，數之紀也」推〈僖公十四年〉「沙麓崩」應〈僖公二十四年〉「晉懷公殺於高梁」事，與《漢書・劉歆傳》：「引傳文以解經，轉相發明，由是章句義理備焉」所述方法相合，此《左氏》說當即劉歆《春秋左氏傳章句》逸文。

〔四〕師古曰：「〈剝〉卦上九爻之辭。」書豪案，關於「小人剝廬」的解說，詳見〈五行志中之上〉的〈言傳〉「白眚白祥」〔例3〕註二。

9 成公五年「夏，梁山崩」。〔一〕《穀梁傳》曰：「廱河三日不流，晉君帥羣臣而哭之，乃流。」劉向以為山陽，君也，水陰，民也，天戒若曰：「君道崩壞，下亂，百姓將失其所矣。哭然後流，喪亡象也。梁山在晉地，自晉始而及天下也。」後晉暴殺三卿，厲公以弒。〔二〕湨梁之會，天下大夫皆執國政，其後孫、甯出衛獻，〔三〕三家逐魯昭，單、尹亂王室。董仲舒說略同。劉歆以為梁山，晉望也；崩，弛崩也。古者三代命祀，祭不越望，吉凶禍福，不是過也。國主山川，山崩川竭，亡之徵也，美惡周必復。〔四〕是歲歲在鶉火，至十七年復在鶉火，欒書、中行偃殺厲公而立悼公。〔五〕

〔一〕《公羊傳・成公五年》何休《注》：「山者，陽精德澤所由生，君之象。河者，四瀆所以通道中國，與王道同。記山崩壅河者，此象諸侯失勢，王道絕，大夫擅恣，為海內害。自是之後六十年之中，弒君十四，亡國三十二，故溴梁之盟，偏刺天下之大夫。」《穀梁傳・成公五年》范甯《注》：「梁山，晉之望也。不言晉者，名山大澤不以封也。許慎曰：『山者陽位，君之象也。象君權壞。』」

〔二〕師古曰：「三卿謂郤犨、郤錡、郤至也。厲公殺之，而欒書、中行偃又弒厲公。事在成十七年。」史學海《漢書校證》：「按，顏《注》誤。此事在成十八年正月庚申，惟晉厲公殺三郤為十七年事耳。」

〔三〕師古曰：「孫，孫林父，甯，甯殖，皆衛大夫也。衛獻公，定公之子也，名衎。獻公戒二子食，日旰不召，而射鴻於囿，二子怒，因作亂。公如鄄，遂出奔齊。孫氏追之，敗公徒於柯澤。事在襄十四年。」

〔四〕書豪案，「三代命祀，祭不越望」，語出《左傳・哀公六年》；「國主山川，山崩川竭」，語出《左傳・成公五年》；「美惡周必復」，語出《左傳・昭公十一年》。此亦《漢書・劉歆傳》：「引傳文以解經，轉相發明」之法。

〔五〕書豪案，「梁山崩」在成公五年，「歲在鶉火」，經十二年即成公十七年，「復在鶉火」。然《左傳・成公十七年》：「公遊于匠麗氏，欒書、中行偃遂執公焉。」《左傳・成公十八年》：「春王正月庚申，晉欒書、中行偃使程滑弒厲公。」劉歆為牽合「美惡周必復」、「復在鶉火」，故以歲星十二次為周期，視欒書、中行偃執公、弒公，為始於成公十七年、終於十八年之一事。

10 高后二年正月，武都山崩，殺七百六十人，地震至八月乃止。文帝元年四月，齊楚地山二十九所同日俱大發水，潰出。〔一〕劉向以為近水沴土也。天戒若曰：「勿盛齊楚之君，今失制度，將為亂。」後十六年，帝庶兄齊悼惠王之孫文王則薨，無子，帝分齊地，立悼惠王庶子六人皆為王。〔二〕賈誼、鼂錯諫，以為違古制，恐為亂。至景帝三年，齊楚七國起兵百餘萬，漢皆破之。《春秋》四國同日災，〔三〕漢七國同日衆山潰，咸被其害，不畏天威之明效也。

〔一〕書豪案，《漢書・高后紀》作「春正月乙卯，地震，羌道、武都道山崩。」〈文帝紀〉作「四月，齊楚地震，二十九山同日崩，大水潰出。」

〔二〕　師古曰：「謂齊孝王將閭、濟北王志、菑川王賢、膠東王雄渠、膠西王卬、濟南王辟光。」張晏《漢書讀》：「文帝分齊地立悼惠王庶子六人皆為王，蓋推親親之誼，以廣其恩。異時為亂，所不意也。迨七國起兵發難，自取滅亡，不得謂山崩天戒，以文帝盛封齊為過。」

〔三〕　師古曰：「宋、衛、陳、鄭。」書豪案，即《春秋經・昭公十八年》：「宋、衛、陳、鄭災。」見〈五行志上〉的〈火傳〉〔例10〕。

11　成帝河平三年二月丙戌，犍為柏江山崩，捐江山崩，皆廱江水，江水逆流壞城，殺十三人，地震積二十一日，百二十四動。〔一〕元延三年正月丙寅，蜀郡岷山崩，廱江，江水逆流，三日乃通。劉向以為周時岐山崩，三川竭，而幽王亡。岐山者，周所興也。漢家本起於蜀漢，今所起之地山崩川竭，星孛又及攝提、大角，從參至辰，殆必亡矣。其後三世亡嗣，王莽篡位。

〔一〕　書豪案，《漢書・元帝紀》：「初元二年……詔曰：『乃二月戊午，地震于隴西郡。……山崩地裂，水泉湧出。』」〈成帝紀〉：「建始三年……越巂山崩。」以上〈志〉闕。

皇極傳

《傳》曰：「皇之不極，是謂不建，厥咎眊，厥罰恆陰，厥極弱。時則有射妖，時則有龍蛇之孽，時則有馬禍，時則有下人伐上之痾，〔一〕時則有日月亂行，星辰逆行。」

〔一〕王先謙《漢書補注》：「〈續志〉注引鄭《注》：『夏侯勝說：「伐」宜為「代」，書亦或作「代」。陰陽之神曰精氣，情性之神曰魂魄，君行不由常，侜張無度，則是魂魄傷也，王極氣先之病也。天於不中之人，恆耆其毒，增以為病，將以開賢代之也。』案〈勝傳〉作『伐上』，鄭說未詳所出，〈續志〉亦作『伐』。」

「皇之不極，是謂不建」，皇，君也。極，中；建，立也。人君貌、言、視、聽、思心五事皆失，不得其中，則不能立萬事，失在眊悖，故其咎眊也。王者自下承天理物。雲起於山，而彌於天；天氣亂，故其罰常陰也。一曰，上失中，則下彊盛而蔽君明也。《易》曰「亢龍有悔，貴而亡位，高而亡民，賢人在下位而亡輔」，〔二〕如此，則君有南面之尊，而亡一人之助，故其極弱也。盛陽動進輕疾。禮，春而大射，以順陽氣。上微弱則下奮動，故有射妖。《易》曰

「雲從龍」，〔二〕又曰「龍蛇之蟄，以存身也」。〔三〕陰氣動，故有龍蛇之孽。於《易》，〈乾〉為君為馬，〔四〕馬任用而彊力，君氣毀，故有馬禍。一曰，馬多死及為怪，〔五〕亦是也。君亂且弱，人之所叛，天之所去，不有明王之誅，則有篡弒之禍，故有下人伐上之痾。凡君道傷者病天氣，不言五行沴天，而曰「日月亂行，星辰逆行」者，為若下不敢沴天，猶《春秋》曰：「王師敗績于貿戎」，〔六〕不言敗之者，以自敗為文，尊尊之意也。〔七〕劉歆〈皇極傳〉曰：「有下體生上之痾。」〈說〉以為下人伐上，天誅已成，不得復為痾云。皇極之常陰，劉向以為《春秋》亡其應。一曰，久陰不雨是也。劉歆以為自屬常陰。

〔一〕師古曰：「〈乾〉上九文言也。」

〔二〕師古曰：「〈乾〉九五文言。」

〔三〕師古曰：「〈下繫辭〉也。」

〔四〕《周易・說卦傳》：「〈乾〉為馬。」又云：「〈乾〉為君。」

〔五〕《隋書・五行志下》引《洪範五行傳》曰：「馬者，兵象。將有寇戎之事，故馬為怪。」又曰：「逆天氣，故馬多死。」《新唐書・五行志三》：「馬者，國之武備。天去其備，國將危亡。」

〔六〕書豪案，《公羊傳・成公元年》：「秋，王師敗績于貿戎。」《穀梁》同。《左傳・成公元年》作「秋，王師敗績于茅戎。」

〔七〕《穀梁傳・成公元年》：「不言戰，莫之敢敵也。為尊者諱，敵不諱敗；為親者諱，敗不諱敵。尊尊親親之義也。然則孰敗之？晉也。」

恆陰　史例共1條

1 昭帝元平元年四月崩，亡嗣，立昌邑王賀。賀即位，天陰，晝夜不見日月。賀欲出，光祿大夫夏侯勝當車諫曰：「天久陰而不雨，臣下有謀上者，陛下欲何之？」賀怒，縛勝以屬吏，吏白大將軍霍光。光時與車騎將軍張安世謀欲廢賀。光讓安世，以為泄語，安世實不泄，召問勝。勝上《洪範五行傳》曰：「『皇之不極，厥罰常陰，時則有下人伐上。』不敢察察言，故云臣下有謀。」光、安世讀之，大驚，以此益重經術士。後數日卒共廢賀，此常陰之明效也。〔一〕

《京房易傳》曰：「有蜺、蒙、霧。霧，上下合也。蒙如塵雲。蜺，日旁氣也。其占曰：后妃有專，蜺再重，赤而專，至衡旱。妻不壹順，黑蜺四背，又白蜺雙出日中。妻以貴高夫，茲謂擅陽，蜺四方，日光不陽，解而溫。內取茲謂禽，〔二〕蜺如禽，在日旁。以尊降妃，茲謂薄嗣，蜺直而塞，六辰乃除，夜星見而赤。女不變始，茲謂乘夫，蜺白在日側，黑蜺果之。氣正直。妻不順正，茲謂擅陽，蜺中窺貫而外專。夫妻不嚴茲謂媟，蜺與日會。婦人擅國茲謂頃，蜺白貫日中，赤蜺四背。適不答茲謂不次，蜺直在左，蜺交在右。取於不專，茲謂危嗣，蜺抱日兩未及。君淫外茲謂亡，蜺氣左日交於外。取不達茲謂不知，蜺白奪明而大溫，溫而雨。尊卑不別茲謂媟，蜺三出三已，三辰除，除則日出且雨。臣私祿及親，茲謂罔辟，厥異蒙，其蒙先大溫，已蒙起，日不見。行善不請於上，茲謂作福，蒙一日五起五解。辟不下謀，臣辟異道，茲謂不見，上蒙下霧，風三變而俱解。立嗣子疑，茲謂動欲，蒙赤，日不明。德不序茲謂不聰，蒙，日不明，溫而民病。德不試，空言祿，茲謂主窳臣夭，蒙起而白。君樂逸人茲謂放，蒙，日青，黑雲夾日，左右前後行過日。公不任職，茲謂怙祿，蒙三日，又大風五日，蒙不解。利邪以食，茲謂閉上，蒙大起，白雲如山行蔽日。公懼不言道，茲謂閉下，蒙大起，日不見，若雨不雨，至十二日解，而有大雲蔽日。祿生於下，茲謂誣君，蒙微而小雨，已乃大雨。下相攘善，茲謂盜明，蒙黃濁。下陳功，求於上，茲謂不知，蒙，微而赤，風鳴條，解復蒙。下專刑茲謂分威，蒙而日不得明，大臣厭小臣茲謂蔽，蒙微，日不明，若解不解，大風發，赤雲起而蔽日。衆不惡惡茲謂閉，蒙，尊卦用事，〔三〕三日而起，日不見。漏言亡喜，茲謂下厝用，蒙微，日無光，有雨雲，雨不降。廢忠惑佞茲謂亡，蒙，天先清而暴，蒙微而日不明。有逸民茲謂不明，蒙濁，奪日光。公不任職，茲謂不絀，蒙白，三辰止，則日青，青而寒，寒必雨。忠臣進善君不試，茲謂遏，蒙，先小雨，雨已蒙起，微而日不明。惑衆在位，茲謂覆國，蒙微而日不明，一溫一寒，風揚塵。知佞厚之茲謂庳，〔四〕蒙甚而溫。君臣故弼茲謂悖，厥災風雨霧，風拔木，亂五穀，已而大霧。庶正蔽惡，茲謂生孽災，厥異霧。」此皆陰雲之類云。

〔一〕錢大昕《廿二史考異》卷七：「此事又見〈勝傳〉。」書豪案，《漢書・夏侯勝傳》：「是時，光與車騎將軍張安世謀欲廢昌邑王。光讓安世以為泄語，安世實不言。乃召問勝，勝對言：『在《洪範傳》曰：「皇之不極，厥罰常陰，時則下人有伐上者」，惡察察言，故云臣下有謀。』光、安世大驚，以此益重經術士。後十餘日，光卒與安世白太后，廢昌邑王，尊立宣帝。光以為羣臣奏事東宮，太后省政，宜知經術，白令勝用尚書授太后。」

〔二〕服虔曰：「人君內淫於骨肉也。」臣瓚曰：「人君取於國中也。」師古曰：「取，如《禮記》『聚麀』之聚。瓚說非。」沈欽韓《漢書疏證》：「『內取』當從瓚說。《公羊傳》：『宋三世內娶』，《禮・坊記》：『諸侯不下漁色』，鄭《注》：『內取國中為下漁色』。」

〔三〕孟康曰：「尊卦，〈乾〉、〈坤〉也。」臣瓚曰：「京房謂之方伯卦，〈震〉、〈兌〉、〈坎〉、〈離〉也。」師古曰：「孟說是。」

〔四〕楊樹達《漢書窺管》：「『庳』當作『痹』，形近之誤。蓋之佞而不能遠，近於痲痹不仁也。《韓詩外傳》三云：『無使賢人伏匿，則痹不作。』厚佞則隱賢，同一事也。《說文》庳訓中伏舍，又訓屋卑，與此文義皆不合。」

射妖　史例共2條

1 莊公十八年「秋，有蜮」。〔一〕劉向以為蜮生南越。越地多婦人，男女同川，淫女為主，亂氣所生，故聖人名之曰蜮。蜮猶惑也，在水旁，能射人，射人有處，甚者至死。南方謂之短弧，〔二〕近射妖，死亡之象也。時莊將取齊之淫女，故蜮至。天戒若曰：「勿取齊女，將生淫惑篡弒之禍。」莊不寤，遂取之。入後淫於二叔，二叔以死，兩子見弒，夫人亦誅。劉歆以為蜮，盛暑所生，非自越來也。〔三〕

《京房易傳》曰：「忠臣進善君不試，厥咎國生蜮。」

〔一〕《公羊傳・莊公十八年》何休《注》：「蜮之猶言惑也，其毒害傷人形體不可見。象魯為鄭瞻所惑，其毒害傷人將以大亂而不能見也。言有者，以有為異也。」《穀梁傳・莊公十八年》范甯《注》：「蜮，短狐也。蓋含沙射人。《京房易傳》曰：『忠臣進善君不識，厥咎國生蜮。』」

〔一二〕陸璣《毛詩草木鳥獸蟲魚疏》卷下〈如鬼如蜮〉：「蜮，短狐也，一名射影，如龜三足，江淮水濱皆有之，人在岸上，影在水中，投人影則殺之，故曰射影也。南方人將入水，先以瓦石投水中，令水濁，然後入。或曰含細沙射人，入人肌，其創如疥。」《毛詩・小雅・何人斯》孔穎達《正義》：「《洪範五行傳》：『蜮如鼈，三足，生於南越。南越婦人多淫，故其地多蜮，淫女或亂之氣所生也。』」《開元占經》卷百二十〈龍魚蟲蛇占〉引《五行傳》曰：「《詩》云：『為鬼為蜮，則不可得』，蓋氣精也。」

〔一三〕《抱朴子內篇・登涉》：「又射工蟲冬天蟄於山谷間，大雪時索之，此蟲所在，其雪不積留，氣起如灼蒸，當掘之，不過入地一尺則得也，陰乾末帶之，夏天自辟射工也。」書豪案，此物冬蟄夏出，與劉歆說同。

2 史記魯哀公時，有隼集于陳廷而死，楛矢貫之，石砮，長尺有咫。陳閔公使使問仲尼，〔一〕仲尼曰：「隼之來遠矣！昔武王克商，通道百蠻，使各以方物來貢，肅慎貢楛矢，石砮長尺有咫。先王分異姓以遠方職，使毋忘服，故分陳以肅慎矢。」試求之故府，果得之。劉向以為隼近黑祥，貪暴類也；〔二〕矢貫之，近射妖也；死於廷，國亡表也。象陳眊亂，不服事周，而行貪暴，將致遠夷之禍，為所滅也。是時中國齊晉、南夷吳楚為彊，陳交晉不親，附楚不固，數被二國之禍。後楚有白公之亂，〔三〕陳乘而侵之，〔四〕卒為楚所滅。〔五〕

〔一〕施之勉《漢書補注辨證》：「〈孔子世家〉作：『陳湣公』，『湣』、『閔』古字通。《索隱》、《家語》、《國語》皆作『陳惠公』，非也。按惠公以魯昭公九年立，定四年卒。又按〈世家〉湣公六年孔子適陳。十三年亦在陳，則此湣公為是。」

〔二〕王先謙《漢書補注》：「『黑祥』互見。」

〔三〕師古曰：「白公，楚平王太子建之子勝也。建遇讒，奔鄭而死。勝在吳，子西召之，使處吳境，為白公。吳人伐慎，白公敗之，請以戰備獻，因作亂，子西、子期皆死。事在哀十六年。」

〔四〕師古曰：「白公之亂，陳人恃其聚而侵楚。事見哀十七年。」

〔五〕師古曰：「陳閔公之二十一年，獲麟之歲也。其二十四年，而為楚所滅。」王先謙《漢書補注》：「以上『射妖』，又一條見下。」書豪案，即本傳「龍蛇之孽」〔例1〕。

龍蛇之孽 史例共6條

1史記夏后氏之衰，有二龍止於夏廷，而言「余，褒之二君也」。夏帝卜殺之，去之，止之，莫吉；卜請其漦而藏之，乃吉。於是布幣策告之。龍亡而漦在，乃匱去之。其後夏亡，傳匱於殷周，三代莫發，至厲王末，發而觀之，漦流于廷，不可除也。厲王使婦人贏而譟之，漦化為玄黿，入後宮。處妾遇之而孕，生子，懼而棄之。宣王立，女童謠曰：「檿弧萁服，實亡周國。」後有夫婦鬻是器者，宣王使執而僇之。既去，見處妾所棄妖子，聞其夜號，哀而收之，遂亡奔褒。後褒人有罪，入妖子以贖，是為褒姒，幽王見而愛之，生子伯服。王廢申后及太子宜咎，而立褒姒、伯服代之。廢后之父申侯與繒西畎戎共攻殺幽王。《詩》曰：「赫赫宗周，褒姒烕之。」〔一〕劉向以為夏后季世，周之幽、厲，皆誖亂逆天，故有龍黿之怪，近龍蛇孽也。漦，血也，一曰沫也。檿弧，桑弓也。萁服，蓋以萁草為箭服，近射妖也。女童謠者，禍將生於女，國以兵寇亡也。

〔一〕師古曰：「〈小雅・正月〉之詩也。」書豪案，事據《國語・鄭語》、《史記・周本紀》。

2《左氏傳》昭公十九年，龍鬬於鄭時門之外洧淵。劉向以為近龍孽也。鄭以小國攝乎晉、楚之間，重以彊吳，鄭當其衝，不能修德，〔一〕將鬬三國，以自危亡。是時子產任政，內惠於民，外善辭令，以交三國，鄭卒亡患，能以德消變之效也。

《京房易傳》曰：「衆心不安，厥妖龍鬬。」〔二〕

〔一〕劉知幾《史通・五行志雜駁》：「案昭之十九年，晉、楚連盟，干戈不作。吳雖強暴，未擾諸華。鄭無外虞，非子產之力也。又吳為遠國。僻在江干，必略中原，當以楚、宋為始。鄭居河、潁，地匪夷庚，謂當要沖，殊為乖角。求諸地理，不其爽歟？」

〔二〕《隋書・五行志下》引《洪範五行傳》曰：「龍，獸之難害者也。天之類，君之象。天氣害，君道傷，則龍亦害。鬬者兵革之象也。」

3 惠帝二年正月癸酉旦，有兩龍見於蘭陵廷東里溫陵井中，至乙亥夜去。劉向以為龍貴象而困於庶人井中，象諸侯將有幽執之禍。〔一〕其後呂太后幽殺三趙王，〔二〕諸呂亦終誅滅。

《京房易傳》曰：「有德遭害，厥妖龍見井中。」〔三〕又曰：「行刑暴惡，黑龍從井出。」

〔一〕《隋書・五行志下》引《洪範五行傳》曰：「龍，陽類，貴象也。上則在天，下則在地，不當見庶人邑里室家。井中，幽深之象也，諸侯且有幽執之禍，皇不建之咎也。」

〔二〕劉光蕡《前漢書校勘札記》：「按三趙王以呂后死者，隱王如意、幽王友、共王恢也。如意死惠元年冬十二月，龍見于惠二年正月，不得云後殺三趙王。考〈外戚傳〉，與共王、幽王在惠帝崩後被殺者，燕王建也。班氏以如意當之，誤矣。」

〔三〕沈欽韓《漢書疏證》：「此下脫成帝時黑龍見東萊事。」書豪案，即《漢書‧谷永傳》載谷永對奏云：「元年九月黑龍見。」又《史記‧封禪書》：「昔秦文公出獵，獲黑龍，此其水德之瑞。」亦見黑龍，然視作祥瑞，非災異。

4《左氏傳》魯莊公時有內蛇與外蛇鬭鄭南門中，內蛇死。〔一〕劉向以為近蛇孽也。先是鄭厲公劫相祭仲而逐兄昭公代立。〔二〕後厲公出奔，昭公復入。〔三〕死，弟子儀代立。〔四〕厲公自外劫大夫傅瑕，使僇子儀。〔五〕此外蛇殺內蛇之象也。蛇死六年，而厲公立。〔六〕莊公聞之，問申繻曰：「猶有妖乎？」對曰：「人之所忌，其氣炎以取之，妖由人興也。人亡釁焉，妖不自作。人棄常，故有妖。」

《京房易傳》曰：「立嗣子疑，厥妖蛇居國門鬭。」

〔一〕書豪案，據《左傳‧莊公十四年》。

〔二〕師古曰：「厲公母，宋雝氏之女也。祭仲，祭封人仲足也。桓十一年，宋人執祭仲，曰：『不立突，將死。』仲乃與宋盟而立厲公。昭公奔衛。」

〔三〕師古曰：「桓十五年，厲公與祭仲之壻雝糾謀殺祭仲，不克，五月，出奔蔡。六月，昭公復歸于鄭。九月，厲公殺檀伯而居櫟也。」

〔四〕師古曰：「桓十七年，高渠彌弒昭公而立其弟子亹。十八年，齊人殺子亹，祭仲乃立亹之弟儀也。」

〔五〕師古曰：「傅瑕，鄭大夫也。莊十四年，厲公自櫟侵鄭，獲傅瑕，與之盟。於是傅瑕殺子儀而納厲公也。」

〔六〕《後漢書・楊賜傳》：「故《春秋》兩蛇鬬於鄭門，昭公殆以女敗」一語下，《注》引《洪範五行傳》：「初，鄭厲公劫相祭仲而簒兄昭公，立為鄭君。後雍糺之難，厲公出奔，鄭人立昭公。既立，內蛇與外蛇鬬鄭南門中。內蛇死。是時傅瑕仕於鄭，欲內厲公，故內蛇死者，昭公將敗，厲公將勝之象也。是時昭公宜布恩施惠，以撫百姓，舉賢崇德，以厲羣臣，觀察左右，以省姦謀，則內變不得生，外謀無由起矣。昭公不覺，果殺於傅瑕，二子死而厲公入，此其效也。《詩》云：『惟虺惟蛇，女子之祥。』鄭昭公殆以女子敗矣。」書豪案，相較於「劉向以為」所言，義同而詳，當是劉向《洪範五行傳論》原文。

《左氏傳》文公十六年夏，有蛇自泉宮出，入于國，如先君之數。〔一〕劉向以為近蛇孽也。泉宮在囿中，公母姜氏嘗居之，蛇從之出，象宮將不居也。《詩》曰：「維虺維蛇，女子之祥。」〔二〕又蛇入國，國將有女憂也。如先君之數者，公母將薨象也。秋，公母薨。公惡之，乃毀泉臺。夫妖孽應行而自見，非見而為害也。文不改行循正，共御厥罰，而作非禮，以重其過。後二年薨，公子遂殺文之二子惡、視，而立宣公。〔三〕文公夫人大歸于齊。〔四〕

〔一〕《左傳．文公十六年》杜預《注》：「伯禽至僖公十七君。」

〔二〕師古曰：「〈小雅．斯干〉之詩。」

〔三〕師古曰：「惡即子赤也。視，其母弟。」

〔四〕師古曰：「本齊女，故出而歸齊，所謂哀姜者也。」

6 武帝太始四年七月，趙有蛇從郭外入，與邑中蛇鬭孝文廟下，邑中蛇死。後二年秋，有衛太子事，事自趙人江充起。

馬禍　史例共4條

1 《左氏傳》定公十年，宋公子地有白馬駟，公嬖向魋欲之，公取而朱其尾鬣以予之。地怒，使其徒抶魋而奪之。魋懼將走，公閉門而泣之，目盡腫。公弟辰謂地曰：「子為君禮，不過出竟，君必止子。」地出奔陳，公弗止。辰為之請，不聽。辰曰：「是我迋吾兄也，吾以國人出，君誰與處？」遂與其徒出奔陳。明年俱入于蕭以叛，大為宋患，近馬禍也。

2 史記秦孝公二十一年有馬生人，〔一〕昭王二十年牡馬生子而死。劉向以為皆馬禍也。孝公始用商君攻守之法，東侵諸侯，至於昭王，用兵彌烈。其象將以兵革抗極成功，而還自害也。牡馬非生類，妄生而死，猶秦恃力彊得天下，而還自滅之象也。一曰，諸畜生非其類，子孫必有非其姓者，〔二〕至於始皇，果呂不韋子。

《京房易傳》曰：「方伯分威，厥妖牡馬生子。亡天子，諸侯相伐，厥妖馬生人。」〔三〕

〔一〕書豪案，見《史記・六國年表》。

〔二〕《說苑・辨物》：「趙簡子問於翟封荼……『又聞馬生牛，牛生馬，信乎？』曰：『信。』簡子曰：『大哉，妖亦足以亡國矣。』對曰：『……馬生牛，牛生馬，雜牧也。此非翟之妖也。』」

〔三〕王念孫《讀書雜志》卷四之五：「念孫案，《開元占經・馬占》引此『亡』上有『上』字是也。『上無天子』，語出《公羊傳》。」書豪案，《後漢書・五行志五》、《晉書・五行志下》，亦作「上亡天子」，此語出自《公羊傳・僖公元年》、〈僖公二年〉、〈僖公十四年〉、〈莊公四年〉、〈宣公十一年〉。

3 文帝十二年，有馬生角於吳，〔一〕角在耳前，上鄉。右角長三寸，左角長二寸，皆大二寸。〔二〕劉向以為馬不當生角，猶吳不當舉兵鄉上也。是時，吳王濞封有四郡五十餘城，〔三〕內懷驕恣，變見於外，天戒早矣。王不寤，後卒舉兵，誅滅。

《京房易傳》曰：「臣易上，政不順，厥妖馬生角，茲謂賢士不足。」又曰：「天子親伐，馬生角。」

〔一〕《隋書・五行志下》：「陳太建五年，衡州馬生角。《洪範五行傳》曰：『馬生角，兵之象，敗亡之表也。』是時宣帝遣吳明徹出師呂梁，與周師拒。連兵數歲，眾軍覆沒，明徹竟為周師所虜。」

〔二〕史珥《四史勦說》：「按《相馬經》：『耳中有角者千里』，或不盡為變怪。」

〔三〕師古曰：「〈高紀〉云『六年春，以故東陽郡、鄣郡、吳郡五十三縣立劉賈為荊王』。

十二年十月詔曰：『吳，古之建國，日者荊王兼有其地，今死無後，朕欲復立吳王。』長沙王臣等請立沛侯為吳王。而〈荊燕吳傳〉云：『荊王劉賈為黥布所殺，無後，上患會稽輕悍，無壯王填之，乃立濞為吳王，王三郡五十三城。』是則濞之所封，賈本地也，止有三郡，荊燕吳傳與紀同矣。今此云四郡，未詳其說。」顧炎武《日知錄》卷二十八〈漢書注〉：「『四』當作『三』，古『四』字積劃以成，與『三』易混，猶《左傳》：『陳蔡不羹三國』之為『四國』也。」

4成帝綏和二年二月，大廄馬生角，在左耳前，圍長各二寸。是時王莽為大司馬，害上之萌自此始矣。哀帝建平二年，定襄牡馬生駒，三足，隨羣飲食，太守以聞。馬，國之武用，三足，不任用之象也。後侍中董賢年二十二為大司馬，居上公之位，天下不宗。哀帝暴崩，成帝母王太后召弟子新都侯王莽入，收賢印綬，賢恐，自殺，莽因代之，並誅外家丁、傅。又廢哀帝傅皇后，令自殺，發掘帝祖母傅太后、母丁太后陵，更以庶人葬之。辜及至尊，大臣微弱之禍也。

下人伐上之痾　史例共11條

1文公十一年，「敗狄于鹹」。〔一〕《穀梁》、《公羊傳》曰，長狄兄弟三人，〔二〕一者之魯，一者之齊，一者之晉。〔三〕皆殺之，身橫九晦；斷其首而載之，眉見於軾。何以書？記異也。劉向以為是時周室衰微，三國為大，可責者也。天戒若曰：「不行禮義，大為夷狄之行，將至危亡。」其後三國皆有篡弒之禍，〔四〕近下人伐上之痾也。劉歆以為人變，屬黃祥。一曰，屬蠃蟲之孽。〔五〕一曰，天地之性人為貴，凡人為變，皆屬〈皇極〉下人伐上之痾云。〔六〕

《京房易傳》曰：「君暴亂，疾有道，厥妖長狄入國。」又曰：「豐其屋，下獨苦。長狄生，世主虜。」〔七〕

〔一〕《公羊傳・文公十一年》何休《注》：「魯成就周道之封，齊、晉霸，尊周室之後。長狄之操，無羽翮之助，別之三國，皆欲為君。比象周室衰，禮義廢，大人無輔佐，有夷狄行事。以三成不可苟指一，故自宣、成以往，弒君二十八，亡國四十。」

〔二〕《初學記・人部》引《尚書洪範五行傳》：「長狄之人，長蓋五丈餘也。」

〔三〕師古曰：「僑如也。來伐魯，為叔孫得臣所獲。」又曰：「榮如也。齊襄公二年伐齊，為王子成父所獲。」又曰：「焚如也。宣十五年，晉滅潞國而獲之。」書豪案，《公羊傳・文公十一年》：「狄者何？長狄也。兄弟三人，一者之齊，一者之魯，一者之晉。其之齊者，王子成父殺之；其之魯者，叔孫得臣殺之；則未知其之晉者也。」《穀梁傳・文公十一年》亦云：「《傳》曰：『長狄也。』兄弟三人，佚宕中國，瓦石不能害。叔孫得臣，最善射者也。射其目，身橫九畝，斷其首而載之，眉見于軾。然則何為不言獲也？曰：古者不重創，不禽二毛，故不言獲，為內諱也。其之齊者，王子成父殺之，則未知其之晉者也。」《左傳・文公十一年》則言：「冬十月甲午，敗狄于鹹，獲長狄僑如。」又云：「晉之滅潞也，獲僑如之弟焚如。齊襄公之二年，鄋瞞伐齊，齊王子成父獲其弟榮如，埋其首於周首之北門。衛人獲其季弟簡如。」是《左傳》不只知「之晉者」的狀況，亦知長狄兄弟三人之名，且尚有《公》、《穀》未及的「之衛」季弟簡如，兄弟共四人。

〔四〕師古曰：「謂魯文公薨，襄仲弒惡及視而立宣公；齊連稱、管至父弒襄公而立無知；晉欒書、中行偃弒厲公而立悼公。」王峻《漢書正誤》：「按三國之殺長狄，先後不同，故顏氏舉事之相近者以為徵，似不當專據魯文公時為斷。」洪亮吉《四史發伏》：「案蒙上文公十一年來，則此後字自指十一年後，而言齊襄公之弒在莊公八年，安得誤引？此蓋指文公十四年，齊商人弒其君舍也，師古殊悞。」

〔五〕劉文淇《春秋左氏傳舊注疏證》：「此釋歆說，人變即蠃蟲孽也。」王先謙《漢書補注》：「『黃祥』、『蠃蟲之孽』互見。」

〔六〕劉文淇《春秋左氏傳舊注疏證》：「此釋向說。」王先謙《漢書補注》：「因此類記人變。」

〔七〕師古曰：「豐其屋，《易・豐卦》上六爻辭也。」書豪案，「豐其屋」為〈豐卦䷶〉上六爻辭，此為京房沿襲其師焦延壽《易林》韻語形式，而略作改變。詳見本卷〈思心傳〉「牛禍」〔例2〕註四。

2 史記秦始皇帝二十六年，有大人長五丈，足履六尺，皆夷狄服，凡十二人，見于臨洮。天戒若曰：「勿大為夷狄之行，將受其禍。」是歲始皇初并六國，反喜以為瑞，銷天下兵器，作金人十二以象之。〔一〕遂自賢聖，燔詩書，阬儒士；奢淫暴虐，務欲廣地；南戍五嶺，北築長城以備胡越，塹山填谷，西起臨洮，東至遼東，徑數千里。故大人見於臨洮，明禍亂之起。後十四年而秦亡，亡自戍卒陳勝發。

〔一〕《史記・秦始皇本紀》：「收天下兵，聚之咸陽，銷以為鍾鐻，金人十二，重各千石，置廷宮中。」又曰：「墮名城，殺豪俊，收天下之兵聚之咸陽，銷鋒鑄鐻，以為金人十二，以弱黔首之民。」栗原朋信以為，此乃秦採「水德」，以「六」為數，故取其倍數「十二」。（詳見栗原朋信《秦漢史の研究》，頁七七—八一）

3 史記魏襄王十三年，魏有女子化為丈夫。〔一〕

《京房易傳》曰：「女子化為丈夫，茲謂陰昌，賤人為王；丈夫化為女子，茲謂陰勝，厥咎亡。」一曰，男化為女，宮刑濫也；女化為男，婦政行也。

〔一〕《史記・魏世家》：「十三年，張儀相魏。魏有女子化為丈夫。」《太平御覽・妖異部》引《洪範五行傳》曰：「魏襄王十三年，張儀詐得罪於秦而去。相魏，將為秦而欺奪魏君。是歲，魏有女子化為丈夫者，天若語魏曰：『勿用張儀，陰變為陽，臣將為君。』是時魏王亦覺之，不用張儀。儀免去歸秦，魏無害。」

4 哀帝建平中，豫章有男子化為女子，嫁為人婦，生一子。長安陳鳳言此陽變為陰，將亡繼嗣，自相生之象。一曰，嫁為人婦生一子者，將復一世乃絕。〔一〕

〔一〕書豪案，李劍國《新輯搜神記》卷十一〈豫章男子〉亦錄此事，後云：「故後哀帝崩，平帝沒，而王莽簒焉。」

5 哀帝建平四年四月，山陽方與女子田無嗇生子。先未生二月，兒嗁腹中，及生，不舉，葬之陌上，三日，人過聞嗁聲，母掘收養。〔一〕

〔一〕劉知幾《史通・五行志錯誤》：「尋本〈志〉雖述此妖災，而了無解釋。案人從胞至育，含靈受氣，始末有成數，前後有定準。至於在孕甫爾，遽發啼聲者，亦由物有基業未彰，而形象已兆，即王氏篡國之徵。生而不舉，葬而不死者，亦由物有期運已定，非誅翦所平，即王氏受命之應也。又案班云小女陳持弓者，陳即莽之所出；如女子田無嗇者，田故莽之本宗。事既同占，言無一概。豈非唯知其一，而不知其二者乎？此所謂妖祥可知，寢默無說也。」

6 平帝元始元年二月，朔方廣牧女子趙春病死，斂棺積六日，出在棺外，自言見夫死父，曰：「年二十七，不當死。」太守譚以聞。

《京房易傳》曰：「『幹父之蠱，有子，考亡咎』。〔一〕子三年不改父道，思慕不皇，亦重見先人之非，不則為私，厥妖人死復生。」一曰，至陰為陽，下人為上。

〔一〕師古曰：「《易・蠱卦》初六爻辭也。」書豪案，「幹父之蠱，有子，考亡咎。」是〈蠱卦䷑〉初六爻辭。〈序卦傳〉：「蠱者，事也。」〈乾・文言傳〉：「貞者事之幹。」〈師卦・彖傳〉：「貞，正也。」故「幹」有「正」義，「幹父之蠱」意指「正父之事」。其〈小象傳〉曰：「幹父之蠱，意承考也。」王弼《注》曰：「幹事之首，時有損益，不可盡承，故意承而已。」合觀京、王二義，子於父事，正當繼承，過則修改，若思慕不皇，不改父道，即再現其父錯愆，足見兩人釋義聯貫呼應。惟孔穎達《正義》云：「對文父沒稱考，若散而言之，生亦稱考。若〈康誥〉云：『大傷厥考心』，是父在稱考。」則王、孔以為，若子能正父之事，在世之父亦可亡咎。異於京房言「三年」、「先人」等語，採《禮記・曲禮下》：「生曰父、曰母……死曰考、曰妣」之義。

7　六月，長安女子有生兒，兩頭異頸面相鄉，四臂共匈俱前鄉，尻上有目長二寸所。《京房易傳》曰：「『睽孤，見豕負塗』，〔一〕厥妖人生兩頭。下相攘善，妖亦同。人若六畜首目在下，茲謂亡上，正將變更。凡妖之作，以譴失正，各象其類。二首，下不壹也；足多，所任邪也；〔二〕足少，下不勝任，或不任下也。凡下體生於上，不敬也；上體生於下，媟瀆也；生非其類，淫亂也；人生而大，上速成也；生而能言，好虛也。羣妖推此類，不改乃成凶也。」

〔一〕師古曰：「《易・睽卦》上九象辭也。」書豪案，「睽孤，見豕負塗」是〈睽卦䷥〉上九爻辭。其〈彖傳〉曰：「火動而上，澤動而下；二女同居，其志不同行。」〈序卦傳〉：「睽者，乖也。」志不同行，兩相乖違，故云「下不壹也」；猶多頭馬車，無所適從，「茲謂亡上，正將變更」；上位者變更輪替，是以厥妖應「人生兩頭」、「二首」。此卦下兌上離，〈說卦傳〉：「〈離〉為目。」故由人、六畜的「首目」立說。

〔二一〕王念孫《讀書雜志》卷三之一：「《漢紀》作『手多，下僭濫也。』《開元占經・人占篇》引此作『手多，所任邪也。』當從《漢紀》及《開元占經》作『手多』。」朱一新《漢書管見》：「新案，此文『足多』似與下文『足少』相對為詞，不宜改字。《開元占經》引未足據。《漢紀》作『手多，下僭濫也。』本與此不同，未可援以為證。」書豪案，作「手多」，「四臂」異象方有著落，王說較勝。

8景帝二年九月，膠東下密人年七十餘，生角，角有毛。時膠東、膠西、濟南、齊四王有舉兵反謀，謀由吳王濞起，連楚、趙，凡七國。下密，縣居四齊之中；角，兵象，上鄉者也；老人，吳王象也；年七十，七國象也。天戒若曰：「人不當生角，猶諸侯不當舉兵以鄉京師也；禍從老人生，七國俱敗云。」諸侯不寤，明年吳王先起，諸侯從之，七國俱滅。《京房易傳》曰：「冢宰專政，厥妖人生角。」

9成帝建始三年十月丁未，京師相驚，言大水至。渭水虒上小女陳持弓年九歲，走入橫城門，入未央宮尚方掖門，殿門門衛戶者莫見，至句盾禁中而覺，得。民以水相驚者，陰氣盛也。小女而入宮殿中者，下人將因女寵而居有宮室之象也。名曰持弓，有似周家檿弧之祥。《易》曰：「弧矢之利，以威天下。」

〔一〕是時，帝母王太后弟鳳始為上將，秉國政，天知其後將威天下而入宮室，故象先見也。其後，王氏兄弟父子五侯秉權，至莽卒簒天下，蓋陳氏之後云。《京房易傳》曰：「妖言動衆，茲謂不信，路將亡人，司馬死。」〔一〕

〔一〕師古曰：「〈下繫〉之辭也。」

10 成帝綏和二年八月庚申，鄭通里男子王襃衣絳衣小冠，帶劍入北司馬門殿東門，上前殿，入非常室中，解帷組結佩之，招前殿署長業等曰：「天帝令我居此。」業等收縛考問，襃故公車大誰卒，病狂易，不自知入宮狀，下獄死。是時王莽為大司馬，哀帝即位，莽乞骸骨就第，天知其必不退，故因是而見象也。姓名章服甚明，徑上前殿路寢，入室取組而佩之，稱天帝命，然時人莫察。後莽就國，天下冤之，哀帝徵莽還京師。明年帝崩，莽復為大司馬，因是而簒國。〔一〕

〔一〕劉知幾《史通·五行志錯誤》：「班〈志〉雖已有證據，言多疏闊。今聊演而申之。案女子九歲者，九則陽數之極也。男子王褒者，王則巨君之姓也。入北司馬門上前殿者，王莽始為大司馬，至哀帝時就國。帝崩後，仍此官，因以簒位。夫人入司馬門而上殿，亦由從大司馬而升極。災祥示兆，其事甚明。忽而不書，為略何甚？此所謂解釋雖讜，義理非精也。」

11 哀帝建平四年正月，民驚走，持稾或棷一枚，傳相付與，曰行詔籌。道中相過逢多至千數，或被髮徒踐，或夜折關，或踰牆入，或乘車騎奔馳，以置驛傳行，經歷郡國二十六，至京師。其夏，京師郡國民聚會里巷仟佰，設張博具，歌舞祠西王母，又傳書曰：「母告百姓，佩此書者不死。不信我言，視門樞下，當有白髮。」至秋止。是時帝祖母傅太后驕，與政事，故杜鄴對曰：「《春秋》災異，以指象為言語。籌，所以紀數。民，陰，水類也。水以東流為順走，而西行，反類逆上。象數度放溢，妄以相予，違忤民心之應也。西王母，婦人之稱。博弈，男子之事。於街巷仟伯，明離闑內，與疆外。臨事盤樂，炕陽之意。白髮，衰年之象，體尊性弱，難理易亂。門，人之所由；樞，其要也。居人之所由，制持其要也。其明甚者。今外家丁、傅並侍帷幄，布於列位，有罪惡者不坐辜罰，亡功能者畢受官爵。皇甫、三桓，詩人所刺，〔一〕《春秋》所譏，亡以甚此。指象昭昭，以覺聖朝，柰何不應！」後哀帝崩，成帝母王太后臨朝，王莽為大司馬，誅滅丁、傅。一曰丁、傅所亂者小，此異乃王太后、莽之應云。

〔一〕師古曰：「皇甫，周卿士之字也。用后嬖寵，而處職位，詩人刺之。事見〈小雅・十月之交〉篇。」

五行志第七下之下

日月亂行　史例共94條

1 隱公三年「二月己巳，日有食之」。〔一〕《穀梁傳》曰：「言日不言朔，食晦。」〔二〕《公羊傳》曰：「食二日。」〔三〕董仲舒、劉向以為其後戎執天子之使，〔四〕鄭獲魯隱，〔五〕滅戴，〔六〕衛、魯、宋咸殺君。〔七〕《左氏》劉歆以為正月二日，燕、越之分野也。〔八〕凡日所躔而有變，則分野之國失政者受之。人君能修政，共御厥罰，則災消而福至；不能，則災息而禍生。故《經》書災而不記其故，蓋吉凶亡常，隨行而成禍福也。〔九〕周衰，天子不班朔，魯曆不正，置閏不得其月，月大小不得其度。史記日食，或言朔而實非朔，或不言朔而實朔，或脫不書朔與日，皆官失之也。

《京房易傳》曰：「亡師茲謂不御，厥異日食，其食也既，並食不一處。誅衆失理，茲謂生叛，厥食既，光散。縱畔茲謂不明，厥食先大雨三日，雨除而寒，寒即食。專祿不封，茲謂不安，厥食既，先日出而黑，光反外燭。君臣不通茲謂亡，厥蝕三既。同姓上侵，茲謂誣君，厥食四方有雲，中央無雲，其日大寒。公欲弱主位，茲謂不知，厥食中白青，四方赤，已食地震。諸侯相侵，茲謂不承，厥食三毀三復。君疾善，下謀上，茲謂亂，厥食既，先雨雹，殺走獸。弒君獲位茲謂逆，厥食既，先風雨折木，日赤。內臣外鄉茲謂背，厥食食且雨，地中鳴。冢宰專政茲謂因，厥食先大風，食時日居雲中，四方亡雲。伯正越職，茲謂分威，厥食日中分。諸侯爭美於上茲謂泰，厥食日傷月，食半，〔一〇〕天營而鳴。賦不得茲謂竭，厥食星隨而下。受命之臣專征云試，厥食雖侵光猶明，〔一一〕若文王臣獨誅紂矣。小人順受命者征其君云殺，厥食五色，至大寒隕霜，若紂臣順武王而誅紂矣。諸侯更制茲謂叛，厥食三復三食，食已而風，地動。適讓庶茲謂生欲，厥食日失位，光晻晻，月形見。酒亡節茲謂荒，厥蝕乍青乍黑乍赤，明日大雨，發霧而寒。」凡食二十占，其形二十有四，改之輒除；不改三年，三年不改六年，六年不改九年。推隱三年之食，貫中央，上下竟而黑，臣弒從中成之形也。後衛州吁弒君而立。

〔一〕《冊府元龜・國史部二》：「檀超為司徒右長史。建元二年，初置史官，以超與驃騎記室江淹掌史職。上表立條例：『班固五星載〈天文〉，日蝕載〈五行〉，改日蝕入〈天文志〉。』」沈欽韓《漢書疏證》：「自後諸史皆從其例，以日食入〈天文〉。」書豪案，據〈皇極傳〉，此下當錄「時則日月亂行」史例，非日食；且以西漢曆法而言，已可推定日食日期，則日食不當為災異。然《春秋》經傳既有以災異視之者，則班固列日食以總結經師之義，後附西漢日食，亦有所據。

〔二〕《穀梁傳・隱公三年》：「言日不言朔，食晦日也。」

〔三〕沈欽韓《漢書疏證》：「《元史・歷志》姜岌校《春秋》日食云：『是歲己亥朔，無己巳，似失一閏。三月己巳朔，去交分入食阻。』《大衍麻》與姜岌合。《隋書・歷志》劉孝孫云：『《春秋經》八食并無「朔」字，今以甲子元歷推算，俱是朔日。』丘明受經於夫子，於理尤詳。《公羊》、《穀梁》俱是臆說也。」周壽昌《漢書注校補》：「壽昌案，顧棟高《春秋朔閏表》云：『三年正月己亥朔，二月己巳朔。』注云：『杜《注》：「二月朔也，不書朔史失之」，案《穀梁》云：「言日不言朔，食晦日也」。杜以《春秋》日食皆在朔，故於去年十二月置閏，若移此閏于今年二月，而以己巳為晦，則于《穀梁》之說合矣。蓋今法日食必于合朔，而古法疏，或有食晦日，漢、晉時猶然。今姑從《長麻》。』」壽昌謂依顧氏說，則是歲五月大，己巳朔，戊戌晦；二月大，己亥朔，戊辰晦；閏二月小，己巳朔，丁酉晦。亦不能如岌及一行所言，推至三月朔，必移閏於三月斯可耳。宋趙汸曰：『案《長麻》、《大衍麻》所考，《春秋》日食多不入食限者，由麻法有疏密，入食限而日月復不合者，置閏不同故也。』此說可謂觀其通。」《公羊傳・隱公三年》何休《注》：「是後衛州吁弒其君完，諸侯初僭，魯隱係獲，公子翬進諂謀。」《穀梁傳・隱公三年》范甯《注》：「杜預曰：『日行遲，一歲一周天；月行疾，一月一周天。一歲凡十二交會。』然日月動物，雖行度有大量，不能不小有盈縮。故有雖交會而不食者，或有頻交而食者。唯正陽之月，君子忌之，故有伐鼓用幣之事。《京房易傳》曰：『日者，陽之精，人君之象。驕溢專明，為陰所侵，則有日有食之災。不救，必有篡臣之萌。其救也，君懷謙虛下賢，受諫任德，日食之災為消也。』」

〔四〕師古曰：「凡伯，周大夫也。隱七年，天王使凡伯來聘，戎伐凡伯于楚丘以歸。」書豪案，事據《春秋經》。

〔五〕師古曰：「《公羊傳・隱六年》春鄭人來輸平。輸平，墮成也。曰『吾成敗矣，吾與鄭人未有成』。狐壤之戰，隱公獲焉。何以不言戰？諱獲也。」洪邁《容齋三筆・漢志之誤》：「隱公三年，日有食之。劉向以為其後鄭獲魯隱。《注》引『狐壤之戰，隱公獲焉』。此自是隱為公子時事耳，《左傳》記之甚明。」書豪案，《左傳・隱公十一年》：「公之為公子也，與鄭人戰于狐壤，止焉，鄭人囚諸尹氏。」又《左傳・隱公六年》：「六年，春，鄭人來渝平，更成也。」杜預《注》：「渝，變也。公之為公子，戰於狐壤，為鄭所執，逃歸怨鄭。鄭伐宋，公欲救宋，宋使者失辭，公怒而止，忿宋則欲厚鄭，鄭因此而來。故《經》書『渝平』，《傳》曰『更成』。」則《左氏》說俱以為狐壤為魯隱公為公子時事。然《公羊傳・隱公六年》：「春，鄭人來輸平。輸平者何？輸平猶墮成也。何言乎墮成？敗其成也，曰：『吾成敗矣，吾與鄭人未有成也。』吾與鄭人則曷為未有成？狐壤之戰，隱公獲焉。然則何以不言戰？諱獲也。」並未明言年月，董仲舒、劉向或因此以為狐壤之戰於隱公六年，故有此說。

〔六〕師古曰：「十年秋，宋人、蔡人、衛人伐戴，鄭伯伐取之。戴國，今外黃縣東南戴城是也。讀者多誤為『載』，故隨室置載州焉。」書豪案，《公羊》、《穀梁》作「伐載」，此既為董仲舒、劉向所論，當作「載」為是。

〔七〕師古曰：「四年，衛州吁殺其君完。十一年，羽父使賊殺公于寪氏。桓二年春，宋督弒其君與夷。」書豪案，州吁、宋督事據《春秋經》。「羽父使賊殺公于寪氏」，見《左傳・隱公十一年》。《公羊傳・隱公十一年》：「冬，十有一月壬辰，公薨。何以不書葬？隱之也。何隱爾？弒也。」《穀梁傳・隱公十一年》：「公薨不地，故也。隱之，不忍地也。其不言葬，何也？君弒賊不討，不書葬，以罪下也。」是《公》、《穀》二傳均以為「弒」，惟未明言「羽父」，則「衛、魯、宋咸殺君」亦可據《公》、《穀》以推。

〔八〕錢大昕《三史拾遺》卷三：「劉歆說《春秋》日食，各占其分野之國，蓋本《左氏》『去魯地如衛地』之旨而推衍之。如周正月，日在星紀，為吳、越分。其前月，日在析木，為燕分。故正月朔時，以燕、越當之，二月為齊、越，三月為齊、衛，四月為魯、衛，五月為魯、趙，六月為晉、趙，七月為秦、晉，八月為周、秦，九月為周、楚，十月為楚、鄭，十一月為宋、鄭，十二月為宋、燕也。若食在晦者，則以本月及後月日所在分野之二國占之。如莊公十八年三月食，劉以為食在晦。宣公十七年六月食，劉亦以為在三月晦，故云皆魯、衛分，三月之晦與四月之朔等也。」書豪案，據錢氏所說，可整理成分野表如下：

附表五　劉歆分野表

月份	正月	二月	三月	四月	五月	六月
分野	燕、越	齊、越	齊、衛	魯、衛	魯、趙	晉、趙
月份	七月	八月	九月	十月	十一月	十二月
分野	秦、晉	周、秦	周、楚	楚、鄭	宋、鄭	宋、燕

劉歆歸納、發明《左傳》義例，當亦《春秋左氏傳章句》逸文。

〔九〕史珥《四史勦說》：「劉歆此論，深得《春秋》重人事之勝旨，乃父及江都紛紛之論多矣。」

〔一〇〕韋昭曰：「食半，謂食望也。」臣瓚曰：「月食半，謂食月之半也。月食常以望，不為異也。」

〔一一〕王先謙《漢書補注》：「試謂試其端，專征則僭端見，但事未成耳，故云『厥食雖侵光猶明』，一說未當，下方言弒君也。」

2 桓公三年「七月壬辰朔，日有食之，既」。〔一〕董仲舒、劉向以為前事已大，後事將至者又大，則既。先是魯、宋弒君，魯又成宋亂，易許田，亡事天子之心；楚僭稱王。後鄭岠王師，射桓王，又二君相篡。〔二〕劉歆以為六月，趙與晉分。〔三〕先是，晉曲沃伯再弒晉侯，〔四〕是歲晉大亂，滅其宗國。〔五〕《京房易傳》以為桓三年日食貫中央，上下竟而黃，臣弒而不卒之形也。後楚莊稱王，兼地千里。〔六〕

〔一〕周壽昌《漢書注校補》：「姜岌以為是歲七月癸亥朔，無壬辰，亦失閏。其八月壬辰朔，去交分入食限。《大衍》與岌說合，元《授時厤》亦合。」《公羊傳．桓公三年》何休《注》：「光明滅盡也。是後楚滅鄧、穀，上僭稱王，故尤甚也。楚滅鄧、穀不書者，後治夷狄。」

〔二〕師古曰：「謂厲公奔蔡而昭公入，高渠彌殺昭公而立子亹。」書豪案，事見《左傳．桓公十五年》、〈桓公十七年〉。

〔三〕晉灼曰：「周之六月，今之四月，始去畢而入參。參，晉分也。畢，趙也。日行去趙遠，入晉分多，故曰與。計二十八宿，分其次，度其月，及所屬，下皆以為例。」劉光蕡《前漢書校勘札記》：「按晉說非也。〈志〉中凡劉歆謂為某日者，皆以夏正計，非用周正也。〈志〉中所引，莫不皆然。其有歧異者，如隱公三年二月，劉作正月；莊公二十五年六月，劉作五月；三十年九月，劉作八月；僖公十二年三月，劉亦作三月；十五年五月，劉作二月；文公元年二月，劉作正月；宣公十七年六月，劉作三月；成公十七年十二月，劉作九月；襄公十五年八月，劉作五月，二十七年十二月，劉作九月；昭公十五年六月，劉作三月。以今歷法推之，劉說莫不吻合，可知《春秋》記日食之月，漢時猶未訛也。惟宣公八年七月，今推當在夏正之八月，劉則作十月，然亦可決其為板之訛也。蓋劉歆漢人，當時所用者夏正，故即以夏正應紀之月釋周正所紀之月也。」

〔四〕師古曰：「曲沃伯，本桓叔成師之封號也，其後遂繼襲焉。魯惠公三十年，大夫潘父殺昭侯而納成師，不克，晉人立孝侯。惠之四十五年，成師之子曲沃莊伯伐翼，殺孝侯也。」書豪案，事見《左傳・桓公二年》。

〔五〕師古曰：「桓三年，莊伯之子曲沃武公伐翼，逐翼侯于汾隰，夜獲而殺之。」又曰：「桓八年，曲沃武公滅翼，遂并其國。」書豪案，事據《左傳》。再案，據《史記・晉世家》，至魯桓公三年為止，曲沃伯弒晉君共二次，一是「孝侯十五年，曲沃莊伯弒其君晉孝侯于翼。」〈十二諸侯年表〉繫於晉孝侯十六年，即《左傳・桓公二年》所言：「惠之四十五年，曲沃莊伯伐翼，弒孝侯。」二是「小子元年，曲沃武公使韓萬殺所虜晉哀侯。」《左傳・桓公三年》僅曰：「曲沃武公伐翼，……逐翼侯于汾隰，驂絓而止，夜獲之，及欒共叔。」未言弒晉侯。故劉歆以為「先是，晉曲沃伯再弒晉侯」，當據《史記》。顏氏曰：「大夫潘父殺昭侯而納成師」，案諸《史記・晉世家》：「晉大臣潘父弒其君昭侯而迎曲沃桓叔。」潘父乃「晉大臣」，非「曲沃伯」，不應計入「再弒」之中，顏說誤。而「曲沃武公伐翼」一事，造成晉哀侯受虜遭弒，晉人改立小子侯，故言「是歲晉大亂」。至於「滅其宗國」，顏氏稱：「曲沃武公滅翼，遂并其國。」其說據《左傳・桓公八年》：「春，滅翼。」然同年「冬，王命虢仲立晉哀侯之弟緡于晉。」則曲沃武公尚未完全併滅晉國，顏說再誤。《史記・晉世家》云：「晉侯二十八年，齊桓公始霸。曲沃武公伐晉侯緡，滅之，盡以其寶器賂獻于周僖王。僖王命曲沃武公為晉君，列為諸侯，於是盡併晉地而有之。」該年即魯莊公十五年，故《左傳・莊公十六年》方云：「王使虢公命曲沃伯以一軍為晉侯。」莊公十五年距桓公三年「日有食之」凡三十年，不得逕言「滅其宗國」，疑原本作「後滅其宗國」為是。

〔六〕師古曰：「楚武王荊尸久已見傳，今此言莊始稱王，未詳其說。」劉知幾《史通・五行志雜駁》：「案楚自武王僭號。鄧盟是懼，荊尸久傳。歷文、成、繆三王，方至於莊。是則楚之為王，已四世矣，何得言莊始稱之者哉？又魯桓公薨後，歷莊、閔、僖、文、宣，凡五公而楚莊始作霸，安有桓三年日蝕而已應之者邪？非唯敘事有違，亦自占候失中者矣。」

3　十七年「十月朔，日有食之」。〔一〕《穀梁傳》曰：「言朔不言日，食二日也。」〔二〕劉向以為是時衛侯朔有罪出奔齊，〔三〕天子更立衛君。朔藉助五國，舉兵伐之而自立，王命遂壞。〔四〕魯夫人淫失於齊，卒殺威公。董仲舒以為言朔不言日，惡魯桓且有夫人之禍，將不終日也。〔五〕劉歆以為楚、鄭分。〔六〕

〔一〕周壽昌《漢書注校補》：「《左氏》云：『不書日，史官失之。』《大衍厤》推得十一月交分入食限，失閏也。《授時厤》推之與《大衍》同。」《公羊傳・桓公十七年》何休《注》：「是後夫人譖公，為齊侯所誘殺。去日者，著桓行惡，故深為內懼，其將見殺無日。」

〔二〕《穀梁傳・桓公十七年》：「言朔不言日，食既朔也。」范甯《注》：「既，盡也。盡朔一日，至明日乃食，是月二日食也。」

〔三〕師古曰：「朔，衛惠公也。《桓十六年・經》書『衛侯朔出奔齊』。《公羊傳》曰『得罪乎天子』，《穀梁傳》曰『天子召而不往也』。」

〔四〕師古曰：「莊五年冬，公會齊人、宋人、陳人、蔡人伐衛。莊六年春，王人子突救衛，夏，衛侯朔入，放公子黔牟于周，是也。」書豪案，顏氏主據《左傳》。惟劉向所言，用《春秋經》足矣，不必盡據《左傳》。

〔五〕沈欽韓《漢書疏證》：「《左氏》明云：『不書日，官失之也。』而董仲舒造此曲說。」書豪案，董生本主《公羊》，沈氏以《左傳》非之，未必合理。惟《公羊傳・隱公三年》：「日食則曷為或日或不日？或言朔或不言朔？曰『某月某日朔，日有食之』

者，食正朔也；其或日或不日，或失之前，或失之後。失之前者，朔在前也；失之後者，朔在後也。」所指相對模糊。《穀梁傳・隱公三年》：「言日不言朔。食，晦日也。」《穀梁傳・桓公三年》：「言日言朔，食正朔也。」《穀梁傳・桓公十七年》：「言朔不言日，食既朔也。」《穀梁傳・莊公十八年》：「不言日，不言朔，夜食也。」分疏最為明確。

〔六〕沈欽韓《漢書疏證》：「劉歆知歷，故推日食地分，適其時有鄭昭公事而楚無事也，執此以為日食之應，則尤泥矣。」書豪案，上文劉歆即云：「凡日所躔而有變，則分野之國失政者受之。……故《經》書災而不記其故，蓋吉凶亡常，隨行而成禍福也。」

4　莊公十八年「三月，日有食之」。〔一〕《穀梁傳》曰：「不言日，不言朔，夜食。」〔二〕史推合朔在夜，明旦日食而出，出而解，是為夜食。劉向以為夜食者，陰因日明之衰而奪其光，象周天子不明，齊桓將奪其威，專會諸侯而行伯道。其後遂九合諸侯，天子使世子會之，〔三〕此其效也。《公羊傳》曰食晦。〔四〕董仲舒以為宿在東壁，魯象也。後公子慶父、叔牙果通於夫人以劫公。劉歆以為晦魯、衛分。

〔一〕周壽昌《漢書注校補》：「《大衍麻》推是歲五月朔，交分入食限，三月不應食。以

《授時麻》推之，是歲三月朔，不入食限，五月壬子朔，加時在晝，交分入食限。蓋誤『五』為『三』。」《公羊傳・莊公十八年》何休《注》：「是後戎犯中國，魯蔽鄭瞻，夫人如莒，淫泆不制所致。」

〔二〕《開元占經》卷九〈日占五〉引《易萌氣樞》曰：「日夜食者，天中無影，言日當夜食，建八尺竹，視其無影，蝕不可見，故以表候之耳。」王先謙《漢書補注》引葉德輝曰：「此與張說同，蓋古法也。」

〔三〕師古曰：「僖五年，齊侯、宋公、陳侯、衛侯、鄭伯、許男、曹伯會王太子于首止是。」書豪案，事據《春秋經》。「九合諸侯」，語見《論語・憲問》。

〔四〕書豪案，《春秋經・僖公十六年》：「是月，六鷁退飛，過宋都。」《公羊傳・僖公十六年》：「何以不日？晦日也。晦則何以不言晦？《春秋》不書晦也。朔有事則書，晦雖有事不書。」此為《公羊》「晦日不日」之例。

5 二十五年「六月辛未朔，日有食之」。〔一〕董仲舒以為宿在畢，主邊兵，夷狄象也。〔二〕後狄滅邢、衛。〔三〕劉歆以為五月二日魯、趙分。

〔一〕周壽昌《漢書注校補》：「《大衍麻》推七月辛未朔，交分入食限，亦失閏也，故誤『七』為『六』。《授時麻》推與《大衍》同。壽昌案，《左傳》杜《注》云：『辛未實七月朔，置閏失所，故致月錯。』《正義》云：『案二十四年八月丁丑，夫人姜氏入。從彼推之，則六月辛未朔非有差錯。杜云置閏失所者，以二十四年八月以前誤置一閏，非是八月以來始錯也。』顧棟高曰：『自莊元年至二十四年，凡九置閏，正合五歲再閏、十有九歲七閏之數，何云置閏失所也？』據此，則《大衍》、《授時麻》推正《左氏》者為未審也。」《公羊傳・莊公二十五年》：「鼓，用牲于社。日食則曷為鼓用牲于社？求乎陰之道也。以朱絲營社，或曰脅之，或曰為闇，恐人犯之故營之。」何休《注》：「或曰者，或人辭，其義各異也。或曰脅之，與責求同義。社者，土地之主也。月者，土地之精也。上繫于天而犯日，故鳴鼓而攻之，脅其本也。朱絲營之，助陽抑陰也。或曰為闇者，社者，土地之主，尊也。為日光盡天闇冥，恐人犯歷之，故營之。然此說非也。記或傳者，示不欲絕異說爾。先言鼓後言用牲者，明先以尊者命責之，後以臣子禮接之，所以為順也。不言鼓于社用牲者，與禘于大廟用致夫人同，嫌起用牲為非禮。書者善內感，懼天災，應變得禮也。是後夫人遂不制，通於二叔，殺二嗣子也。」《穀梁傳・莊公二十五年》：「鼓，用牲于社。鼓，禮也。用牲，非禮也。天子救日，置五麾，陳五兵、五鼓。諸侯置三麾，陳三鼓、三兵。大夫擊門，士擊柝。言充其陽也。」范甯《注》：「凡有聲皆陽事，以壓陰氣。」

〔二一〕書豪案，《史記・天官書》：「畢曰罕車，主邊兵。」又曰：「及秦并吞三晉、燕、代，自河山以南者中國。中國於四海內則在東南，為陽；陽則日、歲星、熒惑、填星；

占於街南，畢主之。其西北則胡、貉、月氏諸衣旃裘引弓之民，為陰；陰則月、太白、辰星；占於街北，昴主之。」則畢雖主邊兵，卻無夷狄象。或董仲舒另有所據。

〔三〕師古曰：「《春秋》閔元年狄伐邢，二年狄滅衛，其後並為齊所立，而邢遷于夷儀，衛遷于楚丘。」書豪案，《春秋經・莊公三十二年》：「狄伐邢。」顏氏或據《左傳・閔公元年》：「狄人伐邢。」立說。然《左傳・閔公元年》之語，乃為「齊人救邢」張本，「狄伐邢」實前年（莊公三十二年）之事。

6　二十六年「十二月癸亥朔，日有食之」。〔一〕董仲舒以為宿在心，心為明堂，文武之道廢，中國不絕若綫之象也。〔二〕劉向以為時戎侵曹，〔三〕魯夫人淫於慶父、叔牙，將以弒君，故比年再蝕以見戒。劉歆以為十月二日楚、鄭分。

〔一〕《公羊傳・莊公二十六年》何休《注》：「異與上日食略同。」

〔二〕《史記・天官書》：「心為明堂。大星天王，前後星子屬。」

〔三〕師古曰：「事在莊二十四年。」書豪案，事據《春秋經》。

7　三十年「九月庚午朔，日有食之」。〔一〕董仲舒、劉向以為後魯二君弒，〔二〕夫人誅，〔三〕兩弟死，〔四〕狄滅邢，徐取舒，〔五〕晉殺世子，〔六〕楚滅弦。

〔七〕劉歆以為八月秦、周分。

〔一〕周壽昌《漢書注校補》：「壽昌案，《授時厤》推之，是歲十月庚午朔，加時在晝，去交分十四日四千六百九十六，入食限，失閏也。《大衍》同。」《公羊傳・莊公三十年》何休《注》：「是後魯比弒二君，狄滅邢、衛。」《穀梁傳・莊公三十年》：「鼓，用牲于社。」范甯《注》：「救日用牲，既失之矣，非正陽之月，而又伐鼓，亦非禮。」

〔二〕師古曰：「謂子般為圉人所殺，閔公為卜齮所殺也。」書豪案，顏氏據《左傳・莊公三十二年》、〈閔公二年〉，其中「卜齮」者，《左傳・閔公二年》：「共仲使卜齮賊公於武闈」，共仲即公子慶父，是弒公主謀為公子慶父，執行者為卜齮。然《春秋經・莊公三十二年》：「冬，十月乙未，子般卒。」《公羊傳・閔公元年》：「孰弒子般？慶父也。」《公羊傳・閔公二年》：「孰弒子般？慶父也。」《春秋經・閔公二年》：「秋八月辛丑，公薨。」《公羊傳》：「公薨何以不地？隱之也。何隱爾？弒也。孰弒之？慶父也。」《穀梁傳》：「公薨不地，故也。其不書葬，不以討母葬子也。」范甯《注》：「凡君弒賊討則書葬，哀姜實被討而不書葬者，不以討母葬子。」則董仲舒、劉向可據《公》、《穀》二傳。

〔三〕師古曰：「哀姜為齊人所殺。」書豪案，《左傳・閔公二年》：「閔公之死也，哀姜與知之，故孫于邾。齊人取而殺之于夷，以其尸歸，僖公請而葬之。」明言齊人殺哀姜。然《公羊傳・僖公二年》：「夏五月辛巳，葬我小君哀姜。哀姜者何？莊公之夫人也。」何休《注》：「誅當絕，不當以夫人禮書葬。書葬者，正齊桓討賊，辟責內讎齊。」則《公羊》家亦如是。

〔四〕師古曰：「謂叔牙及慶父也。」

〔五〕師古曰：「僖三年，徐人取舒。」書豪案，事據《春秋經》。

〔六〕師古曰：「僖五年，晉侯殺其太子申生。」書豪案，事據《春秋經》。

〔七〕師古曰：「僖五年，楚人滅弦。」書豪案，事據《春秋經》。

8 僖公五年「九月戊申朔，日有食之」。〔一〕董仲舒、劉向以為先是齊桓行伯，江、黃自至，〔二〕南服彊楚。〔三〕其後不內自正，而外執陳大夫，則陳、楚不附，〔四〕鄭伯逃盟，〔五〕諸侯將不從桓政，故天見戒。其後晉滅虢，〔六〕楚圍許，諸侯伐鄭，〔七〕晉弒二君，〔八〕狄滅溫，〔九〕楚伐黃，〔一〇〕桓不能救。劉歆以為七月秦、晉分。

〔一〕《公羊傳・莊公三十年》何休《注》：「此象齊桓德衰。是後楚遂背叛，狄伐晉、滅溫，晉里克比弒其二君。」

〔二〕師古曰：「僖二年，齊侯、宋公、江人、黄人盟于貫。《傳》曰『服江、黄也』。」書豪案，事據《春秋經》。《公羊傳・僖公二年》：「江人、黄人者何？遠國之辭也。遠國至矣，則中國曷為獨言齊、宋至爾？大國言齊、宋，遠國言江、黄，則以其餘為莫敢不至也。」《穀梁傳・僖公二年》：「貫之盟，不期而至者，江人、黄人也。江人、黄人者，遠國之辭也。中國稱齊、宋，遠國稱江、黄，以為諸侯皆來至也。」則所謂「江、黄自至」，其義當取自《公》、《穀》。

〔三〕師古曰：「僖四年，齊侯以諸侯之師侵蔡，遂伐楚，盟于邵陵。」書豪案，事據《春秋經》。

〔四〕師古曰：「邵陵盟後，以陳轅濤塗為誤軍而執之，陳不服罪，故伐之。楚自是不復通。」書豪案，事據《春秋經》。《公羊傳・僖公四年》：「桓公假塗于陳而伐楚，則陳人不欲其反由己者，師不正故也。不修其師而執濤塗，古人之討，則不然也。」《穀梁傳・僖公四年》：「齊人者，齊侯也，其人之，何也？於是哆然外齊侯也。不正其踰國而執也。」則所謂「不內自正」，其義當取自《公》、《穀》。

〔五〕師古曰：「僖五年秋，齊侯與諸侯盟于首止，鄭伯逃歸不盟。」書豪案，事據《春秋經》。「首止」，《公》、《穀》作「首戴」。

〔六〕師古曰：「事在僖五年。」書豪案，《春秋經・僖公五年》：「冬，晉人執虞公。」《左傳・僖公五年》：「冬，十二月丙子，朔，晉滅虢。虢公醜奔京師。師還，館于虞，遂襲虞，滅之。」《公羊傳・僖公五年》：「虞已滅矣，其言執之何？不與滅也。曷為不與滅？滅者亡國之善辭也。滅者，上下之同力者也。」《穀梁傳・僖公五年》：「執不言所於地，縕於晉也。其曰公，何也？猶曰其下執之之辭也。其猶下執之之辭，何也？晉命行乎虞民矣。虞、虢之相救，非相為賜也。今日亡虢，而明日亡虞矣！」是《左》、《穀》均涉滅虢以言，惟此當是劉向據《穀梁傳》立說。

〔七〕師古曰：「事並在僖六年。」書豪案，事據《春秋經》。

〔八〕師古曰：「謂里克弒奚齊及卓子。」書豪案，事據《春秋經・僖公九年》、〈僖公十年〉。「卓子」，《左傳》作「卓」。

〔九〕師古曰：「僖十年，狄滅之。」書豪案，事據《春秋經》。

〔一〇〕師古曰：「僖十一年，黃不歸楚貢，故伐之。」書豪案，事據《春秋經》。

9 十二年「三月庚午，日有食之」。〔一〕董仲舒、劉向以為是時楚滅黃，〔二〕狄侵衛、鄭，〔三〕莒滅杞。〔四〕劉歆以為三月〔五〕齊、衛分。

〔一〕周壽昌《漢書注校補》：「姜岌云：『三月朔交不應食，在誤條。其五月庚午朔，去交分入食限。』《大衍》同，以《授時麻》推之亦合，亦蓋『五』誤為『三』。」《公羊傳・僖公十二年》何休《注》：「是後楚滅黃，狄侵衛。」

〔二〕師古曰：「事在十二年夏。」書豪案，事據《春秋經》。

〔三〕師古曰：「僖十三年狄侵衛，十四年狄侵鄭。」書豪案，事據《春秋經》。

〔四〕師古曰：「僖十四年諸侯城緣陵。《公羊傳》曰：『曷為城？杞滅也。孰滅之？蓋徐、莒也。』」劉知幾《史通・五行志雜駁》：「案〈僖十四年〉：『諸侯城緣陵』。《公羊傳》曰：『曷為城？杞滅之。孰滅之？蓋徐、莒也。』如中壘所釋，當以《公羊》為本耳。然則《公羊》所說，不如《左氏》之詳。《左氏・襄公二十九年》，晉平公時，杞尚在云。」

〔五〕王念孫《讀書雜志》卷四之五：「引之曰：『三月』當為「二日」，凡《春秋》日食不書朔者，劉歆皆實指其晦朔與二日，若隱公三年二月己巳日食，劉歆以為正月二日。莊公十八年三月日食，劉歆以為晦。僖公十五年五月日食，劉歆以為二月朔。文公元年二月癸亥日食，劉歆以為正月朔。宣公十七年六月癸卯日食，劉歆以為三月晦朓。襄公十五年八月丁巳日食，劉歆以為五月二日是也。今僖公十二年三月庚午日食不書朔，則劉歆亦當實指其晦朔與二日，不當但言三月也。下文曰：『《左氏》以為二日十八』，又曰：『當春秋時，侯王率多縮朒不任事，故食二日仄慝者十八』，今徧數上下文，劉歆以為二日者十六，尚缺其二，蓋一為僖公十二年三月二日，一為宣公十年四月二日也。不然，則凡言劉歆以為者，月日皆與經文不同，若經文言『三月』，而歆無異辭，但言齊、衛分可矣，何須重複經文，而言三月乎？」

10 十五年「五月，日有食之」。〔一〕劉向以為象晉文公將行伯道，後遂伐衛，執曹伯，敗楚城濮，〔二〕再會諸侯，〔三〕召天王而朝之，〔四〕此其效也。日食者臣之惡也，夜食者掩其罪也，以為上亡明王，桓、文能行伯道，攘夷狄，安中國，雖不正猶可，蓋《春秋》「實與而文不與之義也。」〔五〕董仲舒以為後秦獲晉侯，〔六〕齊滅項，〔七〕楚敗徐于婁林。〔八〕劉歆以為二月朔齊、越分。

〔一〕周壽昌《漢書注校補》：「《左氏傳》曰：『不書朔，與日官失之也。』《大衍厤》推四月癸丑朔，去交分入食限，差一閏。《授時厤》同。宋趙汸引《長厤》：『五月壬子朔。』顧棟高《春秋朔閏表》：『四月壬午朔。』亦非『癸丑』。」《公羊傳・僖公十五年》何休《注》：「是後秦獲晉侯，齊桓公卒，楚執宋公，霸道衰，中國微弱之應。」《穀梁傳・僖公十五年》范甯《注》：「夜食。」

〔二〕師古曰：「事並在二十八年。」書豪案，事據《春秋經》。

〔三〕師古曰：「二十八年五月盟于踐土，冬會于溫。」書豪案，事據《春秋經》。

〔四〕師古曰：「晉侯不欲就朝王，故召王使來。《經》書『天王狩于河陽』。」書豪案，事據《春秋經・僖公二十八年》。

〔五〕書豪案，《公羊傳》：「實與而文不與」一語凡六見，分別是〈僖公元年〉、〈僖公二年〉、〈僖公十四年〉、〈文公十四年〉、〈宣公十一年〉、〈定公元年〉。

〔六〕師古曰：「晉侯，夷吾也。僖十五年十一月，晉侯及秦伯戰于韓，秦獲晉侯以歸也。」書豪案，事據《春秋經》。

〔七〕師古曰：「事在《公羊傳》僖十七年。」朱一新《漢書管見》：「《左氏》謂魯滅項，以為齊滅者，二傳之說。」書豪案，《公羊傳・僖公十七年》：「孰滅之？齊滅之。曷為不言齊滅之？為桓公諱也。」《穀梁傳・僖公十七年》亦言：「孰滅之？桓公也。」

〔八〕師古曰：「事在僖十五年冬。」書豪案，事據《春秋經》。

11 文公元年「二月癸亥，日有食之」。〔一〕董仲舒、劉向以為先是大夫始執國政，〔二〕公子遂如京師，〔三〕後楚世子商臣殺父，齊公子商人弒君，皆自立，宋子哀出奔，〔四〕晉滅江，〔五〕楚滅六，〔六〕大夫公孫敖、叔彭生並專會盟。〔七〕劉歆以為正月朔燕、越分。

〔一〕周壽昌《漢書注校補》：「姜岌云：『二月甲午朔，無癸亥。三月癸亥朔，入食限。』《大衍》、《授時麻》俱同，失閏也。《春秋朔閏表》作：『三月壬辰朔』。」《公羊傳・文公元年》何休《注》：「是後楚世子商臣弒其君，楚滅江、六，狄比侵中國。」楊樹達《漢書補注補正》：「樹達按，蘇先生手註云：『《公羊傳・文元年》何休《注》：「楚滅江六」，正用此文。』」

〔二〕師古曰：「謂東門襄仲也。」

〔三〕師古曰：「事在僖三十年，報宰周公之聘。」書豪案，事據《春秋經》。

〔四〕師古曰：「宋子哀，宋卿高哀也。不義宋公，而來奔魯。事在文十四年。」書豪案，事據《春秋經》。

〔五〕師古曰：「《春秋・文四年》『楚人滅江』，今此云『晉』，未詳其說。」劉知幾《史通・五行志雜駁》：「案本《經》書：『文四年，楚人滅江』。今云晉滅，其說無取。且江居南裔，與楚為鄰；晉處北方，去江殊遠。稱晉所滅，其理難通。」王先謙《漢書補注》引蘇輿曰：「案『晉』字直是誤文，疑班書本作『宋子哀出奔魯，楚滅江、滅六』，『魯』、『晉』形近，因誤『魯』為『晉』，校書者妄疑『楚』字於『滅六』上耳。」

〔六〕師古曰：「六，國名也，在廬江六縣。文五年楚人滅之。」書豪案，事據《春秋經》。

〔七〕師古曰：「文七年冬公孫敖如莒莅盟，十一年叔彭生會郤缺于承匡。」書豪案，事據《春秋經》。

12 十五年「六月辛丑朔，日有食之」。〔一〕董仲舒、劉向以為後宋、齊、莒、晉、鄭，八年之間，五君殺死，〔二〕楚滅舒蓼。〔三〕劉歆以為四月二日魯、衛分。

〔一〕《公羊傳・文公十五年》何休《注》：「是後楚人滅庸，宋人弒其君處臼，齊人弒其君商人，宣公弒子赤，莒弒其君庶其。」

〔二〕師古曰：「文十六年宋弒其君杵臼，十八年夏齊人弒其君商人，冬莒弒其君庶其，宣二年晉趙盾弒其君夷皋，四年鄭公子歸生弒其君夷也。」書豪案，事據《春秋經》。「杵臼」、「夷皋」，《公羊傳》作「處臼」、「夷獋」。

〔三〕沈欽韓《漢書疏證》：「舒蓼事在宣八年，胡可以十五年日食應之，不得已當言滅庸耳。」書豪案，事據《春秋經》。沈氏所言「滅庸」一事，見《春秋經・文公十六年》：「楚人、秦人、巴人滅庸。」

13宣公八年「七月甲子，日有食之，既」。〔一〕董仲舒、劉向以為先是楚商臣弒父而立，至于莊王遂彊。諸夏大國唯有齊、晉，齊、晉新有篡弒之禍，內皆未安，故楚乘弱橫行，八年之間六侵伐而一滅國；〔二〕伐陸渾戎，觀兵周室；〔三〕後又入鄭，鄭伯肉袒謝罪；北敗晉師于邲，流血色水；〔四〕圍宋九月，析骸而炊之。〔五〕劉歆以為十月二日楚、鄭分。

〔一〕周壽昌《漢書注校補》：「壽昌案，《左傳》杜《注》以七月甲子晦，食。姜氏云：『十月甲子朔，食。』《大衍》同，《授時麻》亦然。《春秋朔閏表》：『七月乙未朔，甲午晦。十月甲子朔。』以『十月己丑葬我小君敬嬴』。己丑為十月二十六日也，是誤『十』為『七』也。」《公羊傳・宣公八年》何休《注》：「是後楚莊王圍宋，析骸易子，伐鄭勝晉，鄭伯肉袒，晉大敗於邲，中國精奪，屈服強楚之應。」

〔二〕師古曰：「六侵伐者，謂宣元年侵陳，三年侵鄭，四年伐鄭，五年伐鄭，六年伐鄭，八年伐陳也。一滅國者，謂八年滅舒蓼也。」書豪案，顏氏云「五年伐鄭」，據《左傳》，然此乃董仲舒、劉向所論，恐非。當指《春秋經・宣公元年》：「楚子、鄭人侵陳，遂侵宋。」餘亦皆見《春秋經》。

〔三〕師古曰：「〈宣三年〉：『楚子伐陸渾之戎，遂至于洛，觀兵于周疆』。觀兵者，示威武也。」書豪案，事據《春秋經》。「陸渾」，《公羊傳》作「賁渾」。

〔四〕師古曰：「事並在十二年。」書豪案，「鄭伯肉袒謝罪」見《左傳》、《公羊傳》。「流血色水」，亦即《左傳》、《公羊傳》：「舟中之指可掬矣」，同樣可見邲之戰的慘烈狀況。惟此處為董仲舒、劉向所論，當出自《公羊傳》。

〔五〕師古曰：「事在十五年。」書豪案，「析骸而炊之」，見《公羊傳》，《左傳》作「析骸而爨」。

14 十年「四月丙辰，日有食之」。〔一〕董仲舒、劉向以為後陳夏徵舒弒其君，〔二〕楚滅蕭，〔三〕晉滅二國，〔四〕王札子殺召伯、毛伯。〔五〕劉歆以為二月魯、衛

分。〔六〕

〔一〕《公羊傳・宣公十年》何休《注》：「與『甲子既』同，事重故累食。」

〔二〕師古曰：「弒靈公也。事在十年。」書豪案，事據《春秋經》。

〔三〕師古曰：「蕭，宋附庸國也。事在十二年。」書豪案，事據《春秋經》。

〔四〕師古曰：「謂十五年滅赤狄潞氏，十六年滅赤狄甲氏。」書豪案，事據《春秋經》。

〔五〕師古曰：「事在十五年。」書豪案，事據《春秋經》。

〔六〕錢大昕《三史拾遺》卷三：「『月』當作『日』，謂食在四月二日也。《經》書『四月丙辰』而不言朔，故知食二日。」王念孫《讀書雜志》卷四之五：「引之曰：『二月』當為『二日』。蓋周之四月，今二月。是月二日，日躔去東壁而入奎。東壁，衛也；奎，魯也，故曰魯、衛分。若作『二月』，則義不可通。周之二月，今十二月，十二月二日，日躔去須女而入虛，當言越、齊分，不當言魯、衛分矣。自僖公十二年三月之二日譌為三月，宣公十年四月之二日譌為二月，《左氏》以為二日之十八，遂缺其二矣，此月日之誤也。」

15 十七年「六月癸卯，日有食之」。〔一〕董仲舒、劉向以為後邾支解鄫子，〔二〕晉敗王師于貿戎，〔三〕敗齊于鞌。〔四〕劉歆以為三月晦朓魯、衛分。〔五〕

〔一〕周壽昌《漢書注校補》：「姜岌云：『六月甲辰朔，不應食。』《大衍麻議》云：『是年五月在交限，六月甲辰朔，交分已過食限，蓋誤。』《授時麻》推之，是歲五月乙亥入食限，六月甲辰朔，泛交二日，已過食限，《大衍》為是。壽昌案，《朔閏表》：『是歲五月小，壬寅晦，若五月大，盡則是癸卯晦，當六月甲辰朔也。』」《公羊傳・宣公十七年》何休《注》：「是後邾婁人戕鄫子，四國大夫敗齊師于鞌，齊侯逸獲，君道微，臣道強之所致。」

〔二〕師古曰：「十八年，邾人戕鄫子于鄫，支解而節斷之，謂解其四支，斷其骨節。」書豪案，《春秋經・宣公十八年》：「邾婁人戕鄫子于鄫。」《左傳・宣公十八年》：「凡自內虐其君曰弒，自外曰戕。」《公羊傳・宣公十八年》：「戕鄫子于鄫者何？殘賊而殺之也。」《穀梁傳・宣公十八年》：「戕猶殘也，捝殺也。」范甯《注》：「捝謂捶打殘賊而殺。」則「支解鄫子」，義出《公羊》、《穀梁》。「鄫」，《穀梁》作「繒」。

〔三〕師古曰：「事在成元年。」沈欽韓《漢書疏證》：「《公》、《穀》並云然。齊召南曰：『按貿戎與王師戰，此實事也；以王師自敗為文，此書法也。若實晉人，經可易為戎乎？此穿鑿也。』」書豪案，「貿戎」，《左傳》作「茅戎」。

〔四〕師古曰：「事在成二年。」書豪案，事據《春秋經》。

〔五〕服虔曰：「朓，相覜也。日晦食為朓。」臣瓚曰：「〈志〉云『晦而月見西方曰朓』，以此名之，非日食晦之名也。」書豪案，據本卷「日月亂行」〔例92〕，劉歆以為「故食二日仄慝者十八，食晦日朓者一」，是「仄慝」與「朓」均涉日食立說。至於「晦而月見西方曰朓」，則是京房說，僅著眼於日月運行遲疾，無關乎日食。服說是。

16 成公十六年「六月丙寅朔，日有食之」。〔一〕董仲舒、劉向以為後晉敗楚、鄭于鄢陵，〔二〕執魯侯。劉歆以為四月二日魯、衛分。

〔一〕《公羊傳・成公十六年》何休《注》：「是後楚滅舒庸，晉厲公見餓殺，尤重，故十七年復食。」

〔二〕師古曰：「事在十六年。鄢陵，鄭地。」書豪案，事據《春秋經》。

17 十七年「十二月丁巳朔，日有食之」。〔一〕董仲舒、劉向以為後楚滅舒庸，〔二〕晉弒其君，〔三〕宋魚石因楚奪君邑，〔四〕莒滅鄫，齊滅萊，〔五〕鄭伯弒死。〔六〕劉歆以為九月周、楚分。

〔一〕周壽昌《漢書注校補》：「姜宸云：『十二月戊子朔，無丁巳，似失閏。』《大衍麻》推十一月丁巳交分入食限，《授時麻》同。」

〔二〕師古曰：「事在十七年日食之後。舒庸，蓋羣舒之一種，楚與國也。」書豪案，事據

《春秋經》。

〔三〕師古曰：「謂厲公也。事在十八年。」書豪案，事據《春秋經》。

〔四〕師古曰：「魚石，宋大夫也，十五年出奔楚，至十八年楚伐宋，取彭城而納之。」書豪案，事據《春秋經》。

〔五〕師古曰：「事並在襄六年。」書豪案，事據《春秋經》。

〔六〕師古曰：「鄭僖公也，襄七年會于鄬，其大夫子駟使賊夜殺之，而以虐疾赴。」書豪案，顏氏據《左傳》。然《公羊傳・襄公七年》：「鄭伯將會諸侯于鄬，其大夫諫曰：『中國不足歸也，則不若與楚。』鄭伯曰：『不可。』其大夫曰：『以中國為義，則伐我喪；以中國為彊，則不若楚。』於是弒之。」《穀梁傳・襄公七年》：「鄭伯將會中國，其臣欲從楚，不勝，其臣弒而死。」則由《公羊》、《穀梁》，亦可得「鄭伯弒死」，不必盡據《左傳》。

18 襄公十四年「二月乙未朔，日有食之」。〔一〕董仲舒、劉向以為後衛大夫孫、甯共逐獻公，立孫剽。〔二〕劉歆以為前年十二月二日宋、燕分。

〔一〕《公羊傳・襄公十四年》何休《注》：「是後衛侯為彊臣所逐出奔，溴梁之盟信在大夫。」

〔二〕師古曰：「孫林父、甯殖逐獻公，襄十四年四月出奔齊，而立剽。剽，穆公之孫也。」書豪案，事據《左傳》，則當為劉向所推。《漢書·劉向傳》：「謹案春秋二百四十二年，日蝕三十六，襄公尤數，率三歲五月有奇而壹食。」

19 十五年「八月丁巳朔，日有食之」。〔一〕董仲舒、劉向以為先是晉為雞澤之會，諸侯盟，又大夫盟，後為溴梁之會，諸侯在而大夫獨相與盟，君若綴斿，不得舉手。〔二〕劉歆以為五月二日魯、趙分。

〔一〕周壽昌《漢書注校補》：「姜宸云：『七月丁巳朔，食，失閏也。』《大衍》、《授時麻》俱同。壽昌案，杜《注》云：『八月無丁巳，丁巳，七月一日也，日月必有誤。』《朔閏表》：『七月丁巳朔，八月丙戌朔。』」《公羊傳·襄公十五年》何休《注》：「是後溴梁之盟，信在大夫，齊、蔡、莒、吳、衛之禍，徧滿天下。」書豪案，三傳俱作「八月丁巳，日有食之」，無「朔」字，此方可合後文「《穀梁》以為晦七」、「《公羊》以為二日七」之數，「朔」字當刪。

〔二〕陳直《漢書新證》：「『綴斿』即『綴旒』，蓋本於三家詩說。」書豪案，陳氏本《詩經·商頌·長發》：「為下國綴旒」，然《公羊傳·襄公十六年》：「諸侯皆在是，其言大夫盟何？信在大夫也。何言乎信在大夫？徧刺天下之大夫也。曷為徧刺天下之大夫？君若贅旒然。」則「綴斿」即「贅旒」，非「綴旒」。

20 二十年「十月丙辰朔，日有食之」。〔一〕董仲舒以為陳慶虎、慶寅蔽君之明，〔二〕邾庶其有叛心，後庶其以漆、閭丘來奔，〔三〕陳殺二慶。〔四〕劉歆以為八月秦、周分。

〔一〕《公羊傳・襄公二十年》何休《注》：「自溴梁之盟，臣恣日甚，故比年日食。」

〔二〕師古曰：「二慶，並陳大夫也。襄二十年，陳侯之弟黃出奔楚，將出，呼於國曰：『慶氏無道，求專陳國，暴蔑其君，而去其親，五年不滅，是無天也。』」書豪案，顏氏本《左傳》，然董仲舒治《公羊》，或另有師說。《公羊傳・襄公二十年》：「陳侯之弟光出奔楚。」何休《注》：「為二慶所譖。」

〔三〕師古曰：「事在二十一年。漆及閭丘，邾之二邑。」書豪案，事據《春秋經》。

〔四〕師古曰：「二十三年，陳侯如楚，公子黃訴二慶。楚人召之，慶氏以陳叛楚，屈建從陳侯圍陳，遂殺二慶也。」書豪案，事據《春秋經》。

21 二十一年「九月庚戌朔，日有食之」。董仲舒以為晉欒盈將犯君，後入于曲沃。劉歆以為七月秦、晉分。

22「十月庚辰朔，日有食之」。〔一〕董仲舒以為宿在軫、角，楚大國象也。後楚屈氏譖殺公子追舒，〔二〕齊慶封脅君亂國。〔三〕劉歆以為八月秦、周分。

〔一〕周壽昌《漢書注校補》：「姜氏岌云：『比月而食，宜在誤條。』《大衍》亦以為然。《授時厤》推之，十月已過交限，不應頻食，姜說為是。」

〔二〕師古曰：「公子追舒，楚令尹子南也。二十二年，楚殺之。」書豪案，事據《春秋經》。

〔三〕師古曰：「慶封，齊大夫也。二十七年，使盧蒲嫳帥甲攻崔氏，殺成及彊，盡俘其家。崔杼縊而死，自是慶封當國，專執政也。」書豪案，顏氏據《左傳》。然《公羊傳·昭公四年》：「慶封之罪何？脅齊君而亂齊國也。」董仲舒當依此義。

23二十三年「二月癸酉朔，日有食之」。董仲舒以為後衛侯入陳儀，〔一〕甯喜弒其君剽。〔二〕劉歆以為前年十二月二日宋、燕分。

〔一〕師古曰：「衛侯衎也，前為孫、甯所逐，二十五年入于陳儀。陳儀，衛邑。《左傳》云『夷儀』。」書豪案，事據《春秋經》。「陳儀」，《穀梁傳》作「夷儀」。

〔二〕師古曰：「二十六年，甯喜殺剽，而衎入于衛。甯喜，殖子也。」書豪案，事據《春秋經》。

24 二十四年「七月甲子朔，日有食之，既」。〔一〕劉歆以為五月魯、趙分。

〔一〕《公羊傳・襄公二十四年》何休《注》：「是後楚滅舒鳩，齊崔杼、衞甯喜弒其君。」

25 「八月癸巳朔，日有食之」。〔一〕董仲舒以為比食又既，象陽將絕，夷狄主上國之象也。後六君弒，〔二〕楚子果從諸侯伐鄭，〔三〕滅舒鳩，〔四〕魯往朝之，〔五〕卒主中國，〔六〕伐吳討慶封。〔七〕劉歆以為六月晉、趙分。

〔一〕周壽昌《漢書注校補》：「董仲舒以為比食又既。《大衍》云：『不應頻食，在誤條。』《授時麻》推之，交分不叶，不應食，《大衍》說是。壽昌案，董子推步不明，而好附會占驗，妄為云云。《左傳孔氏正義》云：『二十一年九月、十月頻日日食，此年七月、八月日食。凡交前十五度，交後十五度，並是食竟，去交遠則日食漸少，去交近則日食漸多，正當交則日食既。若前月在交初一度日食，則後月之朔日，猶在交之末度，未出食竟。月行天既帀，來及於日，或可更食。若前月日在交初二度以後，則後月日食無理。今七月日食既，而八月又食，于推步之術，必無此理，蓋古書磨滅，致有錯誤。』後引劉炫說亦如此。」《公羊傳・襄公二十四年》何休《注》：「與『甲子』同。」書豪案，指與前年日食同占。

〔二〕師古曰：「謂二十五年齊崔杼殺其君光，二十六年衛甯喜弒其君剽，二十九年閽殺吳子餘祭，三十年蔡太子班弒其君固，三十一年莒人弒其君密州，昭元年楚令尹子圍入問王疾，縊而殺之。」書豪案，顏氏云「楚令尹子圍入問王疾，縊而殺之」，據《左傳》，然此乃董仲舒所論，恐非。或指《春秋經・襄公二十六年》：「秋，宋公弒其世子痤。」餘亦皆見《春秋經》。

〔三〕師古曰：「二十四年冬，楚子、蔡侯、陳侯、許男伐鄭。」書豪案，事據《春秋經》。

〔四〕師古曰：「二十五年，楚屈建帥師滅舒鳩。」書豪案，事據《春秋經》。

〔五〕師古曰：「二十八年，公如楚。」書豪案，事據《春秋經》。

〔六〕師古曰：「謂楚靈王以昭四年與諸侯會于申。」書豪案，事據《春秋經》。

〔七〕師古曰：「慶封以二十八年為慶舍之難自齊出奔魯，遂奔吳。至申之會，楚靈王伐吳，執慶封而殺之。」書豪案，事據《春秋經・昭公四年》。

26　二十七年「十二月乙亥朔，日有食之」。〔一〕董仲舒以為禮義將大滅絕之象也。時吳子好勇，使刑人守門；〔二〕蔡侯通於世子之妻；〔三〕莒不早立嗣。〔四〕後閽戕吳子，蔡世子般弒其父，莒人亦弒君而庶子爭。〔五〕劉向以為自二十年至此歲，八年間日食七作，禍亂將重起，故天仍見戒也。後齊崔杼弒君，宋殺世子，〔六〕北燕伯出奔，〔七〕鄭大夫自外入而篡位，〔八〕指略如董仲舒。劉歆以為九月周、楚分。

〔一〕周壽昌《漢書注校補》：「壽昌案，《左傳》杜《注》云：『今《長厤》推十一月朔，非十二月。《傳》曰：「辰在申，再失閏。」若是十二月，則為三失閏。故知《經》誤。』又云：『文十一年三月甲子，至今年七十一歲，應有二十六閏。今《長厤》推得二十四閏，通計少再閏。』孔《疏》云：『魯之司厤，漸失其閏，至此年日食之月，以儀審望，於是始覺其謬，遂頓置兩閏，以應天正，以敘事期。』今考《長厤》云：『閏十一月建酉，乙巳小；後閏月建戌，甲戌大；十二月建亥，甲辰小。』此孔氏所據杜說也。」《公羊傳・襄公二十七年》何休《注》：「是後閽殺吳子餘祭，蔡世子般弒其君，莒人弒其君之應。」

〔二〕師古曰：「吳子即餘祭也。刑人，閽者。」書豪案，《左傳・襄公二十九年》：「吳人伐越，獲俘焉，以為閽，使守舟。吳子餘祭觀舟，閽以刀弒之。」《公羊傳・襄公二十九年》：「閽者何？門人也，刑人也。刑人則曷為謂之閽？刑人非其人也。君子不近刑人，近刑人則輕死之道也。」《穀梁傳・襄公二十九年》：「閽，門者也，寺人也。不稱名姓，閽不得齊於人；不稱其君，閽不得君其君也。禮：君不使無恥，不近刑人，不狎敵，不邇怨。賤人非所貴也，貴人非所刑也，刑人非所近也。舉至賤而加之吳子，吳子近刑人也。閽弒吳子餘祭，仇之也。」則《左傳》以為「閽」為「獲俘」，《公羊》、《穀梁》以為「刑人」。

〔三〕師古曰：「即蔡侯固，為太子所殺者也。」《左傳・襄公三十年》：「蔡景侯為大子般娶于楚，通焉，大子弒景侯。」

〔四〕師古曰：「即密州也，生去疾及展輿，既立展輿又廢之。」《左傳・襄公三十一年》：「莒犁比公生去疾及展輿。既立展輿，又廢之。犁比公虐，國人患之。十一月，展輿因國人以攻莒子，弒之，乃立。」書豪案，「時吳子好勇」以下，舉吳、蔡、莒三國弒君事，然惟吳用《公》、《穀》義，而蔡、莒本事俱見《左傳》，則此或董仲舒先舉「禮義將大滅絕之象」的大義，劉向後採三傳事義加以補充。若然，則此亦出自「（董仲舒劉向）《災異之記》」。

〔五〕師古曰：「展輿因國人攻其父而殺之。展輿即位，去疾奔齊。明年去疾入而展輿出奔吳。並非嫡嗣，故云庶子爭。」書豪案，事據《春秋經》。

〔六〕師古曰：「宋平公太子痤也。事在二十六年。」書豪案，事據《春秋經》。

〔七〕師古曰：「昭三年『北燕伯款出奔齊』。」書豪案，事據《春秋經》。

〔八〕師古曰：「謂伯有也。」書豪案，見《左傳・襄公三十年》。

27 昭公七年「四月甲辰朔，日有食之」。〔一〕董仲舒、劉向以為先是楚靈王弒君而立，會諸侯，執徐子，滅賴，〔二〕後陳公子招殺世子，〔三〕楚因而滅之，〔四〕又滅蔡，〔五〕後靈王亦弒死。〔六〕劉歆以為二月魯、衛分。〔七〕《傳》曰晉侯問於士文伯曰：「誰將當日食？」對曰：「魯、衛惡之，衛大魯小。」公曰：

「何故？」對曰：「去衛地，如魯地，於是有災，其衛君乎？魯將上卿。」是歲，八月衛襄公卒，十一月魯季孫宿卒。晉侯謂士文伯曰：「吾所問日食從矣，可常乎？」對曰：「不可。六物不同，民心不壹，事序不類，官職不則，同始異終，胡可常也？《詩》曰：『或宴宴居息，或盡詩事國。』〔八〕其異終也如是。」公曰：「何謂六物？」對曰：「歲、時、日、月、星、辰是謂。」公曰：「何謂辰？」對曰：「日月之會是謂。」公曰：「《詩》所謂『此日而食，于何不臧』〔九〕，何也？」對曰：「不善政之謂也。國無政，不用善，則自取適于日月之災。故政不可不慎也，務三而已：一曰擇人，二曰因民，三曰從時。」〔一〇〕此推日食之占循變復之要也。《易》曰：「縣象著明，莫大於日月。」〔一一〕是故聖人重之，載于三經。〔一二〕於《易》，在〈豐〉之震曰：「豐其沛，日中見眛，折其右肱，亡咎。」〔一三〕於《詩》，〈十月之交〉，則著卿士、司徒，下至趣馬、師氏，咸非其材。〔一四〕同於右肱之所折，協於三務之所擇，明小人乘君子，陰侵陽之原也。

〔一〕《公羊傳・昭公七年》何休《注》：「是後楚滅陳、蔡，楚弒君虔于乾谿。」

〔二〕師古曰：「申之會，楚人執徐子，遂滅賴。」書豪案，見《左傳・昭公四年》，此當是劉向所說。

〔三〕師古曰：「招，成公子，哀公弟也。《昭八年‧經》書『陳侯之弟招殺陳太子偃師』。偃師即哀公之子也。」

〔四〕師古曰：「偃師之死，哀公縊。其九月，楚公子棄疾奉偃師之子孫吳圍陳，遂滅之。」書豪案，事據《春秋經》。

〔五〕師古曰：「十一年，楚師滅蔡也。執太子有以歸，用之。」書豪案，事據《春秋經》。

〔六〕師古曰：「十三年，楚公子比弒其君虔于乾谿是也。」書豪案，事據《春秋經》。「乾谿」，《公羊傳》作「乾溪」。

〔七〕錢大昕《三史拾遺》卷三：「『月』當作『日』，與宣十年同。」書豪案，錢氏於彼言「『月』當作『日』，謂食在四月二日也。《經》書『四月丙辰』而不言朔，故知食二日。」然此三傳皆作「四月甲辰朔」，實有「朔」字，故不當改「月」當作「日」，錢說非。

〔八〕師古曰：「〈小雅‧北山〉之詩也。」王先謙《漢書補注》引葉德輝曰：「『宴宴』今《詩》作『燕燕』，陳喬樅《齊詩遺說攷》劉歆述士文伯引《詩》語，與今《左傳》異，知其從《魯詩》之文也。」

〔九〕師古曰：「〈小雅‧十月之交〉之詩也。」

〔一〇〕王先謙《漢書補注》引蘇輿曰：「『公曰《詩》所謂』云云至此，《左傳》在前問魯將上卿下，此參錯其文。」書豪案，此例引《左傳》兩段引文，雖同在〈昭公七年〉，然「《傳》曰晉侯問於士文伯」到「魯將上卿」，以及「公曰《詩》所謂」到「三曰從時」，乃《經》「日有食之」之傳。「晉侯謂士文伯」到「日月之會是謂辰」，則是《經》「季孫宿卒」之傳。此處參錯兩段傳文以解經，即《漢書・劉歆傳》所謂「引傳文以解經，轉相發明」的方法，當亦劉歆《春秋左氏傳章句》逸文。惟「公曰：『何謂辰？』」一問，乃晉平公之言。「公曰：『詩所謂』」云云，則出自魯昭公。兩處合併，則有混淆之嫌。

〔一一〕師古曰：「〈上繫〉之辭也。」

〔一二〕師古曰：「謂《易》、《詩》、《春秋》。」

〔一三〕師古曰：「此〈豐〉卦九三爻辭也，言遇此災，則當退去右肱之臣，乃免咎。」繆祐孫《漢書引經異文錄證》：「今《易》『昧』作『沬』。《本義》：『沬，小星也。』惠棟《辯證》言：『見斗見沬，日食之徵。沬者，斗杓後小星，小星見則日全食矣。』九三『折其右肱』，三為三公，康成謂『屏去用事之臣則无咎』。漢世水旱日食輒罷三公，蓋取則於此。《折中》以為此義與〈彖傳〉：『日中則昃，月盈則食』相發明。〈王商傳〉作『則折其右肱』。」

〔一四〕師古曰：「〈十月之交〉詩曰：『皇父卿士，番維司徒。棸維趣馬，楀維師氏，豔妻煽方處。』」

28十五年「六月丁巳朔，日有食之」。〔一〕劉歆以為三月魯、衛分。〔二〕

〔一〕周壽昌《漢書注校補》：「《大衍》推五月丁巳朔，食，失一閏，《授時》同。」《公羊傳．昭公十五年》何休《注》：「并十七年食，蓋與孛于大辰同占。」

〔二〕書豪案，據「附表三」，三月朔，當為「齊、衛分」。

29十七年「六月甲戌朔，日有食之」。〔一〕董仲舒以為時宿在畢，晉國象也。晉厲公誅四大夫，失衆心，以弒死。〔二〕後莫敢復責大夫，六卿遂相與比周，專晉國，君還事之。〔三〕日比再食，其事在《春秋》後，故不載於經。〔四〕劉歆以為魯、趙分。〔五〕《左氏傳》平子曰：「唯正月朔，慝未作，日有食之，於是乎天子不舉，伐鼓於社，諸侯用幣於社，伐鼓於朝，禮也。其餘則否。」太史曰：「在此月也，日過分而未至，三辰有災，百官降物，君不舉，避移時，樂奏鼓，祝用幣，史用辭，嗇夫馳，庶人走，此月朔之謂也。當夏四月，是謂孟夏。」說曰：正月謂周六月，夏四月，正陽純〈乾〉之月也。慝謂陰爻也，冬至陽爻起初，故曰〈復〉。〔六〕至建巳之月為純乾，亡陰爻，而陰侵陽，為災重，故伐鼓用幣，責陰之禮。降物，素服也。不舉，去樂也。避移時，避正堂，須時移災復也。嗇夫，掌幣吏。庶人，其徒役也。〔七〕劉歆以為六月二日魯、趙分。〔八〕

〔一〕周壽昌《漢書注校補》：「姜氏云：『六月乙巳朔，交分不叶，不應食，當誤。』《大衍》云：『當在九月朔，六月不應食，姜氏是也。』《授時厤》云：『是歲九月甲戌朔，加時在晝，入食限。』壽昌案，《左傳》明載太史言『當夏四月，是謂孟夏』，則為周之六月，不應有誤。《春秋朔閏表》九月係癸卯朔，非甲戌也。」

〔二〕師古曰：「四大夫，謂三郤及胥童也。胥童非厲公所誅，以導亂而死，故總書四大夫。厲公竟為欒書、中行偃所殺。」書豪案，事見《春秋經・成公十七年》、〈成公十八年〉。

〔三〕師古曰：「六卿謂范氏、中行氏、智氏、韓、魏、趙也。」劉知幾《史通・五行志雜駁》：「案晉厲公所尸唯三郤耳，何得云誅四大夫者哉？又州滿既死，悼公嗣立，選六官者皆獲其才，逐七人者盡當其罪。以辱及揚干，將誅魏絳，覽書後悟，引愆授職。此則生殺在己，寵辱自由。故能申五利以和戎，馳三駕以挫楚。威行夷夏，霸復文、襄。而云不復責大夫，何厚誣之甚也。自昭公已降，晉政多門。如以君事臣，居下僭上者，此乃因昭之失，漸至陵夷。匪由懲厲之弑，自取淪辱也。豈可輒持彼後事，用誣先代者乎？」

〔四〕劉知幾《史通・五行志雜駁》：「案自昭十五年，迄於獲麟之歲，其間日蝕復有九焉。事例本經，披文立驗，安得云再蝕而已，又在《春秋》之後也？且觀班〈志〉編此九蝕，其八皆載董生所占。復不得言董以事後《春秋》，故不存編錄。再思其語，三覆所由，斯蓋孟堅之誤，非仲舒之罪也。」

〔五〕錢大昕《三史拾遺》卷三：「『魯』當作『晉』，六月日在實沈，為晉分。其前月日在大梁，為趙分。」

〔六〕書豪案，此據孟喜、京房「十二消息卦」立說。詳見〈五行志中之上〉的〈言傳〉〔例3〕註二。

〔七〕李慈銘《越縵堂讀史札記全編》：「《左氏傳》下一段，乃班氏引傳而釋之之辭。與此上『晉侯問於士文伯』至『陰侵陽之原也』一段，此下『梓慎曰將大水』至『水旱而已』一段，皆班氏自述《左氏傳》及諸經義，非劉歆語。固為《左氏》學此〈志〉所引董仲舒、劉向及歆語，亦有并述其所引《春秋》者，然皆約略其文。惟班氏自引《春秋傳》，則兼舉經說而申釋之，此史例也。」書豪案，其「說」以孟喜、京房十二消息卦解釋《左傳》平子所言，合於《漢書・夏侯建傳》所謂「左右采獲」、「牽引以次章句」的形式特徵，此亦當是劉歆《春秋左氏傳章句》逸文，李說恐非。

〔八〕王念孫《讀書雜志》卷四之五：「引之曰：『六月』當為『五月』。周之五月，今三月，是月二日，日躔去婁而入胃。婁，魯也；胃，趙也，故曰魯、趙分。莊公二十五年六月辛未朔，日有食之，劉歆以為五月二日魯、趙分，是其證也。若作『六月』，則為今之四月，四月之朔，日躔去畢而入參，當云趙、晉，不當云魯、趙矣。且凡歆以為某月者，皆與經不同，《經》云『六月』，則劉歆之所定，必非六月也。」

30 **二十一年「七月壬午朔，日有食之」。**〔一〕**董仲舒以為周景王老，劉子、單**

子專權，蔡侯朱驕，〔二〕君臣不說之象也。後蔡侯朱果出奔，〔三〕劉子、單子立王猛。劉歆以為五月二日魯、趙分。

〔一〕《公羊傳・昭公二十一年》何休《注》：「是後周有篡禍。」

〔二〕沈家本《漢書瑣言》：「按是時劉、單未嘗專權，若專權，則尹氏亦不能立王子朝矣。《左傳》云：『葬蔡平公，蔡太子朱失位，位在卑。』是懦而非驕也。董語與《左氏》異。」

〔三〕師古曰：「昭二十一年出奔楚。」書豪案，事據《春秋經》。

31 二十二年「十二月癸酉朔，日有食之」。〔一〕董仲舒以為宿在心，天子之象也。後尹氏立王子朝，天王居于狄泉。劉歆以為十月楚、鄭分。

〔一〕周壽昌《漢書注校補》：「壽昌案，《左傳》杜《注》云：『此月有庚戌。又以《長麻》推校前後，當為癸卯朔，書「癸酉」，誤。』孔《疏》亦證杜為是，未復考正云：『十二月大，癸卯朔，傳有庚戌八日也。閏月小，癸酉朔，傳有閏月辛丑，二十九日是也。明年正月壬寅朔，則上下符合矣。』考《春秋朔閏表》，是歲閏十二月癸酉朔，而元《授時麻》推為癸酉朔，駁杜《注》非是，不知此非日誤，後人未考，是閏十二月朔耳。」《公羊傳・昭公二十二年》何休《注》：「是後晉人圍郊，犯天子邑。」

32二十四年「五月乙未朔，日有食之」。〔一〕董仲舒以為宿在胃，魯象也。後昭公為季氏所逐。劉向以為自十五年至此歲，十年間天戒七見，〔二〕人君猶不寤。後楚殺戎蠻子，〔三〕晉滅陸渾戎，〔四〕盜殺衛侯兄，〔五〕蔡、莒之君出奔，〔六〕吳滅巢，〔七〕公子光殺王僚，〔八〕宋三臣以邑叛其君。〔九〕它如仲舒。劉歆以為二日魯、趙分。是月斗建辰。《左氏傳》梓慎曰：「將大水。」昭子曰：「旱也。日過分而陽猶不克，克必甚，能無旱乎！陽不克，莫將積聚也。」是歲秋，大雩，旱也。二至二分，日有食之，不為災。日月之行也，春秋分日夜等，故同道；冬夏至長短極，故相過。相過同道而食輕，不為大災，水旱而已。

〔一〕《公羊傳．昭公二十四年》何休《注》：「是後季氏逐昭公，吳滅巢、弒其君僚，又滅徐。」

〔二〕書豪案，所謂「十年間天戒七見」，當包括五次日食、二次地震。此乃「（董仲舒劉向）《災異之記》」的痕跡，為「編年繫事」的體制，和《洪範五行傳論》的「比類相從」不同。詳見本書〈前言〉。

〔三〕師古曰：「昭十六年楚子誘戎蠻子殺之。」書豪案，事據《春秋經》。「蠻子」，《公羊傳》作「曼子」。

〔四〕師古曰：「十七年晉荀吳帥師滅陸渾之戎。其地今陸渾縣是也。」書豪案，事據《春秋經》。「陸渾」，《公羊傳》作「賁渾」。

〔五〕師古曰：「衛靈公兄也，名縶，二十年為齊豹所殺。以豹不義，故貶稱盜，所謂求名而不得。」書豪案，事據《春秋經》。

〔六〕師古曰：「蔡君，即朱也。莒君，莒子庚與也，二十三年出奔魯。」書豪案，事據《春秋經》。《公羊傳・昭公二十一年》：「冬，蔡侯東出奔楚。」《穀梁傳》同。《左傳・昭公二十一年》作「冬，蔡侯朱出奔楚。」

〔七〕師古曰：「二十四年吳滅巢。」書豪案，事據《春秋經》。

〔八〕師古曰：「事在二十七年。」書豪案，事據《春秋經》。「公子光」即「闔廬」，見《左傳》。

〔九〕師古曰：「二十一年，宋華亥、向寧、華定入于宋南里以叛是也。」書豪案，事據《春秋經》。

33 三十一年「十二月辛亥朔，日有食之」。〔一〕董仲舒以為宿在心，天子象也。時京師微弱，後諸侯果相率而城周，宋中幾亡尊天子之心，而不衰城。〔二〕劉向以為時吳滅徐，〔三〕而蔡滅沈，〔四〕楚圍蔡，吳敗楚入郢，昭王走出。〔五〕劉歆以為二日宋、燕分。

〔一〕《公羊傳・昭公三十一年》何休《注》：「是後昭公死外，晉大夫專執，楚犯中國、圍蔡也。」

〔二〕師古曰：「定元年，晉魏舒合諸侯之大夫于狄泉以城周是也。」書豪案，顏氏據《左傳》。《公羊傳・定公元年》：「三月，晉人執宋仲幾于京師。仲幾之罪何？不蓑城也。」董仲舒當據此立說。

〔三〕師古曰：「事在昭三十年。」書豪案，事據《春秋經》。

〔四〕師古曰：「定四年，蔡公孫姓帥師滅沈。」書豪案，事據《春秋經》。

〔五〕師古曰：「事並在定四年。」書豪案，事據《春秋經》。「庚辰，吳入郢」，見《左傳・定公四年》。

34 定公五年「三月辛亥朔，日有食之」。〔一〕董仲舒、劉向以為後鄭滅許，〔二〕魯陽虎作亂，竊寶玉大弓，季桓子退仲尼，宋三臣以邑叛。劉歆以為正月二日燕、趙分。〔三〕

〔一〕王先謙《漢書補注》引蘇輿曰：「案『三月』當作『正月』，字之誤也。《春秋經》作『正月』，說見下。」《公羊傳・定公五年》何休《注》：「是後臣恣日甚，魯失國寶，宋大夫叛。」

〔一二〕師古曰：「六年鄭游速帥師滅許，以許男斯歸。」書豪案，事據《春秋經》。「鄭游速」，《公羊傳》作「鄭游遬」，《穀梁傳》作「鄭游」。

〔一三〕錢大昕《三史拾遺》卷三：「『趙』當作『越』。」王念孫《讀書雜志》卷四之五：「引之曰：『趙』當為『越』。周之正月，今十一月，是月二日，日躔去箕而入斗。箕，燕也；斗，越也，故曰燕、越分。若作『趙』，則為胃之分野，胃為三月之朔日躔所在，非十一月之宿矣，此國名之誤也。」王先謙《漢書補注》引蘇輿曰：「案『趙』字不誤，乃『正月』為『三月』之誤也。《春秋經》本作『正月辛卯朔，日有食之』，上文『三月』當作『正月』，此『正月』當作『三月』，轉寫互誤。班氏所據本《春秋經》，前後無一異者，歆凡出某月二字，所推皆與《經》異，此以《經》作『正月』故云『三月二日』，否則贅矣。且三月適趙分，〈天文志〉：『辰，邯鄲，在辰曰執徐，三月出』，即正本作『三』之顯證。錢、王不據，以正今本月分之誤，轉改『趙』為『越』，失之。」施之勉《漢書補注辨證》：「按，正月為燕、趙分。〈志〉云：『隱公三年二月己巳，日有食之。劉歆以為正月二日，燕、越之分野。』『文公元年二月癸亥，日有食之。劉歆以為正月朔，燕越分。』此正月二日，當為燕、越分，錢、王改『趙』為『越』，是也。又三月為齊、衛分，〈志〉云：『僖公十二年三月庚午朔，日有食之。劉歆以為三月，齊、衛分。』『哀公十四年五月庚午朔，日有食之。劉歆以為三月二日朔，齊、衛分。』『正月』改作『三月』，則為齊、衛分，蘇說為燕、趙分，誤也。又歆說《春秋》日食，以占列國分野。正月為燕、越，二月為齊、越，三月為齊、衛，四月為魯、衛，五月為魯、趙，六月為晉、趙，七月為秦、晉，八月為周、秦，九月為周、楚，十月為楚、鄭，十二月為宋、燕，俱見於〈志〉。蘇云：『三月為燕、趙』，又大不合耳。」

35 十二年「十一月丙寅朔，日有食之」。〔一〕董仲舒、劉向以為後晉三大夫以邑叛，薛弒其君，〔二〕楚滅頓、胡，〔三〕越敗吳，〔四〕衛逐世子。〔五〕劉歆以為十二月二日楚、鄭分。〔六〕

〔一〕周壽昌《漢書注校補》：「《授時厤》推之，是歲十月丙寅朔，加時在晝，交分入限，蓋失一閏。」《公羊傳・定公十二年》何休《注》：「是後薛弒其君比，晉荀寅、士吉射入于朝歌以叛。」

〔二〕師古曰：「十三年，晉趙鞅入于晉陽以叛，荀寅、士吉射入朝歌以叛，薛殺其君比。」書豪案，事據《春秋經》。

〔三〕師古曰：「十四年，楚公子結帥師滅頓，以頓子牂歸。十五年，楚人滅胡，以胡子豹歸。」書豪案，事據《春秋經》。「頓子牂」，《公羊傳》作「頓子牄」。

〔四〕師古曰：「十四年五月於越敗吳于檇李是也。」書豪案，事據《春秋經》。「檇李」，

《公羊傳》作「醉李」。

〔五〕師古曰：「十四年，衛太子蒯聵出奔宋。」書豪案，事據《春秋經》。

〔六〕錢大昕《三史拾遺》卷三：「當作『十月』，『二』字衍。十月朔為楚、鄭分，十二月則為宋、燕分矣。」王念孫《讀書雜志》卷四之五：「引之曰：『十二月』當為『十月』。周之十月，今八月，八月二日，日躔去軫而入角。軫，楚也；角，鄭也，故曰鄭、楚分。桓公十七年十月朔，日有食之，劉歆以為楚、鄭分，是其證也。若作『十二月』，則為今之十月，十月之朔，日躔去心而入尾，當云宋、燕分，不當云楚、鄭分矣。」

36 十五年「八月庚辰朔，日有食之」。〔一〕董仲舒以為宿在柳，周室大壞，夷狄主諸夏之象也。明年，中國諸侯果累累從楚而圍蔡，〔二〕蔡恐，遷于州來。〔三〕晉人執戎蠻子歸于楚，京師楚也。〔四〕劉向以為盜殺蔡侯，〔五〕齊陳乞弒其君而立陽生，〔六〕孔子終不用。劉歆以為六月晉、趙分。

〔一〕《公羊傳・定公十五年》何休《注》：「是後衞蒯聵犯父命，盜殺蔡侯申，齊陳乞弒其君舍。」

〔二〕師古曰：「哀元年，楚子、陳侯、隨侯、許男圍蔡是也。」書豪案，事據《春秋經》。

〔三〕師古曰：「哀二年十一月，蔡遷于州來。」書豪案，事據《春秋經》。

〔四〕師古曰：「哀公四年，晉人執戎蠻子赤歸于楚。」書豪案，事據《春秋經》。「蠻子赤」，《公羊傳》作「曼子赤」。沈欽韓《漢書疏證》：「其穿鑿無稽，只因一『歸』字與『歸於京師』相同，遂以楚為京師。何休又甚為之詞云：『晉人執戎蔓子，不歸天子，而歸於楚。……惡晉侯背叛，當誅之。』然傳文嫌與成十五年晉侯執曹伯歸於京師同文，故稱晉人、稱戎蠻子赤名以避之，非真京師楚也。一經俗儒演說，白日鬼嘯矣。」

〔五〕師古曰：「哀四年，蔡公孫翩殺蔡侯申。翩非大夫，故賤之而書盜。」書豪案，事據《春秋經》。

〔六〕師古曰：「哀六年齊陳乞弒其君荼。」書豪案，事據《春秋經》。「荼」，《公羊傳》作「舍」。

37 哀公十四年「五月庚申朔，日有食之」。在獲麟後。劉歆以為三月二日齊、衛分。

凡《春秋》十二公，二百四十二年，日食三十六。〔一〕《穀梁》以為朔二十六，晦七，夜二，二日一。〔二〕《公羊》以為朔二十七，二日七，晦二。〔三〕《左氏》以為朔十六，二日十八，晦一，〔四〕不書日者二。〔五〕

〔一〕朱一新《漢書管見》：「《左氏》日食凡三十七，蓋并哀十四年五月庚申朔數之，以獲麟後事，故二傳不具也。」

〔二〕書豪案，《穀梁傳・隱公三年》：「言日不言朔，食晦日也。」故食晦者有：隱三年、僖十二年、文元年、宣八年、十年、十七年、襄十五，凡七次。《穀梁傳・莊公十八年》：「不言日，不言朔，夜食。」故夜食者有：莊十八年、僖十五年，共二次。《穀梁傳・桓公十七年》：「言朔不言日，食既朔也。」故食二日者有：桓十七年，一次。其餘食朔凡二十六次。

〔三〕書豪案，《公羊傳・僖公十六年》：「何以不日？晦日也。晦則何以不言晦？《春秋》不書晦也。朔有事則書，晦雖有事不書。」故食晦者有：莊十八年、僖十五年，共二次。「言日不言朔」，本卷「日月亂行」〔例1〕言「《公羊傳》曰：『食二日。』」故食二日者有：隱三年、僖十二年、文元年、宣八年、十年、十七年、襄十五，凡七次。其餘食朔凡二十七次。

〔四〕錢大昕《三史拾遺》卷三：「案，劉歆所說，隱三年、莊二十五年、二十六年、文十五年、宣八年、十年、成十六年、襄十四年、十五年、廿三年、昭七年、十七年、廿一年、廿四年、卅一年、定五年、十二年、哀十四年，皆食在二日，正合十八之數。至莊十八年、宣十七年兩食，皆在晦，此云『晦一』，當是誤『二』為『一』也。《經》書日食三十有六，并哀十四年一食數之，實卅有七，除去食晦與二日者，則朔食蓋十有七，此云『十六』，亦恐誤。」書豪案，「食二日」部份，錢氏計入「昭七年」，非是，詳本卷「日月亂行」〔例27〕註七。當改計「僖十二年」，詳本卷「日月亂行」〔例9〕註五。劉歆不書日者，惟有「桓十七年」一條，見本卷「日月亂行」〔例3〕，故「不書日二」當作「不書日一」，如此方能「朔十六，二日十八，晦二，不書日者一」，總共三十七。錢氏未計「不書日」而以為朔食十七，亦誤。若然，則後文本卷「日月亂行」〔例92〕言：「當《春秋》時，侯王率多縮朒不任事，故食二日仄慝者十八，食晦日朓者一，此其效也。」亦當改作「食晦日朓者二」。

〔五〕凌稚隆《漢書評林》：「『凡《春秋》』一段，總結上文《春秋》日食之數。又按，春秋降而戰國，七雄爭彊，伏尸百萬，陵夷至於始皇、二世，生民之禍烈矣。謫見于天，宜日食不勝書，而班史獨闕之，蓋當時史失其官，無從考證耳。」王鳴盛《十七史商榷》卷十三〈七國秦無日食〉：「〈五行志〉說春秋及漢興以來日食詳矣。七國及秦始皇、二世之時，生民之禍甚烈，宜日食不勝書，而〈志〉無之，史失其官，不可攷耳。〈秦本紀〉、〈始皇本紀〉所書災祥甚多，而獨無日食。」王先謙《漢書補注》：「周定王二十六年、考王六年、威烈王十六年、安王二十年、烈王元年、七年、赧王十四年日蝕，見《史記・年表》。秦莊襄王三年日蝕，見〈秦紀〉。〈志〉不錄者，七國喪亂，其應殆不勝書，以為史不可考，則非也。」書豪案，《史記・秦本紀》於昭襄王六年，〈六國年表〉於周安王五年、秦莊襄王二年，亦有日食。

38高帝三年十月甲戌晦，日有食之，在斗二十度，燕地也。後二年，燕王臧荼反，誅，立盧綰為燕王，後又反，敗。〔一〕

〔一〕《開元占經》卷九〈日占五〉引《洪範五行傳》曰：「漢高帝三年冬十月甲戌晦，日有食之。燕、吳、越分也。後二年燕王臧荼反，誅。復以盧綰為燕王，亦反，誅。南越王趙佗自立稱帝之應也。」

39十一月癸卯晦，日有食之，在虛三度，齊地也。後二年，齊王韓信徙為楚王，明年廢為列侯，後又反，誅。

40九年六月乙未晦，日有食之，既，在張十三度。

41惠帝七年正月辛丑朔，日有食之，在危十三度。谷永以為歲首正月朔日，是為三朝，〔一〕尊者惡之。

〔一〕錢大昕《廿二史考異》卷七：「按：漢初以十月建亥為歲首，正月非歲首也。」書豪案，谷永所謂「三朝」，見《洪範五行傳》：「凡六沴之作，歲之朝、月之朝、日之朝，則后王受之；歲之中、月之中、日之中，則公卿受之；歲之夕、月之夕、日之夕，則庶民受之。」谷永所謂「歲首正月朔日」即「歲之朝、月之朝、日之朝」，故后王受之，尊者惡之。

42 五月丁卯，先晦一日，日有食之，幾盡，在七星初。劉向以為五月微陰始起而犯至陽，其占重。至其八月，宮車晏駕，有呂氏詐置嗣君之害。《京房易傳》曰：「凡日食不以晦朔者，名曰薄。人君誅將不以理，或賊臣將暴起，日月雖不同宿，陰氣盛，薄日光也。」

43 高后二年六月丙戌晦，日有食之。

44 七年正月己丑晦，日有食之，既，在營室九度，為宮室中。時高后惡之，曰：「此為我也！」明年應。

45 文帝二年十一月癸卯晦，日有食之，在婺女一度。〔一〕

〔一〕　史珥《四史勦說》：「文帝日食五，景帝日食七，〈志〉獨不言其應，以二帝均非勿謹天戒者，故從恕，所以勸夫克自修省之君也。哀、平亦不言者，亡形已見，不待言也。」

46 三年十月丁酉晦，日有食之，在斗二十二度。

47 十一月丁卯晦，日有食之，在虛八度。

48 後四年四月丙辰晦，〔一〕日有食之，在東井十三度。

〔一〕齊召南《前漢書考證》：「按〈孝文紀〉作『丙寅晦』。」

49 七年正月辛未朔，日有食之。〔一〕

〔一〕齊召南《前漢書考證》：「〈紀〉未及書。」

50 景帝三年二月壬午晦，〔一〕日有食之，在胃二度。〔二〕

〔一〕齊召南《前漢書考證》：「〈孝景紀〉作『壬子晦』。」施之勉《漢書補注辨證》：「按〈公卿表〉：『三年正月壬子，錯有罪要斬。』是壬子在正月也。〈志〉是，〈紀〉誤。」

〔二〕錢大昭《漢書辨疑》：「案，景帝四年十月戊戌晦，日有食之。中四年十月戊午，日有食之。皆見〈本紀〉，〈志〉失載。」

51 七年十一月庚寅晦，日有食之，在虛九度。

52 中元年十二月甲寅晦，日有食之。〔一〕

〔一〕 朱一新《漢書管見》：「此日食〈景紀〉不載。」

53 中二年九月甲戌晦，日有食之。〔一〕

〔一〕 齊召南《前漢書考證》：「〈紀〉未及書。」

54 三年九月戊戌晦，日有食之，幾盡，在尾九度。

55 六年七月辛亥晦，日有食之，在軫七度。

56 後元年七月乙巳，先晦一日，〔一〕日有食之，在翼十七度。〔二〕

〔一〕齊召南《前漢書考證》：「〈紀〉但書『晦』，不言『先晦一日』。」

〔二〕王先謙《漢書補注》：「《史記・景帝紀》後三年日月皆蝕，赤五日。十二月，日如紫。本書〈景紀〉及〈志〉皆不載。」

57 武帝建元二年二月丙戌朔，日有食之，在奎十四度。劉向以為奎為卑賤婦人，後有衛皇后自至微興，卒有不終之害。

58 三年九月丙子晦，日有食之，在尾二度。

59 五年正月己巳朔，日有食之。〔一〕

〔一〕齊召南《前漢書考證》：「孝武帝建元五年正月己巳朔，及元光元年二月丙辰晦，〈紀〉皆不書。」

60 元光元年二月丙辰晦，日有食之。

61 七月癸未，先晦一日，日有食之，〔二〕在翼八度。劉向以為前年高園便殿災，與《春秋》御廩災後日食於翼、軫同。〔二〕其占，內有女變，外為諸侯。其後陳皇后廢，江都、淮南、衡山王謀反，誅。日中時食從東北，過半，晡時復。

〔一〕齊召南《前漢書考證》：「七月癸未書食，但不云『先晦一日』。」沈欽韓《漢書疏證》：「《宋史・歷志》翰林天文鄭昭晏上言：『按歷法當以癸未為八月朔，蓋日食朔、月食望，自為常理，今云晦日食者，司歷之失也。』按漢時未行定朔之法，只用平朔，一大一小，故日食或在晦、二，不足怪也。」

〔二〕書豪案，「御廩災」發生在宣公十四年，見〈五行志上〉的〈火傳〉〔例1〕，劉向以為「時夫人有淫行，挾逆心」，即下云「內有女變」。「日食」發生在宣公十七年，見本卷「日月亂行」〔例3〕，劉向舉衛侯朔之事以應，即下云「外為諸侯」。兩類災異因發生時間相近而併論，當亦「（劉向董仲舒）《災異之記》」的舊說。

62 元朔二年二月乙巳晦，日有食之，〔一〕在胃三度。

〔一〕史學海《漢書校證》：「按，〈武紀〉作『三月乙亥』。己亥在乙巳前六日。」

63 六年十一月癸丑晦，〔一〕日有食之。

〔一〕齊召南《前漢書考證》：「六年十一月癸丑晦，及元封四年六月己酉朔、太始元年正月乙巳晦，〈紀〉皆不書。」

64元狩元年五月乙巳晦，日有食之，在柳六度。《京房易傳》推以為是時日食從旁右，法曰君失臣。明年丞相公孫弘薨。日食從旁左者，亦君失臣；從上者，臣失君；從下者，君失民。

65元鼎五年四月丁丑晦，日有食之，在東井二十三度。

66元封四年六月己酉朔，日有食之。

67太始元年正月乙巳晦，日有食之。

68四年十月甲寅晦，日有食之，在斗十九度。

69征和四年八月辛酉晦，日有食之，不盡如鉤，在亢二度。晡時食從西北，日下晡時復。

70 昭帝始元三年十一月壬辰朔，日有食之，在斗九度，燕地也。後四年，燕剌王謀反，誅。

71 元鳳元年七月己亥晦，日有食之，幾盡，〔一〕在張十二度。劉向以為己亥而既，其占重。〔二〕後六年，宮車晏駕，卒以亡嗣。

〔一〕史學海《漢書校證》：「按，〈昭紀〉作『乙亥』。『己』與『乙』字形相似，未知孰誤。『幾盡』，〈紀〉作『既』。」

〔二〕孟康曰：「己，土；亥，水也。純陰，故食為最重也。日食盡為既。」

72 宣帝地節元年十二月癸亥晦，日有食之，在營室十五度。

73 五鳳元年十二月乙酉朔，日有食之，在婺女十度。

74 四年四月辛丑朔，〔一〕日有食之，在畢十九度。是為正月朔，慝未作，《左氏》以為「重異」。〔二〕

〔一〕齊召南《前漢書考證》：「〈紀〉作『晦』。」

〔一一〕書豪案，「重異」，《左傳》未見其說，惟《公羊傳・宣公十年》：「日有食之」下，何休《注》：「與『甲子既』同，事重故累食。」何氏意指和〈宣公八年〉：「日有食之，既」所應相同，事件重大，故發生兩次日食加以警誡。據以反觀「重異」一語，或即「事重故災異屢現」之義。若然則前文「是為正月朔，慝未作」一句疑有奪文，而「重異」亦本《左氏》家說而何休採之。

75 元帝永光二年三月壬戌朔，日有食之，在婁八度。

76 四年六月戊寅晦，日有食之，在張七度。

77 建昭五年六月壬申晦，日有食之，不盡如鉤，因入。

78 成帝建始三年十二月戊申朔，日有食之，其夜未央殿中地震。谷永對曰：「日食婺女九度，占在皇后。地震蕭牆之內，咎在貴妾。二者俱發，明同事異人，共掩制陽，將害繼嗣也。亶日食，則妾不見；亶地震，則后不見。異日而發，則似殊事；亡故動變，則恐不知。是月后妾當有失節之郵，故天因此兩見其變。若曰，違失婦道，隔遠眾妾，妨絕繼嗣者，此二人也。」〔一〕杜欽對亦曰：

「日以戊申食，時加未。戊未，土也，中宮之部。其夜殿中地震，此必適妾將有爭寵相害而為患者。人事失於下，變象見於上。能應之以德，則咎異消；忽而不戒，則禍敗至。應之，非誠不立，非信不行。」

〔一〕　王先謙《漢書補注》：「二人謂許皇后、班婕妤，〈永傳〉所云：『建始、河平之際，許、班之貴，頃動前朝』者也。此永應直言詔對後，上特復問永，永對云云。」

79 河平元年四月己亥晦，日有食之，不盡如鉤，在東井六度。劉向對曰：「四月交於五月，月同孝惠，日同孝昭。〔一〕東井，京師地，且既，其占恐害繼嗣。」日蚤食時，從西南起。

〔一〕　王先謙《漢書補注》引何焯曰：「孝惠時，以十月為歲首，今食於夏正之四月，雖變之大者，月固不同也。」

80 三年八月乙卯晦，日有食之，在房。

81 四年三月癸丑朔，日有食之，在昴。

82 陽朔元年二月丁未晦，日有食之，在胃。

83 永始元年九月丁巳晦，日有食之。〔一〕谷永以《京房易占》對曰：「元年九月日蝕，酒亡節之所致也。〔二〕獨使京師知之，四國不見者，若曰，湛湎于酒，君臣不別，禍在內也。」

〔一〕齊召南《前漢書考證》：「〈紀〉不書。」

〔二〕《開元占經》卷九〈日占五〉引《京房易傳》曰：「人君荒酒無節則日蝕，乍青乍黑乍赤，明日大雨，發濛而寒，地震動，宮中有水。」

84 永始二年二月乙酉晦，日有食之。谷永以《京房易占》對曰：「今年二月日食，賦斂不得度，民愁怨之所致也。所以使四方皆見，京師陰蔽者，若曰，人君好治宮室，大營墳墓，賦斂茲重，而百姓屈竭，禍在外也。」

85 三年正月己卯晦，日有食之。

86 四年七月辛未晦，日有食之。

87 元延元年正月己亥朔，日有食之。

88 哀帝元壽元年正月辛丑朔，日有食之，不盡如鉤，在營室十度，與惠帝七年同月日。

89 二年三月壬辰晦，〔一〕日有食之。

〔一〕 齊召南《前漢書考證》：「〈紀〉作『夏四月壬辰晦』。」

90 平帝元始元年五月丁巳朔，日有食之，在東井。

91 二年九月戊申晦，日有食之，既。

凡漢著紀十二世，二百一十二年，日食五十三，朔十四，晦三十六，先晦一日三。〔二〕

〔二〕 史學海《漢書校證》：「按，高后女主不當另為一世，只作十一世為是。自高帝元年至平帝元始五年，凡二百一十一年，無二百一十二年也。」又「此〈志〉所載日食凡五十四，不止五十三也。」又「此〈志〉所載晦三十七，不止三十六也。下文『考之漢家，食晦朓者三十六』，『六』字亦當作『七』。」凌稚隆《漢書評林》：「凡漢一段，總結上文漢代日食之數。以下次月。」

92 成帝建始元年八月戊午，晨漏未盡三刻，有兩月重見。《京房易傳》曰：「『婦貞厲，月幾望，君子征，凶。』〔一〕言君弱而婦彊，為陰所乘，則月並出。晦而月見西方謂之朓，朔而月見東方謂之仄慝，〔二〕仄慝則侯王其肅，朓則侯王其舒。」劉向以為朓者疾也，君舒緩則臣驕慢，故日行遲而月行疾也。〔三〕仄慝者不進之意，君肅急則臣恐懼，故日行疾而月行遲，不敢迫近君也。不舒不急，以正失之者，食朔日。劉歆以為舒者侯王展意顓事，臣下促急，故月行疾也。〔四〕肅者王侯縮朒不任事，臣下弛縱，故月行遲也。當《春秋》時，侯王率多縮朒不任事，故食二日仄慝者十八，食晦日朓者一，〔五〕此其效也。考之漢家，食晦朓者三十六，終亡二日仄慝者，歆說信矣。此皆謂日月亂行者也。

〔一〕師古曰：「〈小畜〉上九爻辭也。」書豪案，「婦貞厲，月幾望，君子征，凶」為〈小畜䷈〉上九爻辭。就卦象來看，其卦上巽下乾，〈繫辭傳下〉：「陰卦多陽。」又曰：「乾，陽物也。」則巽陰乾陽，故云「為陰所乘」。以爻辭而言，〈中孚䷼〉六四亦言

「月幾望」，陸德明《經典釋文》：「『幾』，京作『近』。」〈繫辭傳上〉：「陰陽之義配日月。」日為陽，月為陰，「月近望」則月盈陰盛；〈說卦傳〉：「巽為長女。」又曰：「乾為君、為父。」長女乘君父，故曰「婦貞厲」、「君弱而婦彊」。

〔二〕孟康曰：「朓者，月行疾在日前，故早見。仄慝者，行遲在日後，當沒而更見。」錢大昕《廿二史考異》卷七：「《周禮疏》引《尚書五行傳》作：『側匿』。」

〔三〕王先謙《漢書補注》：「《後漢書‧盧植傳》植封事云：『《五行傳》曰：晦而月見謂之朓，王侯其舒。』此謂君政舒緩，故日食晦也，與向說同。」

〔四〕王先謙《漢書補注》：「《後漢書‧鄭興傳》興疏云：『夫日月交會，數應在朔。而頃年日食，每多在晦，先時而合，皆月行疾也。日君象而月臣象，君亢極則臣下促迫，故行疾也。』與歆說同。」

〔五〕書豪案，「食晦日朓者一」，當作「食晦日朓者二」，詳見本卷「日月亂行」〔例37〕註四。

93 元帝永光元年四月，日色青白，亡景，正中時有景亡光。是夏寒，至九月，日乃有光。〔一〕

《京房易傳》曰：「美不上人，茲謂上弱，厥異日白，七日不溫。順亡所制茲謂弱，日白六十日，物亡霜而死。天子親伐，茲謂不知，日白，體動而寒。弱而有任，茲謂不亡，日白不溫，明不動。辟愆公行，茲謂不伸，厥異日黑，大風起，天無雲，日光晻。不難上政，茲謂見過，日黑居仄，大如彈丸。」〔二〕

〔一〕王先謙《漢書補注》：「〈元紀〉不載，亦見〈劉向傳〉。」

〔二〕《開元占經》卷六〈日占二〉引《洪範五行傳》曰：「人君有過，故不循天治，則日黑居側，大如彈丸。」

94 成帝河平元年正月壬寅朔，日月俱在營室，時日出赤。二月癸未，日朝赤，且入又赤，夜月赤。甲申，日出赤如血，亡光，漏上四刻半，乃頗有光，燭地赤黃，食後乃復。《京房易傳》曰：「辟不聞道茲謂亡，厥異日赤。」三月乙未，日出黃，有黑氣大如錢，居日中央。《京房易傳》曰：「祭天不順茲謂逆，厥異日赤，其中黑。聞善不予，茲謂失知，厥異日黃。」夫大人者，與天地合其德，與日月合其明，〔一〕故聖王在上，總命羣賢，以亮天功，〔二〕則日之光明，五色備具，燭燿亡主；有主則為異，應行而變也。色不虛改，形不虛毀，觀日之五變，足以監矣。故曰「縣象著明，莫大乎日月」，此之謂也。〔三〕

〔一〕史學海《漢書校證》：「此《易・乾卦・文言》，班氏引之，顏氏失注。下文『縣象著明，莫大乎日月』，引《易・繫辭上傳》，顏亦未注。」

〔二〕師古曰：「〈虞書・舜典〉帝曰：『咨，二十有二人，欽哉，惟時亮天功。』謂敕六官、十二牧、四嶽，令各敬其職事，信定其功，順天道也。故志引之。」

〔三〕王先謙《漢書補注》：「以上『日月亂行』，『日光有異』附見。又哀帝元壽元年，月行失道，見〈李尋傳〉，〈志〉不載。」

星辰逆行　史例共24條

1 莊公七年「四月辛卯夜，恆星不見，夜中星隕如雨」。董仲舒、劉向以為常星二十八宿者，〔一〕人君之象也；衆星，萬民之類也。列宿不見，象諸侯微也；衆星隕墜，民失其所也。夜中者，為中國也。不及地而復，象齊桓起而救存之也。鄉亡桓公，星遂至地，中國其良絕矣。劉向以為夜中者，言不得終性命，中道敗也。或曰象其叛也，言當中道叛其上也。天垂象以視下，將欲人君防惡遠非，慎卑省微，以自全安也。如人君有賢明之材，畏天威命，若高宗謀祖己，〔二〕成王泣金縢，〔三〕改過修正，立信布德，存亡繼絕，修廢舉逸，下學而上達，裁什一之稅，復三日之役，〔四〕節用儉服，以惠百姓，則諸侯懷德，士民歸仁，災消而福興矣。遂莫肯改寤，法則古人，而各行其私意，終於君臣乖離，上下交怨。自是之後，齊、宋之君弒，〔五〕譚、遂、邢、衛之國滅，〔六〕宿遷於宋，〔七〕蔡獲於楚，〔八〕晉相弒殺，五世乃定，〔九〕此其效也。《左氏傳》曰：「恆星不見，夜明也；星隕如雨，與雨偕也。」〔一〇〕劉歆以為晝象中國，夜象夷狄。夜明，故常見之星皆不見，象中國微也。「星隕如雨」，如，而也，星隕而且雨，〔一一〕故曰「與雨偕也」，明雨與星隕，兩變相成也。〈洪範〉曰：「庶民惟星。」《易》曰：「雷雨作，解。」〔一二〕是歲歲在玄枵，齊分壄也。〔一三〕夜中而星隕，象庶民中離上也。雨以解過施，復從上下，象齊桓行伯，復興周室也。周四月，夏二月也，日在降婁，魯分壄也。〔一四〕先是，衛侯朔奔齊，衛公子黔牟立，齊帥諸侯伐之，天子使使救衛。魯公子溺專政，會齊以犯王命，〔一五〕莊弗能止，卒從而伐衛，逐天王所立。〔一六〕不義至甚，而自以為功。民去其上，政繇下作，尤著，故星隕於魯，天事常象也。

〔一〕《公羊傳・莊公七年》何休《注》：「列星者，天之常宿，分守度，諸侯之象。周之四月，夏之二月，昏，參伐狼注之宿當見，參伐主斬艾立義，狼注主持衡平也。皆滅者，法度廢絕，威信陵遲之象。時天子微弱，不能誅衛侯朔，是後遂失其政，諸侯背叛，王室日卑，星霣未墜而夜中星反者，房心見其虛危鬥。房心，天子明堂布政之宮也。虛危，齊分，其後齊桓行霸，陽穀之會有王事。」《穀梁傳・莊公七年》范甯《注》：「解經不得言雨星而言隕星也。鄭君曰：『眾星列宿，諸侯之象。不見者，是諸侯棄天子禮義法度也。』劉向曰：『隕者，象諸侯隕墜，失其所也。又中夜而隕者，象不終其性命，中道而落。』」王先謙《漢書補注》引葉德輝曰：「《穀梁・莊七年傳》范甯《注》引劉向曰：『隕者象諸侯隕失其所也』，又『中夜而隕者，象不終其性命，中道而落』，文與此向說同，惟董說『夜中』為異，故下重言劉向以為云云。」

〔二〕師古曰：「謂殷之武丁有雊雉之異，而祖己訓諸王，作〈高宗肜日〉、〈高宗之訓〉。」書豪案，據《尚書序》。

〔三〕師古曰：「武王有疾，周公作金縢之書為王請命，王翌日乃瘳。後武王崩，成王即位，管、蔡流言，而周公居東。天大雷電以風，禾盡偃，大木斯拔。王啟金縢，乃得周公代武王之說，王執書以泣，遣使者逆公。王出郊，天乃雨，反風，禾則盡起。」書豪案，據《尚書・金縢》。

〔四〕師古曰：「古之田租，十稅其一，一歲役兆庶不過三日也。」書豪案，《公羊傳・宣公十五年》：「古者什一而藉。古者曷為什一而藉？什一者天下之中正也。多乎什一，大桀、小桀；寡乎什一，大貉、小貉。什一者天下之中正也，什一行而頌聲作矣。」《穀梁傳・宣公十五年》：「古者什一，藉而不稅。」

〔五〕師古曰：「莊八年齊無知弒其君諸兒，十二年宋萬弒其君捷也。」書豪案，事據《春秋經》。「捷」，《公羊傳》作「接」。

〔六〕師古曰：「十年齊侯滅譚，十三年齊人滅遂，閔二年狄人入衛，僖二十五年衛侯燬滅邢。」書豪案，事據《春秋經》。

〔七〕師古曰：「莊十年宋人遷宿，蓋取其地也。」書豪案，事據《春秋經》。

〔八〕師古曰：「莊十年荊敗蔡師于莘，以蔡侯獻舞歸也。」書豪案，事據《春秋經》。「獻舞」，《穀梁傳》作「獻武」。

〔九〕師古曰：「謂殺奚齊、卓子及懷公也。自獻公以至文公反國，凡易五君乃定。」書豪案，事據《春秋經》。

〔一〇〕王先謙《漢書補注》引葉德輝曰：「《公羊傳》云：『如雨者，非雨也』，又云：『《不修春秋》曰雨星』，則是無雨也。《穀梁傳》亦云：『其隕也如雨』，均與《左傳》異義。劉歆古文學，故與《左傳》同。」書豪案，此即《漢書．劉歆傳》所謂「引傳文以解經，轉相發明，由是章句義理備焉。」其後又引《尚書》、《周易》義理以釋，合乎《漢書．夏侯建傳》所載「左右采獲，又從五經諸儒問與《尚書》相出入者，牽引以次章句，具文飾說。」當亦劉歆《春秋左氏傳章句》逸文。

〔一一〕沈欽韓《漢書疏證》：「杜預依此說，范甯強《穀梁傳》從之，非也。星隕如雨，言星之隕多且急，若雨下耳。觀下成帝時復云『星隕如雨』，《京房易傳》『天雨星』云云，則益明只是星隕之狀，不兼雨也。蓋恆星不見是一事，星隕如雨又一事，《經》所以加書『夜中』者，或者疑恆星不見，則凡星不見，又安得見星隕之似雨耶？不知二者非本一時一事，且星隕亦斷無暗墜之理，即如夏秋之閒，小星或飛移數丈，其始終莫能見也，至非時乃見耳。果使恆星終夜不見，又何礙於見凡星之隕耶？又誤執《左氏》夜明之說，必是無雲星隕之後又雨，則如無雲而雷，又足為異，此則占家天泣之說附會，益非矣。」

〔一二〕師古曰：「〈解〉卦象辭也。」

〔一三〕《晉書・天文志上》：「自須女八度至危十五度為玄枵，於辰在子，齊之分野，屬青州。」

〔一四〕《晉書・天文志上》：「自奎五度至胃六度降婁，於辰在戌，魯之分野，屬徐州。」

〔一五〕師古曰：「莊三年，『溺會齊師伐衛』，疾其專命，故貶而去族。天子救衛，而溺伐之，故云犯王命。」書豪案，事據《春秋經》。《左傳・莊公三年》：「疾之也。」《公羊傳・莊公三年》：「溺者何？吾大夫之未命者也。」《穀梁傳・莊公三年》：「溺者何也？公子溺也。其不稱公子，何也？惡其會仇讎而伐同姓，故貶而名之也。」劉歆取《左傳》義。

〔一六〕師古曰：「謂放黔牟也。」書豪案，《左傳・莊公六年》：「春，王人救衛。夏，衛侯入，放公子黔牟于周，放甯跪于秦，殺左公子洩、右公子職，乃即位。」

2　成帝永始二年二月癸未，夜過中，星隕如雨，〔一〕長一二丈，繹繹未至地滅，至雞鳴止。谷永對曰：「日月星辰燭臨下土，其有食隕之異，則遐邇幽隱靡不咸睹。星辰附離于天，猶庶民附離王者也。王者失道，綱紀廢頓，下將叛去，故星叛天而隕，以見其象。《春秋》記異，星隕最大，自魯莊以來，至今再見。臣聞三代所以喪亡者，皆繇婦人羣小，湛湎於酒。《書》云：『乃用其婦人之言，四方之逋逃多罪，是信是使。』〔二〕《詩》曰：『赫赫宗周，褒姒威之。』〔三〕『顛覆厥德，荒沈于酒。』〔四〕及秦所以二世而亡者，養生大奢，奉終大厚。方今國家兼而有之，社稷宗廟之大憂也。」

《京房易傳》曰：「君不任賢，厥妖天雨星。」

〔一〕書豪案，《漢書・谷永傳》載谷永對奏云：「今年二月己未夜星隕。」與此異日。

〔二〕師古曰：「〈周書・泰誓〉也。」錢大昭《漢書辨疑》：「此〈牧誓〉文也，〈志〉及〈谷永傳〉注，師古竝以為〈泰誓〉，疑誤。」

〔三〕師古曰：「〈小雅・正月〉之詩也。」書豪案，「今《詩》『威』作『滅』。」

〔四〕師古曰：「〈大雅・抑〉之詩也。」繆祐孫《漢書引經異文錄證》：「今《詩》『沈』作『湛』，音『耽』。」

3 文公十四年「七月，有星孛入于北斗」。〔一〕董仲舒以為孛者惡氣之所生也。謂之孛者，言其孛孛有所防蔽，闇亂不明之貌也。北斗，大國象。後齊、宋、魯、莒、晉皆弒君。〔二〕劉向以為君臣亂於朝，政令虧於外，則上濁三光之精，五星贏縮，變色逆行，甚則為孛。〔三〕北斗，人君象；孛星，亂臣類，簒殺之表也。《星傳》曰：「魁者，貴人之牢」。〔四〕又曰：「孛星見北斗中，大臣諸侯有受誅者」。〔五〕一曰魁為齊、晉。〔六〕夫彗星較然在北斗中，天之視人顯矣，史之有占明矣，時君終不改寤。是後，宋、魯、莒、晉、鄭、陳六國咸弒其君，〔七〕齊再弒焉。〔八〕中國既亂，夷狄並侵，兵革從橫，楚乘威席勝，深入諸夏，〔九〕六侵伐，〔一〇〕一滅國，〔一一〕觀兵周室。〔一二〕晉外滅二國，〔一三〕內敗王師，〔一四〕又連三國之兵大敗齊師于鞌，〔一五〕追亡逐北，東臨海水，威陵京師，武折大齊。皆孛星炎之所及，流至二十八年。〔一六〕《星傳》又曰：「彗星入北斗，有大戰。其流入北斗中，得名人；不入，失名人。」〔一七〕宋華元，賢名大夫，大棘之戰，華元獲於鄭，〔一八〕《傳》舉其效云。《左氏傳》曰：有星孛北斗，周史服曰：「不出七年，宋、齊、晉之君皆將死亂。」劉歆以為北斗有環域，四星入其中也。斗，天之三辰，綱紀星也。宋、齊、晉，天子方伯，中國綱紀。彗所以除舊布新也。斗七星，故曰不出七年。至十六年，宋人弒昭公；十八年，齊人弒懿公；宣公二年，晉趙穿弒靈公。〔一九〕

〔一〕《公羊傳‧文公十四年》何休《注》：「孛者，邪亂之氣。篲者，掃故置新之象也。北斗，天之樞機。玉衡，七政所出。是時桓、文迹息，王者不能統政，自是之後，齊、晉並爭，吳、楚更謀，競行天子之事，齊、宋、莒、魯弒其君而立之應。」《穀梁傳・文公十四年》范甯《注》：「劉向曰：『北斗，貴星，人君之象也。茀星，亂臣之類。言邪亂之臣將並弒其君。』」

〔二〕師古曰：「文十四年齊公子商人弒其君舍，十六年宋人弒其君杵臼，十八年襄仲殺惡及視，莒弒其君庶其，宣二年晉趙穿攻靈公於桃園。」書豪案，事據《春秋經》。「杵臼」，《公羊傳》作「處臼」。

〔三〕史珥《四史勦說》：「天變只用槩論，最得垂象見吉凶之理。」

〔四〕王先謙《漢書補注》：「天理四星在斗魁中，為貴人之牢，詳〈天文志〉。」書豪案，《史記・天官書》：「斗魁戴匡六星曰文昌宮：一曰上將，二曰次將，三曰貴相，四曰司命，五曰司中，六曰司祿。在斗魁中，貴人之牢。」

〔五〕《開元占經》卷九十〈彗星占下〉引《洪範傳》曰：「孛星見北斗中，大臣諸侯有受誅者。」

〔六〕書豪案，《史記・天官書》：「北斗七星，……平旦建者魁；魁，海岱以東北也。」裴駰《史記集解》引孟康曰：「《傳》曰『斗第一星法於日，主齊也』。魁，斗之首；首，陽也，又其用在明陽與明德，在東方，故主東北齊分。」

〔七〕師古曰：「宋、魯、莒、晉已解於上。宣四年鄭公子歸生弒其君夷，十年陳夏徵舒弒其君平國。」書豪案，事據《春秋經》。

〔八〕師古曰：「再弒者，謂商人殺舍，而閻職等又殺商人。」書豪案，事據《春秋經・文公十四年》、〈文公十八年〉。

〔九〕師古曰：「謂邲戰之後。」書豪案，邲之戰見《春秋經・宣公十二年》。

〔一〇〕師古曰：「謂宣十二年春楚子圍鄭，夏與晉師戰于邲，晉師敗績，十三年楚子伐宋，十四年楚子圍宋，成二年楚師侵衛，遂侵魯師于蜀，成六年楚公子嬰齊帥師伐鄭。」書豪案，事據《春秋經》。

〔一一〕師古曰：「謂宣十二年楚子滅蕭。」書豪案，事據《春秋經》。

〔一二〕沈家本《漢書瑣言》：「上文『宣公八年七月甲子，日有食之』，下云：『楚乘弱橫行，八年之間，六侵伐而一滅國，伐陸渾戎，觀兵周室。』按其文與此大同，而師古注『六侵伐』，前則舉宣八年以前事，此則舉宣十二年以後事，何也？竊謂文十四年孛入北斗，以叔服之言為允。」

〔一三〕師古曰：「謂宣十五年晉滅赤狄潞氏，十六年滅赤狄甲氏也。」書豪案，事據《春秋經》。

〔一四〕師古曰：「謂成元年晉敗王師于貿戎是也。」書豪案，事據《春秋經》。

〔一五〕師古曰：「謂成二年晉郤克會魯季孫行父、衛孫良夫、曹公子首及齊侯戰于鞌，齊師敗績。」書豪案，事據《春秋經》。

〔一六〕朱一新《漢書管見》：「謂自文十四年星孛之時，至成六年楚公子嬰齊帥師伐鄭，適得二十八年也。」

〔一七〕《開元占經》卷九十〈彗星占下〉引劉向《鴻範傳》曰：「孛入于北斗，邪亂之臣將弒其君。」

〔一八〕師古曰：「宣二年宋華元帥師及鄭公子歸生戰于大棘，宋師敗績，獲華元。」史珥《四史勦說》：「夫入而得名人則吉祥也，以鄭獲華元當之，鄭固得矣，宋獨非失乎！又何以占之？且華元旋即逃歸鄭，又可云得乎？」書豪案，事據《春秋經》。

〔一九〕書豪案，劉歆引《左傳》以解《春秋》，即《漢書・劉歆傳》所謂「引傳文以解經，轉相發明」。又旁徵天文星象，即《漢書・夏侯建傳》所謂「左右采獲」。此當亦劉歆《春秋左氏傳章句》逸文。

4 昭公十七年「冬，有星孛于大辰」。〔一〕董仲舒以為大辰心也，心為明堂，天子之象。後王室大亂，三王分爭，此其效也。劉向以為《星傳》曰：「心，大星，天王也。其前星，太子；後星，庶子也。尾為君臣乖離。」〔二〕孛星加心，象天子適庶將分爭也。其在諸侯，角、亢、氐，陳、鄭也；房、心，宋也。後五年，周景王崩，王室亂，大夫劉子、單子立王猛，尹氏、召伯、毛伯立子鼂。子鼂，楚出也。時楚彊，宋、衛、陳、鄭皆南附楚。王猛既卒，敬王即位，子鼂入王城，天王居狄泉，莫之敢納。五年，楚平王居卒，子鼂奔楚，王室乃定。後楚帥六國伐吳，吳敗之于雞父，殺獲其君臣。〔三〕蔡怨楚而滅沈，楚怒，圍蔡。吳人救之，遂為柏舉之戰，敗楚師，屠郢都，妻昭王母，鞭平王墓。〔四〕此皆孛彗流炎所及之效也。《左氏傳》曰：有星孛于大辰，西及漢。申繻〔五〕曰：「彗，所以除舊布新也，天事恆象。今除於火，火出必布焉。諸侯其有火災乎？」梓慎曰：「往年吾見，是其徵也。火出而見，今茲火出而章，必火入而伏，其居火也久矣，其與不然乎？火出，於夏為三月，於商為四月，於周為五月。夏數得天，若火作，其四國當之，在宋、衛、陳、鄭乎？宋，大辰之虛；陳，太昊之虛；鄭，祝融之虛：皆火房也。星孛及漢；漢，水祥也。衛，顓頊之虛，其星為大水。水，火之牡也。〔六〕其以丙子若壬午作乎？水火所以合也。若火入而伏，必以壬午，不過見之月。」明年「夏五月，火始昏見，丙子風。梓慎曰：「是謂融風，火之始也。〔七〕七日其火作乎？」〔八〕戊寅風甚，壬午太甚，宋、衛、陳、鄭皆火。劉歆以為大辰，房、心、尾也，八月心星在西方，孛從其西過心東及漢也。宋，大辰虛，謂宋先祖掌祀大辰星也。陳，太昊虛，虙羲木德，火所生也。鄭，祝融虛，高辛氏火正也。故皆為火所舍。衛，顓頊虛，星為大水，營室也。天星既然，又四國失政相似，及為王室亂皆同。〔九〕

〔一〕《公羊傳・昭公十七年》何休《注》：「心者，天子明堂布政之宮，亦為孛。彗者，邪亂之氣，掃故置新之象。是後周分為二，天下兩主，宋南里以亡。」

〔二〕《史記・天官書》：「心為明堂。大星天王，前後星子屬。」司馬貞《史記索隱》引《鴻範五行傳》：「心之大星，天王也。前星，太子；後星，庶子。」

〔三〕師古曰：「昭二十三年，楚薳越帥師，及頓、胡、沈、蔡、陳、許之師與吳師戰于雞父，楚師敗績。胡子髡、沈子逞滅，獲陳大夫夏齧。」書豪案，事據《春秋經》。「雞父」，《穀梁傳》作「雞甫」。

〔四〕師古曰：「沈，楚之與國。定四年四月，蔡公孫姓帥師滅沈，以沈子嘉歸。秋，楚為沈故圍蔡。冬，吳興師以救之，與楚戰于柏舉，楚師敗績。庚辰，吳入郢，君舍乎君室，大夫舍乎大夫室，妻楚王之母，撻平王之墓也。」書豪案，《公羊傳・昭公四年》：「吳何以不稱子？反夷狄也。其反夷狄奈何？君舍于君室，大夫舍于大夫室，蓋妻楚王之母也。」《穀梁傳・昭公四年》：「日入，易無楚也。易無楚者，壞宗廟，徙陳器，撻平王之墓。……蓋有欲妻楚王之母者，不正乘敗人之績而深為利。」則「妻昭王母」為《公羊》義，「鞭平王墓」為《穀梁》義。楚昭王母即伯嬴，劉向《列女傳・貞順傳》記楚平伯嬴云：「伯嬴者，秦穆公之女，楚平王之夫人，昭王之母也。當昭王時，楚與吳為伯莒之戰。吳勝楚，遂入至郢。昭王亡，吳王闔閭盡妻其後宮。次至伯嬴，伯嬴持刃曰：『妾聞：天子者，天下之表也。公侯者，一國之儀也。天子失制則天下亂，諸侯失節則其國危。夫婦之道，固人倫之始，王教之端。是以明王之制，使男女不親授，坐不同席，食不共器，殊椸枷，異巾櫛，所以施之也。若諸侯外淫者絕，卿大夫外淫者放，士庶人外淫者宮割。夫然者，以為仁失可復以義，義失可復以禮。男女之喪，亂亡興焉。夫造亂亡之端，公侯之所絕，天子之所誅也。今君王棄儀表之行，縱亂亡之欲，犯誅絕之事，何以行令訓民！且妾聞，生而辱，不若死而榮。若使君王棄其儀表，則無以臨國。妾有淫端，則無以生世。壹舉而兩辱，妾以死守之，不敢承命。且凡所欲妾者，為樂也。近妾而死，何樂之有？如先殺妾，又何益於君王？』於是吳王慚，遂退舍。伯嬴與其保阿閉永巷之門，皆不釋兵。三旬，秦救至，昭王乃復矣。君子謂伯嬴勇而精壹。《詩》曰：『莫莫葛藟，施于條枚，豈弟君子，求福不回。』此之謂也。」吳王欲妻伯嬴而慚，即「蓋有欲妻楚王之母者」。

〔五〕書豪案，《左傳》作「申須」。

〔六〕張晏曰：「水以天一，為地二牡。丙與午，南方火也，子及壬，北方水也，又其配合。」

〔七〕張晏曰：「融風，立春木風也，火之母也，火所始生也。《淮南子》曰『東北曰炎風』。高誘以為艮氣所生也。炎風一曰融風。」

〔八〕張晏曰：「自丙子至壬午凡七日，既其配合之日，又火以七為紀。」

〔九〕書豪案，此亦《春秋經》、《左傳》、「劉歆以為」俱備，且「劉歆以為」主要在「引傳文以解經，轉相發明」（《漢書・劉歆傳》），而非闡發洪範五行說，當亦劉歆《春秋左氏傳章句》逸文。

5 哀公十三年「冬十一月，有星孛于東方」。〔一〕董仲舒、劉向以為不言宿名者，不加宿也。〔二〕以辰乘日而出，亂氣蔽君明也。明年，《春秋》事終。一曰，周之十一月，夏九月，日在氐。出東方者，軫、角、亢也。軫，楚；角、亢，陳、鄭也。或曰角、亢大國象，為齊、晉也。其後楚滅陳，〔三〕田氏篡齊，〔四〕六卿分晉，〔五〕此其效也。劉歆以為孛，東方大辰也，不言大辰，旦而見與日爭光，星入而彗猶見。是歲再失閏，十一月實八月也。日在鶉火，周分野也。十四年冬，「有星孛」，在獲麟後。劉歆以為不言所在，官失之也。〔六〕

〔一〕《公羊傳・哀公十三年》何休《注》：「周十一月，夏九月，日在房、心。房、心，天子明堂布政之庭。於此旦見，與日爭明者，諸侯代王治，典法滅絕之象。是後周室遂微，諸侯相兼，為秦所滅，燔書道絕。」

〔二〕孟康曰：「不在二十八宿之中也。」

〔三〕師古曰：「襄十七年楚公孫朝帥師滅陳也。」史學海《漢書校證》：「按，『襄』字誤。《左傳》楚公朝帥師滅陳，哀十七年事。」書豪案，事據《左傳》，當為劉向說。

〔四〕師古曰：「齊平公十三年，《春秋》之傳終矣。平公二十五年卒。卒後七十年而康公為田和所滅。」

〔五〕師古曰：「晉出公八年，《春秋》之傳終矣。出公十七年卒。卒後八十年，至靜公為韓、魏、趙所滅，而三分其地。蓋晉之衰也，六卿擅權，其後范氏、中行氏、智氏滅，而韓、魏、趙兼其土田人衆，故總言六卿分晉也。」劉知幾《史通・五行志雜駁》：「案星孛之後二年，《春秋》之經盡矣。又十一年，《左氏》之傳盡矣。自傳盡後八十二年，齊康公為田和所滅。又七年，晉靜公為韓、魏、趙所滅。上去星孛之歲，皆出百餘年。辰象所纏，氛祲所指，若相感應，何太疏闊者哉？且當《春秋》既終之後，《左傳》未盡之前，其間衛弒君，越滅吳，魯遜越，賊臣逆子破家亡國者多矣。此正得東方之象，大國之徵，何故捨而不述，遠求他代者乎？又范與中行，早從殄滅。智入戰國，繼踵云亡。輒與三晉連名，總以六卿為目，殊為謬也。尋斯失所起，可以意測。何者？二傳所引，事終西狩獲麟。《左氏》所書，語連趙襄滅智。漢代學者，唯讀二傳，不觀《左氏》。故事有不周，言多脫略。且春秋之後，戰國之時，史官闕書，年祀難記。而學者遂疑篡齊分晉，時與魯史相鄰。故輕引災祥，用相符會。白圭之玷，何其甚歟？」

〔六〕書豪案，此因《左傳》無說，故劉歆逕釋《春秋》經文，當亦其《春秋左氏傳章句》逸文。

6 高帝三年七月，有星孛于大角，旬餘乃入。劉向以為是時項羽為楚王，伯諸侯，而漢已定三秦，與羽相距滎陽，天下歸心於漢，楚將滅，故彗除王位也。一曰，項羽阬秦卒，燒宮室，弒義帝，亂王位，故彗加之也。

7 文帝後七年九月，有星孛于西方，其本直尾、箕，末指虛、危，長丈餘，及天漢，十六日不見。〔一〕劉向以為尾宋地，今楚彭城也。箕為燕，又為吳、越、齊。宿在漢中，負海之國水澤地也。〔二〕是時景帝新立，信用鼂錯，將誅正諸侯王，其象先見。後三年，吳、楚、四齊與趙七國舉兵反，皆誅滅云。〔三〕

〔一〕王先謙《漢書補注》：「載見〈景紀〉。」

〔二〕《開元占經》卷二十二〈五星占五〉引《五行傳》曰：「漢文帝後七年十一月戊戌，填星、辰星合於危齊分。占曰：『為壅沮若得水為懷，所當之國不可舉事，用兵必受其殃，將有覆軍。』後三年齊王舉兵應吳、楚，吳、楚敗而自殺之應也。」

〔三〕書豪案，《漢書・文帝紀》：「八年，有長星出于東方。」《漢書・景帝紀》：「二年冬十二月，有星孛于西南。」又「中二年夏四月，有星孛于西北。」又「中三年秋九月，蝗。有星孛于西北。」《漢書・武帝紀》：「建元三年秋七月，有星孛于西北。」又「建元四年秋九月，有星孛于東北。」以上〈志〉闕。

8 武帝建元六年六月，有星孛于北方。〔一〕劉向以為明年淮南王安入朝，與太尉武安侯田蚡有邪謀，而陳皇后驕恣，其後陳后廢，而淮南王反，誅。

〔一〕朱一新《漢書管見》：「此事〈武紀〉不載。」

9 八月，長星出于東方，〔一〕長終天，三十日去。占曰：「是為蚩尤旗，見則王者征伐四方。」〔二〕其後兵誅四夷，連數十年。〔三〕

〔一〕史學海《漢書校證》：「按，〈武紀〉書『有星孛于東方』」。

〔二〕《史記．天官書》：「蚩尤之旗，類彗而後曲，象旗。見則王者征伐四方。」

〔三〕書豪案，《漢書．武帝紀》：「元狩三年春，有星孛于東方。」〈志〉闕。

10 元狩四年四月，長星又出西北，〔一〕是時伐胡尤甚。

〔一〕書豪案，《漢書．武帝紀》作「春，有星孛于東北。夏，有長星出于西北。」

11 元封元年五月，有星孛于東井，又孛于三台。〔一〕其後江充作亂，京師紛然。此明東井、三台為秦地效也。〔二〕

〔一〕史學海《漢書校證》：「按，『五月』，〈武紀〉書『秋』。」

〔二〕書豪案，《漢書・昭帝紀》：「後元二年秋七月，有星孛于東方。」又「始元三年春二月，有星孛于西北。」以上〈志〉闕。

12 宣帝地節元年正月，有星孛于西方，去太白二丈所。劉向以為太白為大將，彗孛加之，掃滅象也。明年，大將軍霍光薨，後二年家夷滅。〔二〕

〔一〕《開元占經》卷四十五〈太白占一〉引《甘氏》曰：「太白主大將，主秦、鄭。」

〔二〕書豪案，《漢書・宣帝紀》：「神爵元年六月，有星孛于東方。」又「黃龍元年三月，有星孛于王良、閣道，入紫宮。」《漢書・元帝紀》：「初元五年夏四月，有星孛于參。」以上〈志〉闕。

13 成帝建始元年正月，有星孛于營室，青白色，長六七丈，廣尺餘。劉向、谷永以為營室為後宮懷任之象，彗星加之，將有害懷任絕繼嗣者。一曰，後宮將受害也。其後許皇后坐祝詛後宮懷任者廢。趙皇后立妹為昭儀，害兩皇子，上遂無嗣。趙后姊妹卒皆伏辜。

14 元延元年七月辛未，有星孛于東井，踐五諸侯，出河戍北率行軒轅、太微，後日六度有餘，晨出東方。十三日夕見西方，犯次妃、長秋、斗、填，蠭炎再貫紫宮中。〔一〕大火當後，達天河，除於妃后之域。南逝度犯大角、攝提，至天市而按節徐行，炎入市，中旬而後西去，五十六日與倉龍俱伏。谷永對曰：「上古以來，大亂之極，所希有也。察其馳騁驟步，芒炎或長或短，所歷奸犯，內為後宮女妾之害，外為諸夏叛逆之禍。」〔二〕劉向亦曰：「三代之亡，攝提易方；秦、項之滅，星孛大角。」是歲，趙昭儀害兩皇子。後五年，成帝崩，昭儀自殺。哀帝即位，趙氏皆免官爵，徙遼西。哀帝亡嗣。平帝即位，王莽用事，追廢成帝趙皇后、哀帝傅皇后，皆自殺。外家丁、傅皆免官爵，徙合浦，歸故郡。平帝亡嗣，莽遂篡國。〔三〕

〔一〕王先謙《漢書補注》：「『長秋』見〈百官表〉，此謂皇后星位也。〈天文志〉：『中宮，……後句四星，末大星正妃，餘三星後宮之屬也。』〈天官書〉索隱引《援神契》云：『辰極橫，后妃四星從。』《禮・檀弓》鄭《注》：『后妃四星，其一明者為正妃，餘三小者為次妃』。言孛星犯次妃，長秋又犯北斗，填星再貫紫宮，次妃、長秋在紫宮中，故此云再貫也。」

〔二〕王先謙《漢書補注》：「此〈永傳〉所謂『七月辛未，彗星橫天也。』〈杜鄴傳〉云：

『永言彗星之占，語在〈五行志〉』即此。內有二句，轉不如本傳之詳。」

〔三〕書豪案，《漢書・哀帝紀》：「建平三年，有星孛于河鼓。」〈志〉闕。

15 僖公十六年「正月戊申朔，隕石于宋，五，是月六鷁退飛過宋都」。〔一〕董仲舒、劉向以為象宋襄公欲行伯道將自敗之戒也。石陰類，五陽數，自上而隕，此陰而陽行，欲高反下也。石與金同類，色以白為主，近白祥也。鷁水鳥，六陰數，退飛，欲進反退也。其色青，青祥也，屬於貌之不恭。〔二〕天戒若曰，德薄國小，勿持炕陽，欲長諸侯，與彊大爭，必受其害。襄公不寤，明年齊威死，伐齊喪，〔三〕執滕子，圍曹，〔四〕為盂之會，與楚爭盟，卒為所執。後得反國，〔五〕不悔過自責，復會諸侯伐鄭，與楚戰于泓，軍敗身傷，為諸侯笑。〔六〕《左氏傳》曰：隕石，星也；鷁退飛，風也。宋襄公以問周內史叔興曰：「是何祥也？吉凶何在？」對曰：「今茲魯多大喪，明年齊有亂，君將得諸侯而不終。」退而告人曰：「是陰陽之事，非吉凶之所生也。吉凶繇人，吾不敢逆君故也。」是歲，魯公子季友、鄫季姬、公孫茲皆卒。〔七〕明年齊威死，適庶亂。宋襄公伐齊行伯，卒為楚所敗。劉歆以為是歲歲在壽星，其衡降婁。降婁，魯分壄也，故為魯多大喪。正月，日在星紀，厭在玄枵。玄枵，齊分壄也。石，山物；齊，大嶽後。〔八〕五石象齊威卒而五公子作亂，〔九〕故為明年齊有亂。庶民惟星，隕於宋，象宋襄將得諸侯之衆，而治五公子之亂。星隕而鶂退飛，故為得諸侯而不終。六鶂象後六年伯業始退，執於盂也。民反德為亂，亂則妖災生，言吉凶繇人，然后陰陽衝厭受其咎。齊、魯之災非君所致，故曰「吾不敢逆君故也」。

〔一〇〕《京房易傳》曰：「距諫自彊，茲謂卻行，厥異鶂退飛。適當黜，則鶂退飛。」

〔一〕《公羊傳・僖公十六年》何休《注》：「王者之後有亡徵，非新王安存之象，故重錄為戒，記災異也。石者，陰德之專者也。鵨者，鳥中之耿介者。皆有似宋襄公之行。襄欲行霸事，不納公子目夷之謀，事事耿介自用，卒以五年見執，六年終敗，如五石、六鵨之數。天之與人，昭昭著明，甚可畏也。於晦朔者，示其立功善甫始而敗，將不克終，故詳錄天意也。」《穀梁傳・僖公十六年》范甯《注》：「劉向曰：『石，陰類也。五，陽數也。象陰而陽行，將致隊落。』」又：「劉向曰：『鶂，陽也。六，陰數也。象陽而陰行，必衰退。』」書豪案，可參見〈五行志下之上〉的〈思心傳〉「恆風」〔例1〕。

〔二〕王先謙《漢書補注》：「『白祥青祥』互見。」

〔三〕師古曰：「僖十七年齊桓公卒，十八年宋襄公以諸侯伐齊。」史珥《四史勦說》：「桓公屬孝公於襄公，齊人背桓命而立無虧，襄伐齊定孝公之位，伯討也，罪以伐喪，何歟？」書豪案，事據《春秋經》。

〔四〕師古曰：「十九年三月，宋人執滕子嬰齊，秋，宋人圍曹。」書豪案，事據《春秋經》。

〔五〕師古曰：「二十一年春，為鹿上之盟。秋，會于盂。於是楚執宋公以伐宋，冬，會于薄以釋之。鹿上、盂、薄，皆宋地。」書豪案，事據《春秋經》。

〔六〕師古曰：「二十二年夏，宋公、衛侯、許男、滕子伐鄭。十一月，宋公及楚人戰於泓，宋師敗績，公傷股，門官殲焉。二十三年卒，傷於泓故也。」書豪案，事據《春秋經》。

〔七〕師古曰：「僖十六年三月公子季友卒，四月季姬卒，七月公孫茲卒。季姬，魯女適鄫者也。公孫茲，叔孫戴伯也。」書豪案，事據《春秋經》。

〔八〕師古曰：「齊，姜姓也，其先為堯之四嶽，四嶽分掌四方諸侯。」

〔九〕師古曰：「五公子，謂無虧也，元也，昭也，潘也，商人也。」

〔一〇〕書豪案，「劉歆以為」申述受災之國的理由：因異象現於宋國，理當計入；而齊、魯兩國，則著眼於歲星、日躔分野，惟另導入「銜」、「厭」觀念以得。咎徵所指，《左傳·莊公二十二年》：「姜，大嶽之後也。」石屬山物，故齊可象《春秋》云：「隕石」；《尚書·洪範》：「庶民惟星。」星落宋地，則以宋當《左傳》：「隕星」。再引《左傳・宣公十五年》：「民反德為亂，亂則妖災生。」解釋「吉凶繇人」，則「人」非泛稱，而是指相對於國君的「人民」。齊、魯之災既非肇因於國君，自非國君所能消除，是國君無預於「隕石」、「退飛」災異。然今宋公提問，周內史叔興亦不敢違逆不答，故曰「吾不敢逆君故也。」綜合以觀，則《春秋》、《左傳》、「劉歆以為」，組成經、傳、說的三層表述層次，合乎《漢書・劉歆傳》：「引傳文以解經」的說經模式。在論據方面，不僅活用《左傳》義理，更吸收《尚書》、天文曆術等學術成果，表現出《漢書・兩夏侯傳》所謂「左右采獲」、「牽引以次章句」的形式特徵，當亦劉歆《春秋左氏傳章句》逸文。

16　惠帝三年，隕石緜諸，一。

17　武帝征和四年二月丁酉，隕石雍，二，天晏亡雲，聲聞四百里。

18　元帝建昭元年正月戊辰，隕石梁國，六。

19　成帝建始四年正月癸卯，隕石槀，四，肥累，一。

20 陽朔三年二月壬戌，〔一〕隕石白馬，八。

〔一〕朱一新《漢書管見》：「〈成紀〉作『三月』。」

21 鴻嘉二年五月癸未，隕石杜衍，三。

22 元延四年三月，隕石都關，二。〔一〕

〔一〕王先謙《漢書補注》：「〈杜鄴傳〉谷永言：『隕石之占，語在〈五行志〉』，此未見。」

23 哀帝建平元年正月丁未，隕石北地，十。其九月甲辰，隕石虞，二。

24 平帝元始二年六月，隕石鉅鹿，二。自惠盡平，隕石凡十一，〔一〕皆有光燿雷聲，成、哀尤屢。〔二〕

〔一〕朱一新《漢書管見》：「隕石十一，惟征和四年、陽朔三年二者見於本紀，餘皆不載。」史學海《漢書校證》：「槀與肥累，同日隕而在兩地，〈志〉以為二，故共有十一。」

〔二〕王先謙《漢書補注》：「以上『星辰逆行』，『星隕』、『隕石』附見。」

人名、書名綜合索引

人名：

書名：

國家圖書館出版品預行編目資料

漢書五行志疏證

張書豪著. – 初版. – 臺北市：臺灣學生，2017.11
面；公分

ISBN 978-957-15-1735-3 (平裝)

1. 漢書 2. 研究考訂

622.101 106013901

漢書五行志疏證

著 作 者 張書豪
出 版 者 臺灣學生書局有限公司
發 行 人 楊雲龍
發 行 所 臺灣學生書局有限公司
地 址 臺北市和平東路一段 75 巷 11 號
劃撥帳號 00024668
電 話 (02)23928185
傳 真 (02)23928105
E-mail student.book@msa.hinet.net
網 址 www.studentbook.com.tw
登記證字號 行政院新聞局局版北市業字第玖捌壹號
定 價 新臺幣五八〇元
出版日期 二〇一七年十一月初版
ISBN 978-957-15-1735-3

62201